興亡の世界史

モンゴル帝国と長いその後

杉山正明

講談社学術文庫

目次

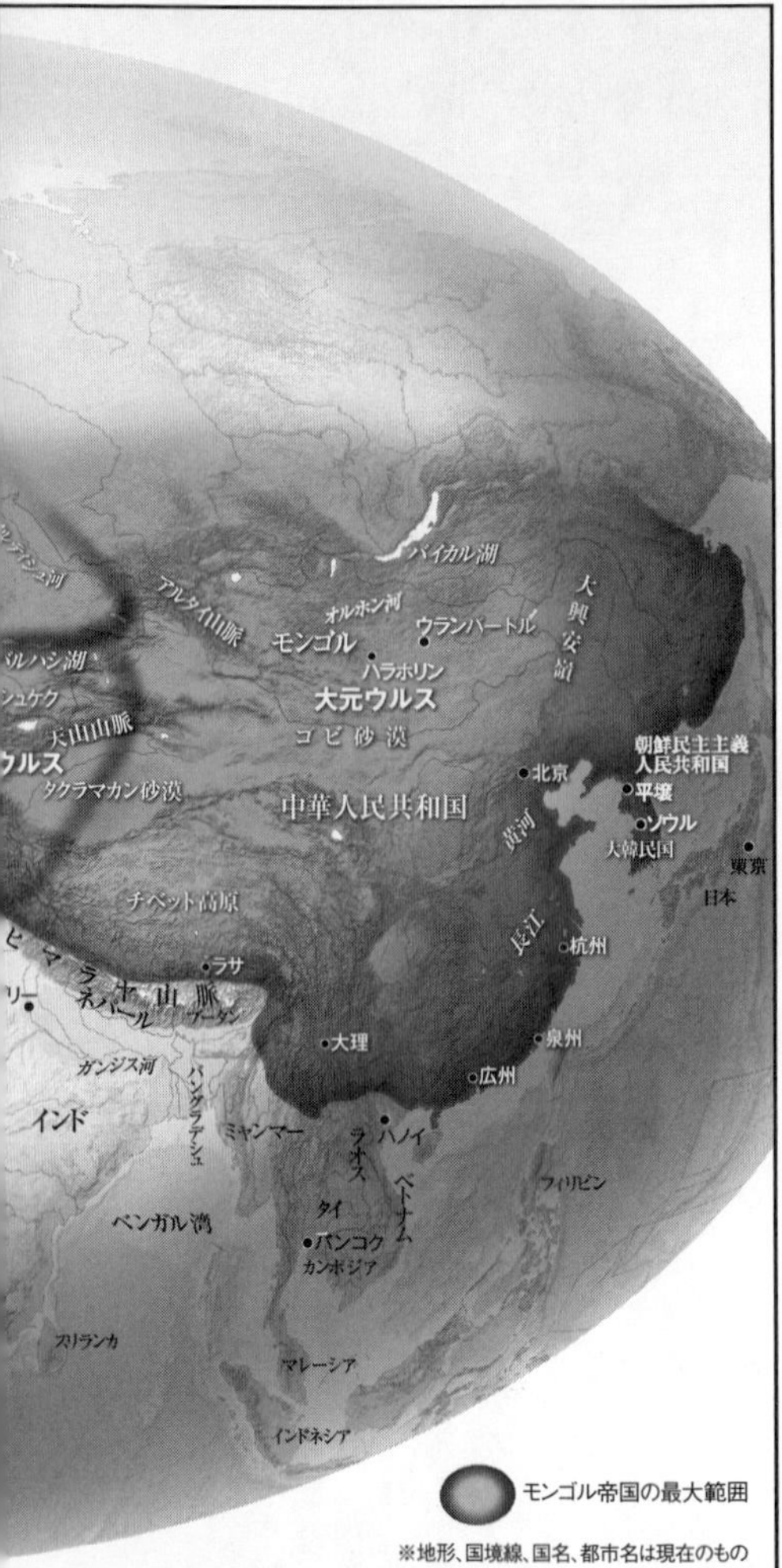
バイカル湖
アルタイ山脈
オルホン河
ウランバートル
モンゴル
ハラホリン
大興安嶺
大元ウルス
天山山脈
ゴビ砂漠
ウルス
タクラマカン砂漠
中華人民共和国
北京
朝鮮民主主義人民共和国
平壌
ソウル
大韓民国
黄河
東京
日本
チベット高原
長江
杭州
ラサ
ヒマラヤ山脈
ネパール
ブータン
大理
泉州
ガンジス河
バングラデシュ
広州
インド
ミャンマー
ラオス
ハノイ
ベトナム
フィリピン
タイ
ベンガル湾
バンコク
カンボジア
スリランカ
マレーシア
インドネシア
モンゴル帝国の最大範囲
※地形、国境線、国名、都市名は現在のもの

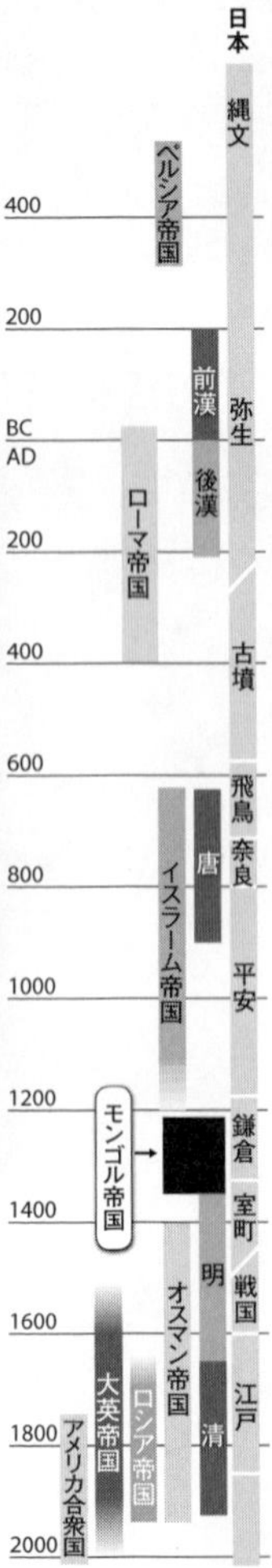
日本
縄文
弥生
古墳
飛鳥
奈良
平安
鎌倉
室町
戦国
江戸
400
200
BC
AD
200
400
600
800
1000
1200
1400
1600
1800
2000
ペルシア帝国
前漢
後漢
ローマ帝国
唐
イスラーム帝国
モンゴル帝国
明
清
オスマン帝国
ロシア帝国
大英帝国
アメリカ合衆国

世界をゆるやかに統合したモンゴル帝国

1206年にチンギス・カンが建国した「大モンゴル国」は、14世紀初頭にはチンギス家の君主を戴く複数の国家（ウルス）による世界連邦と化し、アフロ・ユーラシアをゆるやかにまとめあげた。人類史上の画期となったこの時代を、「モンゴル時代」とよぶ。

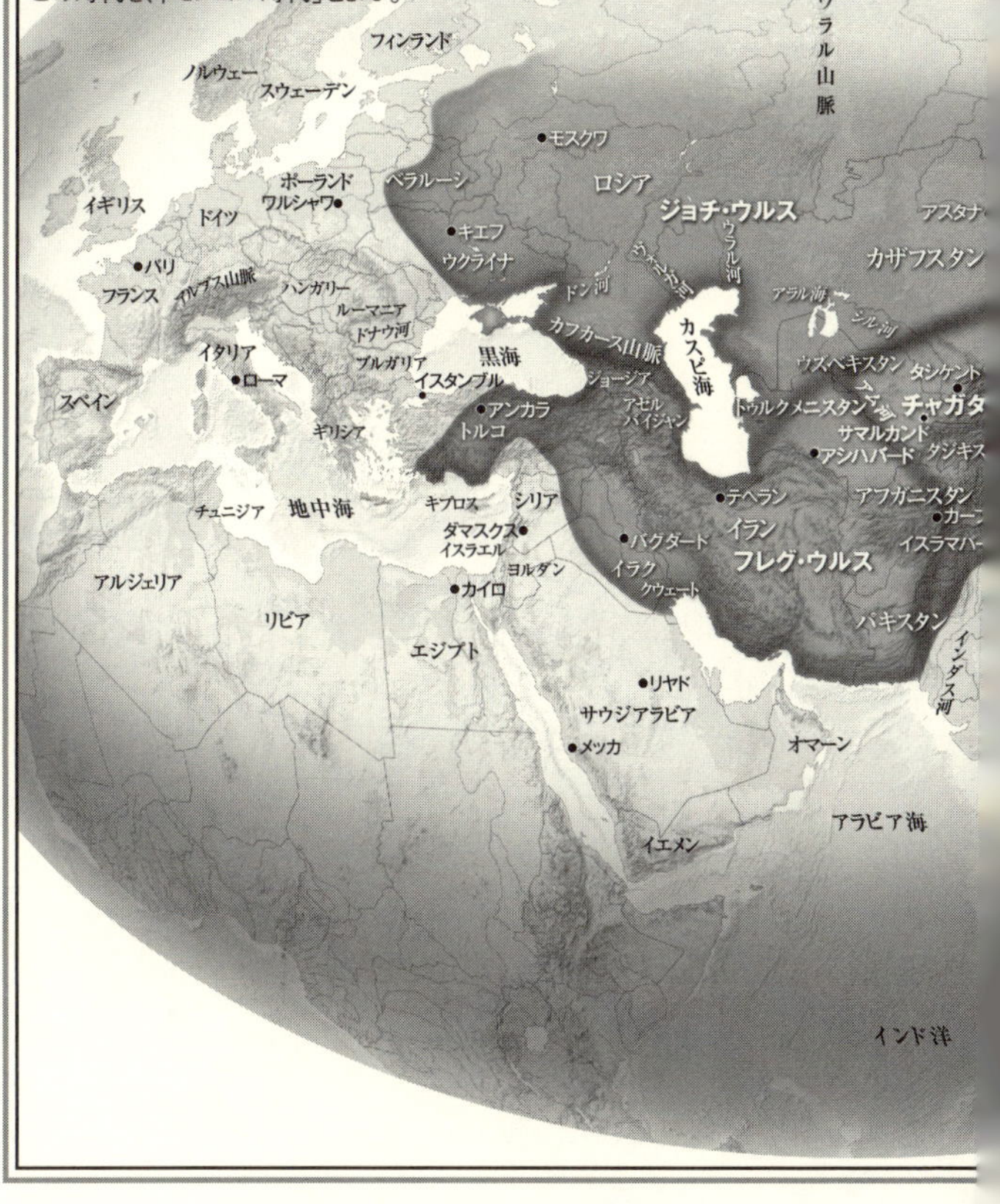

地図・図版作成
ジェイ・マップ
さくら工芸社

興亡の世界史

モンゴル帝国と長いその後

序章　なんのために歴史はあるのか

その後のモンゴルの長い影

残影のはてに

一九二〇年、中央アジア――。モンゴル帝国の残影は、ついにこの地上から姿を消した。はるかにふりかえって一二〇六年、チンギス・カンによるモンゴル高原の統合と、かつてない巨大帝国への旅立ちから数えて、七一四年という歳月をへたのちのことであった。

消滅したのは、ふたつの国であった。呼び方はいくらかあるが、ひとつはブハラ・ハン国、もしくはブハラ・アミール国。そしてもうひとつは、ヒヴァ・ハン国などと呼ばれる。いずれも、中央アジアの由緒ある都市にちなむ。どちらも、テュルク化・イスラーム化したとはいえ、権力としての脈絡・由来をたどりゆくと、人類史上で最大の版図をつくりあげたモンゴル世界帝国にさかのぼる。そのなれのはてもはて、まことに衰微しきった挙句の最期であった。だが、なにはともかくも、モンゴル帝国のよすがは、実は二〇世紀に入ってもなお、ユーラシア中央域において、二〇年もつづいていたのではあった。

かすけきこの両国が息絶えたとき、一九一七年におきた二月革命と十月革命をあわせたいわゆるロシア革命から、もはや三年の月日が流れていた。すなわち、長らくユーラシアの北域を大きく占有・支配したロシア帝国は、すでに消えうせていた。ブハラとヒヴァにとどめをさしたのは、社会主義を標榜するソヴィエト権力なのであった。だが、一九世紀以来、ロシアの強権下に属領化の様相を深めていた中央アジア地域の人びとにとって、「新たな時代」の到来は、「解放」を意味するものとはならなかった。

かわって出現したソヴィエト国家は、内戦の激化をはじめ、シベリアに出兵した日本もふくめた列強各国の干渉・進駐など当面の苦しい状況をひとまずしのぐと、レーニンとその後継者となったスターリンの指導のもとに一九二二年ころより連邦という名の「新たな帝国」への道を急速につきすすんでいった。中央アジアはもとよりのこと、旧ロシア帝国領内にあった大中小じつにさまざまな地域と人びとのかたまりは、一方でほのかな近代化といってもいい芽生えのかたわら、当初にいだいた希望や意欲を次第に失っていった。一見、国家・政権は大きく変わったように見えながら、多民族を寄せあつめた混淆《こんこう》国家であって内陸の巨大な植民地帝国という「北の国の伝統」は、ほぼそのまま引き継がれたのであった。とりわけ、「東方属領」たる中央アジア以東の地は、ロシア・ツァーリの時代よりも陰惨で血腥《ちなまぐさ》い「第二のモスクワ権力」にうちひしがれ、さらなる服属・差別・分断をしいられた。

やがて、一九二〇年代のなかばから三〇年代にかけて、ソヴィエト連邦内の中央アジア地域では歴史・言語・人種・文化・習俗いずれの面においても、立国のしかるべき根拠をもちえないはずの数個の「人造国家」が、御用学者たちの無理矢理な屁理屈をも根拠のひとつにして次々と創作され、モスクワのコントロールをうけた傀儡《かいらい》政権による「新しい時代」が始まる。それから、半世紀あまり。一九九一年、ソヴィエト連邦が崩壊した。かくて、カザフスタン、ウズベキスタン、キルギス、トゥルクメニスタン、タジキスタンの中央アジア五ヵ国は、不自然きわまりない国境線をはじめ、まさにロシア帝国からソ連にいたる近現代史そのもののさまざまな「負の遺産」を受け継ぎ、かつ背負いつつ、否応なしに「独立」せざるをえないことになった。

現在のウズベキスタン周辺

そして、今。東に、巨大な領域を保持する中華人民共和国。南に、不安・混迷を深めるかに見えるアフガニスタン、パキスタン、イラン、中東。そして、北と西にはなお広大な版図を有して再生しつつあるロシア連邦――。ユーラシア大陸の中央域に立って、その周域を見渡すとき、不思議な想いにとらわれる。かつて、草原とオアシスが織りなす広大なオープン・スペースであったこの地は、一九世紀に英露を中心とするパワー・ポリティクスの世界へと変じた。その形勢は、二〇世紀において実はさらに激しくなり、二一世紀になってますますいちじるしい。政治・軍事のみならず、経済・環境もふくめて、流動化・不安定要因は溢れるほどにある。今という時代は、ほとんどついこのあいだ、始まったばかりであるかのようにおもえてくる。

わたくしたちの「この時代」は、人類史のさまざまな歩みと結果を整理し、ときに清算するなんらかの「かたち」や「あり方」を見つけられるのだろうか。とりわけ、古き歴史の大陸ユーラシアに、アメリカ、ヨーロッパ、日本もふくめて、現代型パワー・ポリティクスをこえた穏やかで緩やかな安定構造をつくりだせるのだろうか。

ひとりひとりの人間が、人類というかたまりを意識して暮らさざるをえない地球化時代の鍵は、やはり地上最大のこの大陸のゆくえにかかるところが大きいだろう。そこは、人類文明の多くを生みだした交流の大空間であった。人間もしくは人類に役立つ大きな「知」というものがあるならば、それはおそらく、歴史と現在をつらぬくまなざしのなかにこそ、求められるのではないか。そう考えるとき、八〇〇年の時をこえて、ユーラシアの大半をゆったりとつつみこみ、アフリカをふくめた陸海を大きく緩やかにつなぎとめたモンゴル帝国とその時代の記憶が、今に蘇る。

帝国が消滅するとき

ひるがえって、一九二〇年のいくらか前《まえ》、そしてすこし後《のち》、ユーラシアに存した幾つかの帝国があいついで消えうせた。世界史上、まれに見る帝国消滅のときであった。ようするに、第一次世界大戦とその前後である。よく知られているように、戦争そのものとしては、ヨーロッパ大戦であったものの、影響するところは広い範囲におよんだ。その意味で、たしかに世界大戦であった。さらに、その結果でいうならば、時代をこえた大きな意味を世界史上に深く刻印することになった。

まず、すでにいくらか触れたロマノフ王朝のロシアである。ロシア帝国は、ヨーロッパ列強どうしによる史上最初の真正面からの総力戦・消耗戦が展開するなかで、ほとんどみずからすりつぶれるように崩れ去った。戦局の激化につれ、複雑・多様な構成の「帝国臣民」たちを無理矢理に戦場と工場へと駆りたて、空前の大流血を強いた。沸点に達した民衆・諸民族の怨嗟《えんさ》といきどおりにくわえて、もともと不十分な国内産業力が過重な負担をささえきれず、開戦から三年にして意外に呆気《あっけ》なく自滅した。ユーラシア東方においては、いかにも強大さをよそおうことができたロシアは、壮大な見かけとはことなり、その実、社会・経済をはじめ、いたるところに危うさともろさをかかえた「張り子の虎」の旧式帝国であった。それが一気に弱点を露呈して、王朝・国家・社会ともどもにシステム崩壊したのであった。

ついで、第一次大戦のなかで、ドイツ・オーストリア側に立ったオスマン帝国も解体した。ただし、名義上の消滅は、スルターン制が廃止された一九二二年のこととされる。六〇〇年をこえんとする超長命のオスマン帝国は、ロシアを上回る老大国であり、一七世紀以来、低落と縮小の長い衰亡史をたどってきた。ようするに、地域と人種をこえたゆるやかな帝国から、現実には弛緩《しかん》しきった挙句の「虚像の帝国」、ないしは「こころの帝国」となりはてていたのである。

だが、誰の目にもあきらかなジリ貧状態だったとはいえ、ともかくも「ダール・アル・イスラーム」（原義はイスラームの家）、すなわち「イスラーム世界」なるものの盟主が失墜・消滅する衝撃は、あらためて多くのムスリムたちに甚大な波動をひきおこさずにはおかなかった。かねてより、中東各地では、自分たちと反比例するかのように伸びあがりゆくヨーロッパ・キリスト教世界を意識した動きがさまざまに繰り返されてきたが、オスマン帝国以後をどうするか、またどうなりゆくか、新たな図式への模索が巻きおこった。そのいっぽう、現在にいたるまで中東紛争の原因のかなりな部分をつくりだした例の悪名高い三点セット、すなわちフサイン・マクマホン協定（一九一五〜一六年）、サイクス・ピコ秘密条約（一九一六年）、バルフォア宣言（一九一七年）はもとよりのこと、なお満々たる意欲をみせる英仏をはじめ、欧米側の動きもひきつづき展開する。つまり、オスマン帝国の滅亡は、イスラーム中東地域の「いばらの道」を象徴するものとして、まさに今に直結する現代史の起点でもあった。

目をアジア東方に転じると、第一次大戦にやや先立つ一九一一年、すなわち辛亥《しんがい》の歳《とし》に革命がおこり、翌年にいわゆる大清帝国が崩壊した。正式には、満洲語で「ダイチン・グルン」、それを漢字に訳して「大清国」。清朝というのは、俗称・通称である。このユーラシア型の帝国は、三〇〇年におよぶ拡大と安定、そして揺らぎと衰えの歴史をもつ。

マンチュリア（現在の中華人民共和国の東北三省）の山野の片隅、ジュシェン族を核とするごくささやかな連合体に始まるこの国家は、長城の南北にまたがって領域を次第にひろ

19〜20世紀初頭のユーラシアの主な帝国

げ、中期から後期の乾隆帝《けんりゅうてい》の治世にいたって一〇〇年来の宿敵ジューン・ガル遊牧王国をほろぼし、モンゴル高原、パミール、ティベットをつつむ大版図を実現した。一七五五年から五八年のことである。ダイチン・グルンにとって、文字どおりの多種族による巨大国家としての歳月は、後半の一五〇年あまりということになる。

　ところが、この巨大空間が、「中華」なるものに固有の伝統的な領域・枠組みであるとする考え方が生まれ、清末の動乱期から、さらに民国はじめにかけての議論のなかで、いっそう昂《たか》まりゆく。そして、その繰り返しのはてに、やがていつとはなく当然視された。そこに、古き時代からの「漢土《かんど》」なるものと、ダイチン・グルン皇帝個人によってつなぎとめられた多元の帝国的世界との混濁・錯覚・誤解があったといわざるをえない。漢族ナショナリズムと巨大版図との埋めがたいズレを、孫文《そんぶん》は「中華民族」なる造語をこしらえて乗りこえようとしたが、これはいかにも無理だった。現在の政権が、「多元の統一体」を標語とするのは当然といえば当然のことである。

ひるがえって、中華人民共和国の大領域が、乾隆帝以後のそれにもとづくことは疑いようのない事実である。そして、革命後の政権がみずから否定した帝国の枠組みを継承したなりゆきは、ロシア帝国とソ連の関係に似かよう。帝国の遺産は、今も生きている。大版図のひきかえにある多民族支配——。正負の両面で、現在・今後の見逃せない動因でありつづけている。

さらに目をヨーロッパにひきもどして、第一次大戦の直接の結果として、ふたつの帝国が消滅した。ホーエンツォレルン家の皇帝をいただくドイツ帝国と、ハプスブルク家の皇帝をいただくオーストリア・ハンガリー帝国である。いずれも、神聖ローマ帝国からの古いえにしをもつ。これ以後、ヨーロッパから正式に「帝国」を名乗るものは消えうせる。

モンゴルとその後の帝国群

世界の世界化の本格的なはじまりを告げることになった二〇世紀は、その初頭において、旧来の諸帝国のあいつぐ消滅という事態とともに幕をあけたのであった。中世ないしは近世から、ずっとひきつがれていた歴史の長い脈絡は、ここでひとまず払拭《ふっしょく》された。ひとつの大きな時代の仕切りは、あきらかにここにある。

だが、それは新たな帝国の浮上と、さらなる大掛かりな政治対立・軍事競争のはじまりでもあった。アメリカという新星の帝国はもとより、戦前の日本、そしてナチス・ドイツ、戦前・戦後のソ連、さらにあるいは一九九〇年代以後の中国をも、これに数える人もいるかもしれない。科学技術の進展、近代兵器の開発と軍拡、国民国家という美名のもとの強制などによって、二〇世紀は人類史上でかつてない戦争と殺戮《さつりく》の世紀となった。そして、今――。グローバル帝国アメリカのほか、蘇るプーチンの新生ロシア、そして巨大な市場化とともに行先の見えない中国。はたして二一世紀は、「負の二〇世紀」を過去のいまわしい時代とすることができるのだろうか。人類共通の価値と目標にむかって、課題を克服しつつ、ともどもに歩めるか。人類は、そこまで賢明か。

かたや、ここでかえりみて、二〇世紀のはじめに一斉に消え去った諸帝国は、実はいずれもモンゴル帝国とその時代に、それぞれなんらかの起源・由来をもっている。このことは、これまでほとんど認識されることはなかったが、世界史というものを事実のままに見渡すならば、否定しようのない厳然たる時代をこえた歴史現象である。

まずは、ロシア帝国。西北ユーラシアの僻隅《へきぐう》、痩せた大地と森林に囲まれたルーシという寒冷な地域には、それぞれ相互に孤立した諸公国が分立していた。一三世紀、バトゥひきいるモンゴル西征軍が到来し、それ以後、ロシアはモンゴル世界帝国を構成するジョチ・ウルス（誤解にもとづく通称はキプチャク・ハン国）の属領となった。それから長い共存の時をへて、やがて主従は逆転してゆく。

そのそもそものきっかけは、モンゴルへの代理人となったモスクワの抬頭《たいとう》であり、そのモスクワによる三世紀をかけたルーシ諸公国の統合、そして本来は主筋《しゆすじ》であったジョチ・ウルスの分国たるカザンとアストラハンの両ハン国の併合であった。かくて、一六世紀のなかば、ヴォルガ流域を掌握したモスクワ国家は、逆に遊牧戦士たちを再編制しつつ、一気呵成《いっきかせい》にシベリア・内陸世界を東進し、たちまち太平洋岸に達した。そして、カザフ草原・中央アジアへじりじりと侵略し、さらにはモンゴル高原から中国・朝鮮方面へと目をむける。多種族・多地域・多文化をよりあわせた巨大な複合体、そしてその帝国経営システム――、ロシア帝国はモンゴル帝国から生まれ、モンゴル支配を裏返しにするかたちで肥大化したのであった。

オスマン帝国もまた、モンゴル世界帝国のうち、イラン中東地域をおさえたフレグ・ウルス（通称イル・ハン国）とかかわる。一三世紀のすえもすえ、フレグ・ウルスの勢力圏の西北辺、アナトリアの片隅に芽生えたテュルク系のささやかな集団は、フレグ家に属する采地《さいち》の管理者となり、一三二六年にはブルサとその周辺に小さな地歩を築く。このブルサのスルターンであった人物が、オスマン帝国の開祖であったとされる。

オスマン朝の淵源については、不分明な点が多いものの、フレグ・ウルスとの直接・間接のかかわりは否定しにくい。その後のポスト・モンゴル時代に、オスマン朝初期の指導者たちは、フレグ・ウルス解体後の後継たらんとするスルドゥス、ジャライル、アク・コユンル、カラ・コユンルなどの諸勢力と争い、後述するティムールによっていったん壊滅状態においこまれるが再浮上する。オスマン帝国が海上国家めいてくるのは、もとよりコンスタンティノープル攻略以後である。実際には、スレイマーン大帝ころからとみなされる。それ以前の時代にあっては、ことに国家・軍事の制度・システムにおいては、モンゴルの影が実は色濃く漂う。

転じて、東のダイチン・グルンは、モンゴル世界帝国の宗主国たる大元《だいげん》ウルス（中華風の通称は元朝）の二五〇年をへだてた「後継国家」であった。創祖ヌルハチ以前からモンゴルとのつながりが深く、とりわけ第二代のホンタイジはモンゴル・ホルチン集団と同盟をむすんだうえ、一六三六年、瀋陽《しんよう》でクリルタイ（モンゴルの国会、ないしは帝室会議）を開き、チンギス裔《えい》たる内モンゴル王侯たちの推戴をうけて大元ウルスの帝位をひきつぐものとして即位した。そのとき、おそらく「ダイオン（大元）・ウルス」になぞらえて「ダイチン・グルン」をあらたな国号としたのである。大清国は、その後の大発展もふくめて、一貫して名実ともに満蒙連合政権でありつづけた。

くわえて、モンゴル帝国のうち、中央アジアをおさえたチャガタイ・ウルスの西方部分から、それを再編するかたちでティムール帝国が生まれる。そのティムール帝国は一五〇〇年、本拠を失ってインド亜大陸へと南下し、第二次ティムール朝たるムガル帝国となる。ムガルとはモンゴルのことである。ムガル帝国による北インドを中心とする支配は、やがてみずからの低落とともに、海から来た東インド会社という名のイギリス帝国に虫食いにされ、次第に実権を失った。ただし、名義上でいえば、ムガル帝国は一八五八年までは存在した。そして、一八七七年には、ヴィクトリア女王がインド皇帝を名乗る。やはり、近代のはじめまでは、南アジアにおいても、帝国のよすがはつづいていたのである。

さらに、ハプスブルク家とホーエンツォレルン家である。いずれも、中世以来の神聖ローマ帝国という名のまことに緩やかきわまる「帝域」に端を発している。ハプスブルク家が神聖ローマ皇帝の位を最初に手に入れたのは、一二七三年のこと。かたや、ホーエンツォレルン家は一四世紀にその名をあらわし、一三六三年には帝国諸侯身分を獲得して、浮上へのきっかけとする。

モンゴル帝国がユーラシアの東西の大半をまとめあげた一三・一四世紀、同時にヨーロッパに存した帝国が神聖ローマであった。とりわけ、かのバトゥの西征軍が、当時屈指の強国であったハンガリー王国を圧倒したとき、東からのモンゴルの恐怖に対峙してヨーロッパの結束を呼びかけたのは、第六回の十字軍遠征でイェルサレム王ともなった名高い神聖ローマ皇帝フリードリヒ二世なのであった。その神聖ローマなる独特の「かたまり」にそれぞれ起縁する両王家は、以後ながらくの浮沈・変転・相克をかさね、さらには「ドイツ」なるものの行方・ありかたをめぐる対立のすえに、別々の帝国として歩みだして半世紀たらず、ともどもに一九一八年に息絶えたのであった。

世界史の構図

さて、以上をふりかえると、第一次大戦とその前後は、実はモンゴル帝国とその時代以来、ないしは間接にせよ、ともかくその色濃い影響下にあった諸帝国と残影たちが、一挙に命脈をたたれたときなのであった。いいかえれば、モンゴル以後の「帝国史」の大半は、ひとまずここで総決算されたのである。それは、考え方によっては、きわめて長い「中世」なるものの完全なる終焉と見ることもできるだろう。あるいはまた、より常識的には、それが「近世」というべきものの最終的な結着のありかたであったと見ることも、もとよりできるだろう。

タージ・マハル　第５代ムガル皇帝シャー・ジャハーンが17世紀に造営。その巨大な美は、圧倒的である

大きく世界史をかえりみて、一三・一四世紀のモンゴル帝国とその時代は、それ以前のユーラシアの歴史、さらにはアフロ・ユーラシアの営みの多くを総括するものであった。人類は、それまでの各地域・各文明圏にわかれあい、たがいに関係・連絡の相対的にとぼしかった状態から、大きく別の段階へと歩みだす。世界ないしはさらに人類という大地平、そしてそれへのまなざしが、陸海を通じた史上最初の本格的な大交流によって、現実化しだすのである。

ただし、そこから始まる歴史において、「モンゴル」なるものがまとめあげ、つくりだしたことがらの全貌、そしてその後へのさまざまな影響・遺産については、まだきわめて不十分な理解しかえられていない。ひるがえって、これまで欧米中心に語られてきた世界史像への疑念は、大中小まことにさまざまあるが、もっとも重大かつ根本的なものは、一五世紀末以後の西欧の海洋進出からでしか、まとまった像としての世界史は語られないことである。それ以前は、あたかも分断の歴史であったごとく、それ以後は逆にひたすらヨーロッパを中心に描かれる。そして、ことがらの必然として、「海からの視線」を基軸とする歴史叙述に傾く。だが、それは本当に本当か。

たとえば、これまで述べてきたモンゴル時代とその後のアフロ・ユーラシアにおける一連の帝国群の存在と展開を見るだけでも、既存の世界史像のどうしようもない欠陥はあきらかである。モンゴル世界帝国それ自体の世界史における意味はもとよりのこと、ロシア帝国、オスマン帝国、ダイチン・グルン帝国、ティムール・ムガル連続帝国、そして神聖ローマ帝国——。これらはいずれも生態系や文化圏の枠をこえ、ないしは既存の国家や社会の範疇を上回る存在であった。それぞれは、しばしばたがいに争いあい、複雑にかかわりあいながら、ユーラシアと北・東アフリカを動かし、さらにときには海上においても、それなりの影響力をおよぼした。

ようするに、ポルトガル、イスパニアを先駆として、その果実の多くを吸いとったオランダ、イギリス、フランス、そしてアメリカとは別に、アフロ・ユーラシアにほぼセット状態をなして並立・継続した数個の「近世・近代帝国」のそれぞれもまた、世界史展開の主要な演じ手であり、歴史の起動力でありつづけた。そもそも、そうした状況の最終局面である第一次大戦自体が、最後に参戦するアメリカを除けば、たとえイギリス、フランスは多くの海外領をもっていたとはいえ、所詮は戦場もふくめて、アフロ・ユーラシア内における帝国間戦争ではなかったか。

当たりまえのことだが、世界史は海陸を問わずに展開した。時代を逐《お》って重要性をます「海への視線」も大切だが、「陸での論理」も不可欠である。だが、たとえば、スキタイ・匈《きょう》奴《ど》以来、歴史を貫く滔滔《とうとう》たるユーラシア国家の伝統などはもとよりのこと、モンゴル時代とそれ以降のアフロ・ユーラシアの総合的把握についても、西欧中心主義の従来型歴史像は、しかるべき知識の集積、分析の視角、歴史の全体像への見通しなど、ほとんどを欠いている。つまるところ、西欧の拡大と、それによる「世界の統合」というゴールに落ち着かせればよしとする構造になっている。

それは、今から一〇〇年ほど前に、ヨーロッパ、ことに西欧で体系化された枠組みにそのまま依拠しているからである。つまり、ヨーロッパがもっとも自信に満ちあふれていた一九世紀末の産物なのである。それを、かつて日本をふくめ、世界のスタンダードとして受け容れた。そして、歴史学に限らず、そのときの学問・知識の体系が、基礎とも柱ともなって、その後の教育・研究がなされていった。さらに、そうしたものが多くの人の頭に刷り込まれ、日本人の常識と化した。わたくしたちの頭のなかにある「世界史像」なるものが、ヨーロッパ本位どころか、西欧本位でしかないのは、こうしたためである。

もちろん、これでいいわけがない。だいいち、時と思考が一九世紀末でとまっている。従来型は、二〇世紀になってからのことを「現代史」として別枠扱いにして、つぎ足した。「現代史」の部分は、各国の利害が錯綜し、なかなか世界史にならない。だから、なんとなくボンヤリと尻すぼみになる。つまり、歴史と現在がつながらない。

ところが、「現代史」はもとより、「現在史」も、過去の歴史からの延長線上にある。それどころか、第一次大戦の終了より現在にいたるまでの約九〇年ほどの間についても、歴史の文脈はまさに生きている。たとえば、さきに触れた「帝国史」の流れは、依然として今もなお、滔滔とつづいているかに見える。

すなわち、ロシア帝国はソ連から現ロシア連邦に、オスマン帝国は現在も混沌たるままの中東に、ダイチン・グルン帝国は中華民国をへて現中華人民共和国に、ティムール・ムガル連続帝国は現インド、パキスタン、アフガニスタン、中央アジア諸国という不安定な枠組みに、そして「ドイツ国民による神聖ローマ帝国」は現ドイツさらにはEU全体に、それぞれ正負両方の影を濃密に落として、今という時代がつきすすんでいる。「帝国」めいたかたちを保持するもの、混迷のなかに大いなる変貌の可能性を秘めるもの――。いずれにしても「帝国の記憶」は、現在と今後への見逃せない動因でありつづけている。

あらたなる人類史の時代へ

画期としてのモンゴル時代

では、モンゴル帝国とその時代とは、いったいどのようであったか。いくらか記述が重複するが、そのあらましをかいつまんで述べたい。

一三世紀のはじめ、ユーラシアに嵐が吹き荒れた。その嵐は半世紀あまりつづき、ついでユーラシアとアフリカを陸と海の両方から緩やかにまとめあげた。世界は、「アフロ・ユーラシア世界」というかたちではあるが、世界史上はじめて、それとして眺められるひとつの全体像をもつことになった。世界史は、ここで大きく旋回した。

モンゴルが世界と時代の中心にいた一三・一四世紀について、「モンゴル時代」の名のもとに、世界史上の重要な画期とみなす考え方が、内外で広まりつつある。これは、故・本田實信《みのぶ》がその主著『モンゴル時代史研究』（一九九一年）で首唱したものである。西洋人たちのいう「地理上の発見」もしくは「大発見の時代」（日本でのいいかえは「大航海時代」）という考え方を十分に意識したうえで、それに先立つこと二世紀ほどまえに、まずはいったん人類史上の重大なステップがモンゴル時代にあったと主張する。日本が発信した最初の世界史概念である。

すなわち、西欧の海洋進出を皮切りに、グローバルなかたちでの「世界の世界化」への扉が徐々にひらかれゆく以前において、ユーラシアと北アフリカ、および東アフリカが人類の歴史の主な舞台であったことは、そう異論がないだろう。そこでのまことに長い歴史の歩みを、「ユーラシア世界史」もしくは「アフロ・ユーラシア世界史」と名づけると、モンゴル帝国によって直接・間接にそうした「旧世界」の陸と海の大半が緩やかにつなぎとめられ、ともかくもひとつのシステムをなして動きだしたことは、空前の事態であった。

　モンゴルによる「あらたな世界」の出現・形成は、二段階にわかれた。まずは、一三世紀はじめの創始者チンギス・カンから半世紀ほどで、ユーラシアの多くをまとめあげ、すでにこの時点で人類史上において最大の陸上版図をもつ「大モンゴル国」、いわゆるモンゴル帝国が出現する。ついで、第五代カアンのクビライ以降、宗主国たる「大元ウルス」（正確には「ダイオン・イェケ・モンゴル・ウルス」、すなわち大元大モンゴル国）が国家として海上に進出し、インド洋上ルートによる交流・交易を把握しつつ、陸海を通じたシステム化をおしすすめる。その結果、複数の同族ウルスによる世界連邦と化したモンゴルを中心に、「ユーラシア交流圏」ないしは「アフロ・ユーラシア交流圏」というべき状況が明確にたちあらわれてくる。

　ちなみに、「ウルス」とは、ユーラシア中央域に展開した遊牧民を中心とする国家をいう。モンゴル語で「ウルス」、テュルク語では「イル」と表現され、もともとは部衆、人びと、人間集団、さらには国を意味する。土地や領域といった側面はうすく、きわめて「人間のかたまり」に特化した概念である。そうした人間集団の長をテュルク語・モンゴル語で「カン」と呼び、さらに数多い君長たちの上に立つ至高の存在をカガンないしカアンといった。カガンの号は、五世紀の柔然《じゅうぜん》や北魏《ほくぎ》で確認され、その後は突厥《とっくつ》、ウイグル、キタイなどでも用いられ、モンゴルにいたった。モンゴル帝国では、第二代皇帝のオゴデイのときからカアンと名乗り、帝国を構成する他のウルスにおいてはその当主はあくまでカンとのみ称した。ようするに、モンゴル帝国は、ひとりのカアンのもと、複数のカンが率いる二重構造の多元複合体であったのである。

なお、従来しばしば、カアンとカンの違いと使い分けについて、研究者のなかで理解が不十分であったため、たとえばすべてをハーンと表記したりした。また、「カ」と「ハ」の違いは、おもに日本語表記の限界にもとづく。原音は「カ」と「ハ」の中間であり、時代と地域によっても異なるが、モンゴル時代においては、より「カ」に近い音だったとおもわれる。

さて、これまで、欧米人の歴史家たちがモンゴルによる史上空前の状態について、西洋人が得意の「ローマの平和」（パクス・ローマーナ）の語になぞらえて、「タタルの平和」（パクス・タタリカ）もしくは「モンゴルの平和」（パクス・モンゴリカ）などと表現して説明したつもりになってきたのも、アジア諸地域はもとより、当時のヨーロッパもまた、モンゴルによる「新世界」の出現という大状況につつまれて、かつてない新時代を迎えたことを否定したくとも否定できないからであった。のちに述べるように、イタリア半島を中心とするいわゆるルネサンスなるものの本格的な展開、そして一四世紀になって急速に活発となる地中海交易と航海技術の進展とは、実はモンゴル帝国そのものからの直接の刺激もふくめて、この特別の時代環境と物心両面からの影響なくしては到底ありえないものであった。とりわけ、航海技術のほうは、アラゴン連合王国を通じてイベリア半島に蓄積され、やがてポルトガル、イスパニアを先頭に、西欧が海洋進出する条件をととのえることにもなったと考えられる。

ポスト・モンゴル時代と「近世・近代帝国」

モンゴルによる大統合は、ユーラシアないしアフロ・ユーラシア各地に大変動をもたらさずにはおかなかった。中華地域にあっては、漢土さえ十分に保持できなかった北宋《ほくそう》や、本来は「蛮地」とされた漢土の南半たる江南を保つのがやっとであった南宋《なんそう》などとは比較にならない空前の大地平が出現した。それはもとより、「華夷《かい》の別」などといった所詮は文飾上の建前にすぎないちまちました考えを吹きとばすに十分な大空間であった。巨視的に見れば、「小さな中国」から「大きな中国」へという、多分に伸縮はあるけれども明代をへてダイチン・グルンそして現代にいたる巨大中国への歩みがここに開かれたと見ることもできる。

また、中東にあっては、モンゴルによるアッバース朝の消滅と、それにともなうイスラームなるものの相対化はもちろんのこと、モンゴルのフレグ・ウルスが統轄する広義のイランをはじめ、現在のアゼルバイジャン、アフガニスタン、トゥルクメニスタン方面、およびそれ以東の地は、ペルシア語文化を主体とする「東方イスラーム圏」となり、モンゴルと対峙したマムルーク朝がおさえるエジプト以西がアラビア語文化の「西方イスラーム圏」となりゆく形勢がさだまった。いずれも、現在に直接に通じる現象であり、さらにテュルク・モンゴル系の軍事権力が中核となって「イスラーム国家」なるものがつくられるパターンも、ここでゆるぎなくなった。

さらに、モンゴル以前の時代、ひとつの国家ないしは政権に安定して統合されることのなかった西北ユーラシア、すなわち現在のロシア、ウクライナ、ベラルーシ、カザフスタン、ウズベキスタンなどの大地域においては、ジョチ・ウルスという名のモンゴル権力のもとに否応なく秩序づけられるとともに、モンゴル帝国全体がつくりだすユーラシア規模の交通システム・流通経済に巻き込まれ、たとえばロシア方面においてはかつてのキエフ・ルーシといったささやかなものとは根本的に異なる「新しいかたまり」としてのスタートが切られた。同方面では、草原のモンゴルと森林のルーシ諸公国という図式による共存状態が久しくつづき、やがてそのなかからモスクワがモンゴル王権との密接なかかわりを背景として徐々に浮上し、やがて帝国ロシアの道が用意されてゆく。

くわえて、モンゴル時代に文字どおりボーダレスなオープン・スペースと化した東西世界では、陸海の交通ルートの手段・便宜・安全を官費ないし公権力で維持・保障するモンゴル権力によって、人とモノが空前の質量でゆきかい、文化・宗教・思想・知識・情報・学術・科学・技術・芸術などが大展開する。人類文化なるものを考え、また世界様相としての資本主義の成立などに想いをいたすとき、モンゴル世界帝国とその時代がはたした役割は、きわめて重大といわざるをえない。それらの多くは、なお歴史の闇のなかに忘れ去られており、発見を待っている。ちなみに、モンゴル時代に東西を旅した人たちは、著名人だけでも厖大な数にのぼる。世にいわゆるシルクロードなるものとして語られがちな旅行者たちは、その大半がこの時代に集中する。それも当然のことである。

かくて、モンゴル時代ののちのユーラシアないしはアフロ・ユーラシアは、「ポスト・モンゴル時代」と呼びうる状況となる。これを政治面の大勢であらあらデッサンするならば、東に明《みん》とダイチン・グルンの両帝国、中央にティムール・ムガル両帝国、西南にオスマン・サファヴィー両帝国、そして西北にロシア帝国という四つのかたまりと、くわうるに神聖ローマ帝国というそれぞれ大型の「地域帝国」が並び立って、そのまま直接に近代におよぶわけである。これらの「近世・近代帝国」のうち、四つのかたまりについては、いずれも程度の差こそあれ、モンゴル帝国の影響下にあることは否定しがたい。世界史において、モンゴル帝国の画期性と時代をこえたその意義は、まことに重大・深刻であるといわねばならない。

歴史における知の虚構

モンゴル帝国とその時代の研究には、東西の多言語原典文献と、多様な遺跡・遺物という大きくみて二種の根本データにもとづき、ひとつひとつのこまやかな事実の確定から、ある程度ひろがりをもつ事態やことがらを把握し、さらにそれら数々の積みあげのうえに立って地域・文明圏をこえた総合的な分析・判断をおこない、全体像を立ちあげるという作業が必要となる。文献史料ならば、ペルシア語・漢語の二大史料群を中心に、二十数ヵ国語にわたる厖大な質量のそれがある。それらはかなりな場合、原文書・原碑文・原写本・原刊本など、文字どおり「原典」で伝わることも、ひとつの特徴である。ひととおり閲覧・把握することさえ至難である。すでにこれだけで、他の歴史分野とはまったく様相を異にする。遺跡・遺物となると、まさにアフロ・ユーラシア規模でひろがる。未発見・未紹介・未処理の場合のほうが圧倒的に多い。たとえば、「モンゴル時代の考古学」などといわれても、事実においては、ほとんど冗談にしか聞こえない。まさに、人知の限りを尽くしても、なお汲めども尽きぬおそるべき領域といわざるをえない。

それでも、近年かつてとは格段にちがう水準とひろがりで、研究が急展開している。しばらく前であれば、当たりまえとされていた「大事実」が、いくらでも廃棄処分になっている。「新事実」の提出は、大実証・中実証・小実証いずれのレヴェルでもふんだんに見られる。率直にいって、牽引するのは日本である。世界史の根本にかかわる分野で、日本発の歴史像がスタンダードとなるのは、おそらくはじめてのことだろう。

ただし、それが可能となったのは、政治・国境・史料の壁がとりはずされたここ二〇年あまりのことである。中国の開放政策、ソ連の崩壊、東欧の民主化をはじめ、ユーラシア中央域の相対的自由化、アフロ・ユーラシアのかなりな国々に見られる引き締めの緩和と政治的・歴史的タブーの減少、さらにはいわゆるボーダレス化・グローバル化のプラス面として調査・研究・閲覧・交流などの便宜の良化といったことが挙げられる。ようするに、世界情勢の変化の賜物である。逆にいえば、そのくらいモンゴル帝国とその時代にかかわることについては、旧ソ連圏を筆頭に、嫌悪・禁忌・拒否の姿勢が色濃かった。そうしたことの根底には、作られた負の遺産としての虚構のイメージがあった。

モンゴル帝国については、昔から中華文化人やムスリム知識人たちは悪口がふつうだった。それは、みずからを「文明」とし、他者を「野蛮」とする定型パターンにくわえ、自分たちはモンゴルの被害者であったといいたい気分がそうさせがちであった。事実においては、中華文化はモンゴル時代においてもっとも輝いた。また、イスラーム近代の低落と苦難は、自分たちのせいではなく、モンゴルの破壊のためだとする主張も、実はまったくの虚構・すりかえであることは明白となっている。自尊とさげすみによる「なぐさめの図式」は、人間社会によくあることであり、むしろ後世の歴史家・思想家などがこうした伝統的な言説を真にうけるほうが奇妙だろう。

モンゴルへの負のイメージを創作し、あおりたてたのは、近代のヨーロッパであった。一九・二〇世紀に「普遍化」した欧米本位の世界像・知識体系においては、モンゴル帝国とその時代を真正面から実寸で扱うことなどありうべくもなかった。それどころか、むしろ一九世紀に列強化したヨーロッパ諸国にあっては、遊牧民とアジア諸地域をともどもに劣等視する彼らの先入観にふさわしい典型としてモンゴル帝国を眺めた。かつて、ヨーロッパを恐怖におとしいれた（とされた）モンゴルこそは、遅れた征服さるべきアジアの代名詞として、歴史と時代をこえる格好の標的となった。

近代欧米において、異常なまでに昂揚した「文明主義」と自己愛、そしてそれによる偏見と傲慢の産物である。かの名高いアブラハム・コンスタンティン・ムラジャ・ドーソンの

モンゴル時代の中華文化の例　山西省の芮城にある雄大・華麗な建築群・永楽宮は、全真教という道教教団の本山として、モンゴル政権の援助を受けて造営された。なかでも三清殿の壁画は中国美術史上の傑作である

『モンゴル人の歴史』（日本語翻訳では『モンゴル帝国史』）が、一八二〇年代から三〇年代のヨーロッパにおいて大歓迎されたのは、事実とは別に、モンゴルをことさらにおとしめる論調が、いまやアジアへの本格侵略に乗り出さんとするヨーロッパ列強たちの「時《じ》宜《ぎ》」やその時代の雰囲気・気分にかなっていたからである。ちなみに、アルメニア人のドーソンは、自分たちの祖国を滅亡の淵においやったものとして、モンゴル帝国を憎悪した。しかし、本当は早い時期に故土を失ったアルメニアは、地中海に面するキリキアの地に再生していたのであったが、モンゴル統治のゆるやかな枠組みと庇護のもとに、安定した歳月を送りえたのであった。

　モンゴル帝国を筆頭とする過去の歴史への負のイメージ化は、欧米による価値づけを前提とする史家たちに引きつがれた。それは、

悪相のモンゴル兵　15世紀のヨーロッパの絵。「恐怖のモンゴル」の典型的イメージ

西洋人史家のみならず、アジア人史家においても実は顕著であり、その残影は今もなお、かなりありつづけている。率直にいって、まことに遺憾なことだが、近代ヨーロッパがみずからのために作り出した虚像を、世界史上の動かしがたい定論のように思い込んでいる人たちは、随分と多い。虚像は、誤解と不信の連鎖を呼ぶ。「文明化の使命」をもって自己を正当化した欧米の自負と傲慢、そしてことさらな嘘は、たとえばアレクサンドロスの極端な英雄化ともちあげ等々、枚挙にあまりある。そこに通底するのは、ヨーロッパを高しとし、それ以外のアジア等を蔑視するまなざしである。

歴史における知の虚構というほかはない。それにともなうマイナスは、なお厳然として存在する。歴史家・思想家というものの役割に、想いをいたさざるをえない。なお近年、モンゴル帝国とその時代についての評価は、世界レヴェルで急速に好転している。いずれ、その波が、日本へも逆輸入されることだろう。

知の基層の再設計にむけて

ひるがえって、歴史とは、いったいどういうものなのか。そもそも、歴史研究はなんのためにあるのか。そして、歴史研究者・歴史家といわれる人たちは、なにを求め、またなにを語ろうとするのか――。

古くから繰り返されてきたこの問いかけは、近年ますます切実で深刻な色合いを帯びてきている。冷戦終了後の世界は、それ以前とは格段にちがったレヴェルで全球化（いわゆるグローバリゼイション）・情報化の一途をたどっている。経済・物流・金融・往来・映像・音楽・娯楽・嗜好・ファッション・食文化といったさまざまなものの共通化・一体化とともに、戦争・対立・紛争・テロ・犯罪・エイズ・伝染病・BSE問題・大気汚染・海洋汚染など、あきらかに負の局面も世界大で展開している。ひろく環境問題の語でくくられる多様なことがらは、その典型だろう。

かつて、思想家・歴史家と呼ばれた人たちの頭のなかで描かれた世界像・世界史像は、事実のほうがそれに追いつき追いこすかたちで見捨てられるか、あるいは根本的な再構築をもとめられている。「近代の見直し」などは、最低限のことである。いや、もっと平たくいえば、今に生きるわたくしたちは、日々におきること、報じられることによって、否応なく惑星規模・地球規模の思考がふつうのこととなった。さらにはまた、今という時からさかのぼって、過去のそれぞれの時代が世界規模でどう動いたのか、そうしたまなざしで歴史を大きく見かえすこともまた、多くの人びとにとっておのずから当然のこととなりゆくだろう。

思想家・歴史家にとっては、つらい時代かもしれない。だが、かつてであれば一生涯をかけても手に入れることのできなかった情報・知識が、しばしば一瞬のうちに眼前にそろうこともありえる事態となった。思想家・歴史家たることは、それをもって職業とする人たちだけのあり方では、かならずしもなくなった。つまり、万人に開かれた領域と化した。近代大学がヨーロッパで出現した一九世紀の初頭以来、過去と現在をおし眺め、人の世の来《こ》し方《かた》・行《ゆ》く末《すえ》を考える行為は、特定の職業的専従者にゆだねられがちであった。それがふたたび、緩やかにひとりひとりの人間のもとへ回帰しつつある。むしろ、本来のあり方に近づいているのだろう。

かえりみて、ある時期・地域・分野について、原史料から立ちあげる歴史研究者でありつつ、かつはそれぞれの時代の歴史像を多面から描出する歴史家でもあるのは、けっして容易なことではない。とはいえ、そうあらんと心掛けて、日々、史料の大海に漂いつつ格闘している人もまた少なくない。そのうえでさらに、史料の壁、政治の壁、国境の壁がほぼ取りはずされつつある状況のなかで、地球という舞台における現在までの歴史の道のり、すなわち人類史の全体をきちんとした根拠と説得力をもって構想することが、今まさに必要だろう。

戦争はもとより、紛争・対立を乗りこえる地平と思考がもとめられる。紛争・対立は、はたして不可避なのか。たとえば、イラクをはじめとする中東の現状は、「文明の衝突」などといって歴史の必然めいた諦観でうち眺めてよいのか。事実でいうならば、本来ありもしない「文明の衝突」という虚像がさもしい頭脳によって創作され、それをおろかといわざるをえない政治が虚像を実体化する愚を繰り広げてかえりみないのである。そもそも、イスラームは特殊でもなんでもない。ユダヤ教・キリスト教という先行者のなかから生まれでた融合物である。さらに、スンナといいシーアといっても、教義において決定的な差異はない。対立をつくるのは、宗教という名の組織であり、団体なのだ。組織間の利害を宗教的必然として説明するのは、きわめておろかしい。信仰と宗教は、別物である。

わたくしたちは、どういう道のりをたどって今こうしてあるのか。人類に共有される歴史像・世界史像を是非ともつくりたい。そして、それは過去・現在・将来を問わず、世界を認識するうえで不可欠の視座を提供するものでありたい。わたくしたち人類の「知」は、いま大きな変動のなかにある。さまざまな「知」というものを、その基層からみつめ直し、人類という立場から再設計することが必要だろう。

もとより、個をこえ、国境・人種をこえて、衆知をあつめた協同の営みとならざるをえない。困難だが、必要で意味のある挑戦である。そういう時代に、わたくしたちは今、生きている。そのとき、歴史というなにかは、本来あるべき役割をはたすことになるだろう。

第一章　滔滔たるユーラシア国家の伝統

古くて新しいアジア、ヨーロッパ、ユーラシア

歴史の舞台は多重構造

歴史の舞台を、まずは考えたい。アジアとヨーロッパをあわせてユーラシア。それに、アフリカをくわえて、アフロ・ユーラシア。この巨大な陸のかたまりにおいて、太古から現在にいたるまで、繰り広げられてきた人間とその営みのかずかず。そして、それによって、よくもわるくも改変されてきたこの地球、あるいは広い意味での環境なるもの――。

実は、歴史を見つめることと、環境を考えることとは、今きわめて近いところにある。すなわち、過去のもろもろから現在をおしはかり、将来にむかってあるべき姿を構想することである。そこにおいて、世にいう文系・理系はもとより、あらゆる壁は不要だろう。すべての知慧と経験を網羅して、人類という地平に立つことである。

ひるがえって、もとより南北アメリカ大陸やオセアニア、また驚くほどの広がりをもつ太平洋上に浮かぶ大小の島々、さらに近年では南極大陸も、人類史の舞台となっている。そうしたところでの歩みもふくめて、グローバル世界史もしくは地球世界史ではあるものの、ユ

ーラシアないしはアフロ・ユーラシアとその周辺海域・島嶼《とうしょ》部における蓄積と展開が、人間社会・人類文化の基層のかなり多くの部分をかたちづくっていることもまた、疑いをいれない。つまり、ユーラシアないしはアフロ・ユーラシアという空間、そしてそこにおける人間のありかたと歩みを見つめることが、世界史という全体像を考えるうえで、おのずから大きなウェイトをもつことになる。

アジアとヨーロッパ

ついで、世界と世界史を構成する基礎単位のいくらかについて考えたい。なによりまずは、アジアとヨーロッパである。

「アジア」という語は、古代のアッシリア語で「アス（asu）」、すなわち「日いずるところ」を起源とする。おなじくアッシリア語で「エレブ（erebもしくはirib）」、すなわち「日没するところ」という語と、もともと一対のものである。「アス」が「アシア」となり、さらにギリシアに伝わって、牛に変身したゼウスが女神エウローペーを略奪してその背に乗せて海を西へと渡ったという神話がかぶせられる。「エレブ」と「エウローペー」の語の要素は、ほぼ共通している。かくて、ギリシア語の「アシア」と「エウローペー」が地中海域の西へもひろまり、やがてアジアとヨーロッパの呼び名が定まったとされる。

では、なぜアッシリアなのか。現在の国名でいえばイラク、今まさに紛争のただなかにある北メソポタミア平原に根拠したアッシリアは、前二千年紀からのまことに息の長い前史をもつ。それが、前八世紀なかばころから前七世紀後半にかけて、軍事国家として強大化し、最盛期には現在の中東中央域のほぼ全域を征服・支配した。しばしば、人類史上で最初の「帝国」であったといういい方がされる。その軍事システム、多民族支配、官僚機構が周辺諸地域や後世にあたえた影響は、今なおきっちりと見積もることはむずかしいが、楔形《くさびがた》文字による碑文の出土と解読を柱とするいわゆるアッシリア学がおこなわれ、徐々にその姿が見えだしている。とくに、「アッシリア帝国」にとって代わったバビロニア王国やイラン高原のメディア王国を介して、世界史上で真の本格的な大帝国といっていいハカーマニシュ帝国（ふつうギリシア語にもとづきアカイメネス朝などと呼ばれるが、原語がきちんとわかっているのだから、西洋式の通称・俗称は変だろう）に継承・発展した部分は、少なくないものがあったと考えられる。

さて、「アス」と「エレブ」の語は、まさにアッシリアの碑文に登場する。「日いずるところ」が東、「日没するところ」が西。まことに単純素朴ないい方である。逆にいえば、アジアとヨーロッパは、それだけの意味でしかない。そして、このシンプルきわまりない表現は、ギリシア語からラテン語にひきつがれ、「オリエンス」もしくは「オリエンテム」と、「オクシデンテム」なる語となった。すなわち、「のぼる太陽」と「沈む太陽」である。これまた、東と西を意味するにすぎない。

実に直截的というか、限りなく即物的なこうしたいい方は、ことばの成り立ちとして、わずかに三つのことを伝えてくれる。すなわち、第一点はアジアとヨーロッパは両語でワンセ

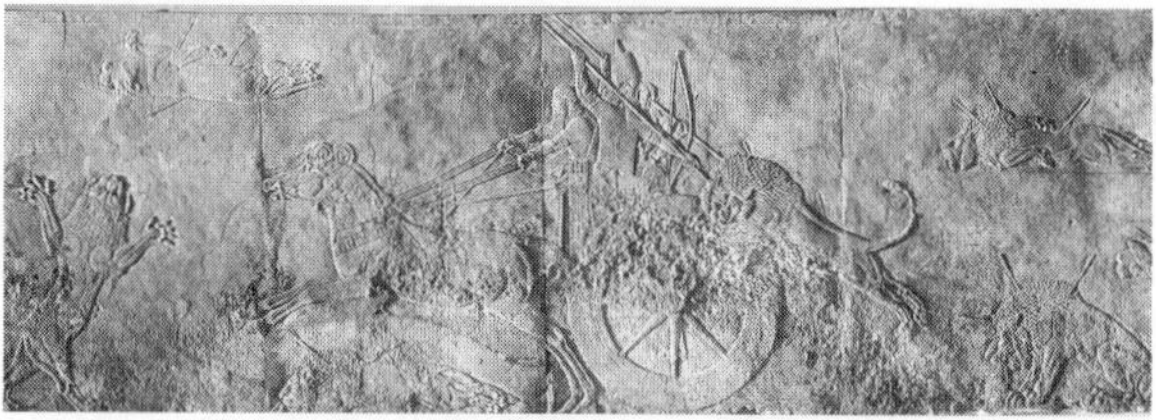

アッシリアの王侯　アッシリアは、鉄と馬で軍事力を備え、「人類最初の帝国」といわれる。王族の獅子狩りのようすを描いた迫力に満ちた見事なレリーフ。大英博物館蔵

ットの関係にあること、第二はそれぞれの名に「東と西」以上のなんらかのイメージや価値観は乗せられていないこと、そして第三はアッシリアという「古代世界」の最初の統合者のところで使われていたものが、その周辺の多分に「片田舎」であったギリシアにも伝わり、ほとんどそのままに使われたうえ、さらにギリシアの濃密な影響をうけたローマ領内でも、言語は変われども中身はそのままに踏襲されたこと——。それ以上でも、それ以下でもない。

ただし、これには一点だけ、つけくわえたほうがいいだろう。その当時、ギリシアの人びとの通念では、「ヨーロッパ」なるところは、現在のボスポラスとダーダネルスというふたつの海峡をさかいとして、その北側にひろがる土地の全体をさすと考えられた。反対に、その南側のうち、東方にひろがるのが「アジア」で、西方が「リュビア」（いわゆるアフリカ）と呼ばれた。

アジアとヨーロッパには、東と西の意味はもちろんあったが、地形上の実際と「三大陸」という認識とが重なって、一面では南北としてのニュアンスも加味されていたのである。

その結果、南の雰囲気も漂うアジアは、温暖・暑熱にして豊饒《ほうじょう》、富と猥雑《わいざつ》さにあふれた驚異の世界とされ、かたや西にして北のヨーロッパは、寒冷にして荒涼たる素朴・武骨の地とイメージされた。文化の花咲くのは、アジア。粗野で荒々しいのはヨーロッパという図式である。ちなみに、これが逆転するのは、近代になってからのことである。

ヨーロッパ本位の見方、日本の誤解

問題は、「後世」であった。もともとは、「西」でしかなかった語は、自分たちを「ヨーロッパ」だと総称することにした人間たちによって、以後ひさしく使われつづけることとなった。そして、中世・近世をへて、「ヨーロッパ」は「キリスト教世界」とほとんど同義語と化した。そのうえで、その独特の地域文明体は、工業化と軍事化を遂げ、一九世紀なかばからは一気に世界に雄飛した。その結果、「ヨーロッパ」なる語は、まったく別のイメージと価値観を付与されて、世界にひろまった。いや、圧倒的な文明として、世界のオーダーとなった。

ここにおいて、「アジア」とは単なる東方から、マイナス・イメージの集合体に変じた。「ヨーロッパ」によって文明化されるべき遅れた地域として一括され、逆にヨーロッパのアジア侵略は「使命」となった。つまりは、近代以後の「アジア」は、ヨーロッパ本位の他称にすぎなくなった。

かさねていうが、「アジア」の語は本来、「東」「ヨーロッパでない」の両義しかもたない。

ふりかえって、「アジア」とされたところには、往古《おうこ》から現在にいたるまで、実にさまざまな人と地域のかたまりがあり、さらに幾つもの独自の文化圏・生活圏・文明圏がいとなまれて、見事なほどに百花繚乱《ひやつかりようらん》、とうていひとつには扱えない。にもかかわらず、「アジア」の名で一括して呼ぶのは無理・身勝手というものであり、それを承知の呼称・用法・便法というほかはない。つまり、「アジア」を「アジア」たらしめているのは、ほとんど「アジア」という語それしかない。他は、なんらかのもっともらしい理由・目的・作為・意図をあとからかぶせたものである。

幕末・明治期、日本は「アジア」の語に反応した。脱亜・興亜の議論も、その後のアジア主義やひいては大東亜共栄圏にいたる道も、そのもとには「ヨーロッパ」に対する「アジア」、「ヨーロッパ」ならざる「アジア」ということばのイメージ、もしくはマジックがある。「アジア幻想」といってもいい。戦後の日本はこれに懲りたはずであった。ところが実は、言説・主張こそちがえ、「アジア」の語に喜び、連携・連帯・共存・一体化・共同体などの美しい掛け声が重ねられる。仕掛けは、ほとんど変わっていない。日本という国と国民は、「アジア」の語がよほど好きらしい。

しかし、たとえば中華人民共和国に暮らす五〇あまりの多種族の人びとは、政治やスポーツなどの広い意味でのイヴェントは別として、自分たちを「アジア」だと感じることはほとんどない。とりわけ、中華たることにプライドをもつ人ならば、余計そうである。韓国もまた、事情は異なるが、「アジア」の語に感動したり、もしくは心が動かされたり、さらにはうっとりすることもまずはない。ましてや、シベリアや中央アジア五ヵ国、そして中東にまでいたる各国・各地域の人びとが、どれほど自他に「アジア」を感じるか。いや、そもそも自分たちを「アジア人」だと考えるか。

かたや、「ヨーロッパ」なるもろもろは、EUおよび共通通貨ユーロなどを契機に、今まさに実体化への道を歩みだした。だが、「非ヨーロッパ」でしかない「アジア」は、所詮はおしきせの用語、ないしはおしつけられたパッケージにすぎない。そうでしかないものが、政治・経済・国際スポーツなどでの便宜・都合・建前、もしくは非欧米・反欧米の標語やプロパガンダ、さらにはその場だけをいいくるめようとする政治家・学者たちに便利使いされる理論上の対抗軸などにとどまるのも当然のことだろう。ようするに、「アジア」の語は、それでなにかを企てる人には有益かもしれないが、そうでない人には中身もよく明記されていない商標程度のことではないか。

歴史の枠組みとしてのアジア

であれば、歴史の枠組みとして、「アジア」はどれほど有効か。それに対する答えは、二律背反めいてくる。

すでに述べたように、「アジア」は、そもそもがまことに多元きわまりない中身をもつ。単線的な把握や叙述は、もともとありえない。たとえば、ここでおおまかに、多元の分野のおもだったものを、いくらかの重複を承知のうえで挙げるならば、日本史・朝鮮史・中国史・東南アジア史・内陸アジア史・中央アジア史・南アジア史・西アジア史・イスラーム史といったかたまりが居並ぶ。これらの多くは大分野といってよく、それぞれがほぼ独自の脈絡をもち、それぞれの事情に応じた研究がほぼ別々に展開している。名称のなかに「アジア」を含むものは、そのひとつひとつがヨーロッパ史に匹敵する。また、中国史はもとよりのこと、日本史・朝鮮史などは、歴史を通じて眺めるだけでも尋常なわざではない。

ちなみに、ここで東アジア史なる括りをあえて挙げなかったのは、東アジアという用語がはらむ危うさ、うさんくささをはじめ、それがつつみこむ空間がいったいどこからどこまでをさすのか、人によってさまざまで、ほとんど出鱈目に近いからである。たとえばもし、現在の日本・韓国・北朝鮮・中華人民共和国という領域の総和をもって、それを過去にさかのぼらせて「東アジア」なるものの歴史像を云々するというならば、現在のために事実をゆがめる行為というほかはない。

ひるがえって、既述の大分野について、おそらく多くのアジアがらみの研究者たちからは、もっと小分けにした分野設定こそが意味があると抗議されそうである。それは、きっとそうであるにちがいない。ひろやかな意味での歴史研究は、今や微細で心ゆたかな小世界までをも、国境をこえて披瀝《ひれき》しつつある。そうしたありかたをも知悉《ちしつ》したうえで、過去から現在を眺めるまなざしは、委曲を尽くしたものでありたい。

そのいっぽう、かつて「アジア史」なるものを見渡そうとした巨匠たちが、一九・二〇世紀のヨーロッパに幾人も出現した。あえて名を挙げないが、そうした人たちとその著作とは、ヨーロッパがもっとも自信にあふれた時代の気風・気分を今に伝えてくれる。時代が人を造るとの想いは、ここでも痛感する。そして、それから一時代をすぎて、日本にも学術の英雄時代がやってくる。あまたの人がゆきすぎたなかで、宮崎市定《みやざきいちさだ》という巨人が中国史研究を中心に「アジア史」を唱えた。壮挙といわざるをえない心意気であった。細かな中身の充足が、次代にゆだねられたのは当然のことである。だが、数多くの実証と考察をへたそのマクロなまなざしは、率直にいってかつてありえなかった。そこで語られる歴史は、人をして感奮せしめるところが大いにあった。

ユーラシアという発想、その足どり

そうしたアジア、そしてヨーロッパというとらえ方とは別に、ユーラシアという発想・枠組みでのアプローチが一九世紀の末ころから、当然のように湧きあがってくる。すでに幾度も繰り返し述べているように、時は帝国列強・世界分割・権力政治・軍事衝突の様相が深まりゆくころであった。

「ユーラシア」という語は、もとよりヨーロッパとアジアのふたつをあわせ、それをつづめたいい方である。ヨーロッパのほうが先にくるのは、ユーロ・セントリズム（ヨーロッパ中心主義）のためというよりも、用語としてのおさまり具合のよさによるものだろう。とはいえ、ともかく近代ヨーロッパで生まれたいい方ではある。とりわけ、地理学・地政学にかかわる人たちが使った。

純客観の大陸名称としては、そもそもヨーロッパ大陸・アジア大陸ということば・概念そのものが奇妙なのだから、ユーラシアという語それ自体は地理学者にとっては、至極あたりまえのことにすぎない。ところが、そこに時代というものがある。なににつけ昂揚した時代にあっては、しばしば人は人たる分際をこえ、ましてや学者ごときは学者たる域を軽々とこえて、世界と時運に想いをいたし、人によっては雄大なる構想を描いた。ここに、人間と地理的環境のかかわり、とりわけ国家・社会・民族というものを焦点としつつ、さらにはさまざまな政治現象について、自国の置かれている地理上の位置や要件を考えあわせ、そのなかでもっとも効果的な戦略・外交を展開することを骨子とする地政学が、ほとんど自然発生した。

地政学なるものについては、大きく見て、ふたつのストリームがあった。ひとつはドイツ、そしてロシアである。一九世紀もすえ、ドイツ帝国の学者フリードリヒ・ラッツェルの政治地理学からはじまり、第一次世界大戦の直前、スウェーデンの政治学者ルドルフ・チェーレンによって主唱された立場である。ドイツ語でゲオポリティク、英語でもそのままにジオポリティクスとするこの考えは、第一次大戦で激突することになる帝国列強間のパワー・ポリティクスを動的にとらえんとするものであった。

ことがらの当然として、議論の対象となる空間は、ドイツをはじめとする帝国列強たちが、直接かつ地続きのかたちであいまみえ、角逐《かくちく》しあっているヨーロッパとアジア、すなわちユーラシアであった。ここにおいて、ユーラシア・パワー・ポリティクスと地政学とは、ほとんど同義語でさえあったといっていい。

ドイツは、ヨーロッパの中央部を大きく占有していた。さらには、古くから東欧・ロシアへのまなざしとひろがりゆく可能性をもっていた。すなわちドイツは、西欧であって西欧でなく、ヨーロッパとしての地平においては神聖ローマ帝国のごとく、ふたたび主人公のように振る舞うことも十分にありえた。ドイツ帝国にとって、「ユーラシア」の感覚・戦略はほとんど生得にちかいものであった。

かたや、ロシアにとっては、「ユーラシア」は遥かにそれ以上、まさに国家としての基本スタンスというほかはなかった。西にむいてはヨーロッパ、東にむいてはアジア、それを使い分けつつ「ユーラシア」なる大地平を北から構想することは、ロシアの利点でもあり宿命でもあった。ロシア人のなかに、かつても今も、ある感情が底流として存在する。それは、自分たちはヨーロッパ人でもなく、アジア人でもないとする感覚・立場である。すなわち、「ユーラシア人」なるものにきわめて接近する。かつて、一九二〇～三〇年代に旧ロシア亡命者たちが主張したロシア独自の歴史発展としての「ユーラシア」というかたちは、今も社会のはしばしに脈々と生きつづけているかに見える。

マハンとマッキンダーの考察

いっぽう、こうした「大陸派」とは別に、海から陸を把握する立場があった。それを今、詳細に述べるのは控えたい。よく知られたように、その方向での理論的なバックボーンとなったのは、アメリカの海軍軍人アルフレッド・マハンとイギリスの地理学者にして地政学者たるハルフォード・マッキンダーである。前者は、ロシアを筆頭とするランド・パワー（陸上国家）に対して、アメリカ、イギリス、日本といったシー・パワー（海洋国家）が結束することを主張した。結局のところ、ロシアの拡大を防ぐことが眼目であった。マハンについては、ともすれば海軍力の過度な重視を批判されるが、それはむしろ現実においてすみやかに彼の主張が達成されたためとする擁護論がある。

「ユーラシア」というものについての洞察として、おそるべきはマッキンダーであった。彼は、日露戦争の勃発直前の一九〇四年一月の時点で、見事なまでの意見を披瀝した。すなわち、ユーラシア大陸の「ハートランド」（中心部）を制圧したものが世界の覇権を握るとして、チンギス・カンに始まるモンゴル帝国を人類史上の稀有にして有効な実例として、その後の歴史にいたるまで縷々《るる》のべたてた。そして、その遺産の多くが、ロシアなる北の帝国にひきつがれ、たとえそこで社会的な革命がおころうとも、その「帝国」的な体質は変わらないことを主張した。海の王者たるイギリスに対し、陸の王者たるロシアの脅威を唱えるマッキンダーの議論は、その後の冷戦時代の封じ込め政策にもひきつがれたとされる。

なお、地政学は、とくに第一次大戦後のドイツにおいて、軍人にして学者であったカール・ハウスホーファーによってナチスの膨張主義政策と連動して展開し、日本などにも影響を及ぼした。戦後は、そのマイナス・イメージと米ソ冷戦による二大対立構造のなかで衰えたが、ソ連の解体以後の国際情勢の多極化・流動化によって息をふきかえしつつある。ポーランド出身で、カーター政権の大統領補佐官であったズビクニュー・ブレジンスキーが「ユーラシア地政学」の戦略を示したのは、今後のひとつの可能性をおもわせる。

アジア史・ユーラシア史の全体を見渡す立場

さて、アジア史といい、ユーラシア史といい、一見すると昔からの古色蒼然たる枠組み・立場・内容であるかのようにおもえるが、歴史をとらえる発想としては、実のところ存外に新しいというか、決してそう古くはないのであった。蜒蜒《えんえん》たる歴史の脈絡を背負いつつも、いっぽうではせいぜいここ一〇〇年あまりのドラスティックな世界史構造の変転を踏まえている。

ことに日本においては、ユーラシアないしユーラシア史を唱える立場は、本来きわめて少数派であった。学術研究としては、中央アジア史・内陸アジア史・考古学などにかかわる人たちが主張した。いずれも、既存の国境線とは基本的にかかわりないかたちで研究展開するのが当然の分野であり、文献・記録・遺跡・遺物といった具体的な史料レヴェルにおいても、しばしばヨーロッパやアジアをつらぬく視野で考えざるをえなかったからである。いいかえれば、実際にあった歴史のままに眺めようとするならば、ユーラシアという大きな括りでことがらを扱わざるをえないことが多い分野なのであった。

かたや、日本史はひとまず別として、中国史・西洋史というふたつの大きな老舗《しにせ》といっていい歴史分野の研究者たちは、少数の例外を除いて、それぞれの枠組みと伝統を固有のものとして、そのなかで自足しがちであった。それをもって、幸いとするかどうかは別として、少なくともユーラシアという立場や発想には、ほとんど必要性を感じてこなかったようにみえる。ところが、ソ連の崩壊、冷戦構造の終了を契機に、否応なくユーラシアの感覚がもとめられるようになってきた。中国史研究者が、欧米のみならず、妙に中央アジアや内陸地域、さらには東南アジアなどに出かけたり、純西洋史家が中国をはじめ、アジア各地へさかんに赴くようになった。近年のささやかなトレンドといっていいかもしれない。もとより、まことに歓迎すべきことである。固定の枠に自閉するのは、歴史研究の本旨に反する。

ひるがえって、ここであらためておもうのは、アジア史でもユーラシア史でも、どちらであるにせよ、ともかくそれらすべてを一括して総体として眺めざるをえない分野がある。それが、モンゴル帝国とその時代である。この立場に身を置く時、中国史・中東史・西洋史といったもろもろの枠や仕切りは消え、個々のさまざまなことがらが、その等身大で見えてくる。「文明」の名のもとの虚構、またある分野ならではの奇妙な価値観や決まりごとなどが否応なくあぶりだされてくる。モンゴル時代史にとっては、アジア史・ユーラシア史を問わず、それぞれの脈絡のほとんどは、そこにいたる前史であり、同時にまた「ポスト・モンゴル時代」という名の後史《こうし》となる。

近代ヨーロッパが、モンゴル帝国をもって「アジア」なるものの代名詞としたのは、そのみにくいまでの悪意とおごりは別として、歴史上・空間上の枠としては、それなりに正しかったことになる。すなわち、「アジア」ないしは「アジア史」の最大型・最大枠は、モンゴル帝国とその時代なのであった。しかもそうでありつつ、モンゴル世界帝国は「ヨーロッパ」とされたところも大きくつつみこんだ。さらには、ヨーロッパのみならず、北アフリカと東アフリカも間接的ながら、ゆるやかにつなぎとめた。

つまり、アジア、ユーラシア、アフロ・ユーラシアの三重構造のいずれにあっても、客観的な事実として、「世界史」なる大地平がここで本格的に始まるとするのは、当たりまえのことなのである。そこに、世界史把握の鍵がある。

ユーラシア世界史の内なるダイナミズム

ユーラシアの内側

では、ユーラシアとはどういう世界なのか。なんであれ、地図をひろげれば、あらためて妙に感心せざるをえない。

沿岸部を別として、内側の広大な世界は高原・山脈・山地・盆地・平原・沙漠・砂漠・荒蕪地・乾地・湿原――、ともかくひとつひとつの大地形が文字どおりスケールが大きく、ようするにまことにおおまかというか、おおらかなのである。地形・地域が、大きなかたまりとしてのユニットをなしているところが、圧倒的に多い。日本列島や韓半島・華南・東南アジア・西ヨーロッパなど、もとより程度の差もおおいにあるが、ともかく細やかに空間が仕切られているところとは、まったく異なる。

わけても、きわめておそるべきことは、沿岸部と島嶼部をのぞくユーラシア大陸のほとんどは、やはり程度の差はあれ、圧倒的に乾燥が優越していることである。そして、これがもっとも肝心なことだが、巨大な乾燥空間の東西にわたってほぼ帯状に、東は現・中華人民共和国の北域から西はハンガリー平原、あるいは考えようによってはドイツやフランスにいたるまで、蜒蜒と草原もしくはそれに準じるなだらかな山野がつらなっていることである。

あらためていうまでもなく、ユーラシアの東西をつらぬく草原という「陸上のおび」は、古き時代から遊牧民の天地であった。遊牧民たちは、日頃から、まことに活潑でひろやかな行動力を生かして、ともすれば相互に孤立しがちな中小の地域・社会・集団をむすびつけるかたわら、とくに騎馬と弓射による軍事力をもとにして、強力な部族連合体を組みあげ、さらには広域の活動圏・勢力範囲を形成して、政権・国家をつくりだしてきた。

そうしたユーラシアないし、その延長としてのアフロ・ユーラシアの歴史をおおまかにふりかえると、事柄の切り取りの仕方はさまざまにあるだろうが、ごくシンプルな括り方として、「とどまるもの」と「つなぐもの」というふたつのありかたが浮かびあがる。「とどまるもの」は、定住・農耕・集落などのキー・ワードで象徴される。かたや、「つなぐもの」は、移動・遊牧・交易といったものを軸とする。シンボリックないい方をするならば、「点」と「線」、あるいは「点」と「面」といってもいい。そうした二極のなかで、「点」と「点」をむすび、地域・文化・生業をこえて、人びとをゆるやかにつなぎとめ、より大きな「面」としてのひろがりを演出するもの――。それが歴史を動かす主役となった。

遊牧と遊牧民

ひとくちに遊牧といっても、その形態や方法は、乾燥の程度や地形上の制約などでさまざまではあるが、ひとつの典型的なかたちでいえば、夏は家族単位でひろやかな平原や山麓・山腹に散開して牧養する。反対に、冬は数家族から数十家族、ときに紛争や戦闘状態がひきつづいている場合には、数百家族からそれ以上の規模で集団越冬する。そうしたウィンター・キャンプの場所は、寒気はもとより、もっともおそろしい雪害をしのげる渓谷もしくは山の南側、さらには平原であるならばそれなりの窪地や低地であることが多い。ちなみに、現代の局小化した遊牧生活のなかで、冬営地がむしろ山腹の途上に営まれる事例をもって一般化することは適当かどうか。

そうした年間の移動システムのなかで、夏営地について、中央アジア以西ではテュルク語でヤイラク、冬営地はキシュラクと呼ぶ。その間の移動経路はほぼ定まっており、あてもなくさすらうかのように考えるのは誤解である。その移動距離は、これまた地域によってまちまちで、十数キロメートルから数百キロメートルまで多様な振り幅がある。モンゴル高原や天山地域などのように、乾燥がそうきつくなく、というよりもむしろ緑が濃密すぎるほどの重草原がかなり見られるところでは、しばしば春営地・秋営地も設定され、しかもごく狭いエリアのなかを移動することも少なくない。ともかく、基本的なスタンスとしては、夏季の散開放牧、冬季の集団越冬という極端な離合集散をくりかえして、一年を季節移動のなかで送るのである。

こうした日常生活の結果、騎乗の技術、個としての行動力、集団としての組織性・機動性など、農耕民・都市民・固定式牧畜民などには見られない特質を、中央ユーラシアをはじめとする各地の遊牧民たちは自然のうちに身につけることになる。家族単位では、ふつう家長を中心とした父系社会をつくるいっぽう、とくに冬季における越冬状態での集団が、それぞれの牧民がみずから帰属すると考える「氏族」あるいは「部族」を形成する。

もとより、ここにおける氏族や部族の表現は、きわめてファジーなものでしかない。とはいえ、こうした集団こそ、遊牧民にとって、社会・政治・軍事などにおける基礎単位となる。複数の集団が連合すれば、一気に大きな勢力が出現するが、連合がゆるむか解消すると、たちまちもとの集団にたちもどる。遊牧民の社会、そしてそれが中核となってつくられる軍事複合体は、生活・組織のすべてにわたって、きわめて高い運動性をもっているわけである。いわゆる遊牧国家なるものが、できやすく、こわれやすいのは、宿命といってもいい。

遊牧という生活技術・再生産の体系は、しばしば語られがちな「放浪」「さすらい」「根なし草」といった印象とは異なり、厳しいほどにシステマティックでダイナミックなものであった。遊牧民でなければありえないような価値観・行動様式、さらには人間の類型を、結果として、また事実として人類史にもたらしてきた。とりわけ、なにより重大と考えられるのは、人類は農耕とは別に、遊牧という生活形態をつくりだすことによって、そのままでは一ヵ所に定住して暮らすことができない広大・無辺の乾燥した大地を、生活の場所として有効に利用できるようになったことである。もしかりに、定住・農耕だけしか生きてゆくかたちがなかったならば、人類の活動の舞台は、いちじるしく限られた。おそらくは、ユーラシアの各地は小さく孤立しあい、たがいの連絡・交流も、相互刺激による発展・展開もなかなかすすまず、その結果、世界史なるものもまた、今わたくしたちが眺めているものとは相当に様相をたがえたものになっていたのではないか。

とりわけ、遊牧民のダイナミズムは、軍事力というかたちでおおいに発揮された。個人・家族・氏族・部族の四重構造でひろがる組織と集団性は、騎射と高速・自在な展開力とによって、近代以前の世界にあっては、とびきりの戦闘力・決定力となった。遊牧騎馬戦士は、生まれながらの軍人・戦闘者であり、それが複数の部族集団を束ねて、より大型の軍事連合体をつくると、定住社会では抗しがたくなる。軍事を柱に、政治・統治・通商・交通を握ることで、そこに政権ないしは国家がつくられる。純粋に遊牧民だけの軍事勢力・政治権力というありかたが、はたして可能であったか、また歴史上そういう実例があったかは、断言しにくい。いま、わたくしたちが知っている遊牧国家なるものは、ほとんど例外なく、定住・農耕の人間・地域を包含し、集落・都市をかかえこんでいる。ようするに、多民族・多文化・多地域をつつみこむハイブリッド国家なのであった。そこにおいて、近代国家のようなナショナリズムや排他性は、ほとんど見られない。

遊牧と遊牧民が人類史のうえではたしてきた役割は、長いあいだ、あまり正当に評価されてこなかった。それどころか、歴史上、遊牧民は野蛮・未開・暴虐・破壊・非文明といった負のイメージを「文明社会」と「近代精神」の両側から一方通行でおしつけられてきた。幸いというか、近年はそうした誤解・決めつけは事実の提示によって、かなり修正されつつある。だが、そうはいうものの、長きにわたって刷り込まれてきた偏見・おもいこみは、容易に払拭しがたい。

それはひとつには、わたくしたち日本列島に暮らすものもふくめて、「近代文明」に身をおく人びとは、おおむね農耕民か定住式牧畜民の子孫で、遊牧と遊牧民について、ほとんど知ることはなかったからである。グローバル化のよい面として、国境の壁が低くなり、その気になればどこへでもひととおり行くことができるようになった。また、日々リアル・タイムで報道される映像やニュースを通して、かつてとくらべれば、相互の情報の質量や理解の程度は格段に変化しつつある。今後に期待するところは大きい。

スキタイ・匈奴から始まるなにか

ひろくユーラシアの歴史を見わたすと、遊牧民の存在は無視できないどころか、東西・南北を縦横に駆けめぐり、あまたの政権・国家を生みだした。古くは前六世紀、黒海の北側にひろがる現在のロシア大草原を中心に、ギリシア語でスキタイと呼ばれる遊牧複合連合体が出現する。

スキタイは、一時期、イラン高原のメディア王国も占領する。のち、イラン全土からエジプト・アナトリアにまでいたる大領域を統御したハカーマニシュ帝国のダーラヤワウ大王

バルトリド　1869〜1930年。中央アジア史、イスラーム史などに巨大な業績をのこした

（ギリシア語ではダレイオス）が、七〇万という途方もない大軍勢をもよおして、前五一四年ないし前五一三年、みずからスキタイの地へと出軍した。ヘロドトスの『歴史』に名高い大遠征である。結果は、手ひどい惨敗を喫してダーラヤワウは失望のうちに退却する。彼は、あきらかに「古代世界」なるものの〝世界支配〟をめざしていた。そのたちあがりに、最強の敵を制圧せんとしたのである。ハカーマニシュ帝国は、以後その矛先をギリシアにむけることになる。

　こうした成り行きは、スキタイの精強ぶりを伝えてあまりある。ちなみに、実はハカーマニシュ帝国もまた、その中核部は多分に遊牧民の影が色濃いことに注意したい。その先行者たるメディア王国もまた、その性格は共通している。旧メディア軍団は、ハカーマニシュ帝国のなかに合流して、準支配層を構成していた。さらにこれ以後、イラン高原とその周域において、大型の権力・政権をつくるパルティアとサーサーンの両帝国も、やはり中核は遊牧民の軍事連合体であった。

　こうした伝統は、中東全域にもかなりあてはまり、イスラームの大征服の主力となったアラブ遊牧民のベドウィンもまさにそうであった。そもそも、「アラブ」という語は、かなりな可能性として、遊牧民を意味する。かつて、イスラーム中東を含め、ユーラシア西半の歴史を壮大に描いたロシアの巨人V・ウラディミロヴィチ・バルトリドが述べたように、イラン方面はもとより、中東全体が中央アジア、ないしは中央ユーラシアとほぼ同一の自然環境・歴史状況であった。バルトリドが、両地域はもともと一体のものとして、その歴史展開を把握すべきだと主張したのは、まさにそのとおりであったのである。

ひるがえって、現在ともかく確認できる最初の遊牧国家のスキタイは、その領域ないしは影響圏がはたしてどこまで広がっていたのか、歴史研究者を悩ませている。すくなくとも、間接的な影響でいえば、スキタイ風の文物・遺跡はシベリア、中央アジア、外モンゴルをこえ、現在の中華人民共和国のうちの新疆《しんきょう》、内モンゴル、華北、雲南にいたる広大なひろがりをおおう。ユーラシアの内側の世界を、まずはいったんスキタイ風のなにかが席捲・流布し

スキタイと匈奴　最初の遊牧国家・スキタイと、秦漢帝国と並存した匈奴との関係については、いまだ議論が続いているが、出土文物からは、独特の動物文様や造形技術など、強い影響がうかがえる。上は、戦うスキタイ戦士の金製装飾櫛。紀元前５～前４世紀。ドニエプル河流域のソローハ遺跡出土。エルミタージュ美術館蔵。下は中国・内モンゴル自治区出土の青銅製飾牌。戦国～漢代のもの

たのである。おそらくは、それがユーラシア乾燥域の基層となった。研究者によっては、スキタイに起源する制度・文化・観念・価値観は、ずっと生きつづけ、なんとモンゴル帝国時代にまでその影響は残存したとする意見さえある。

スキタイに次ぐ遊牧国家の顕著な存在は、前二〇〇年前後、中華地域でのいわゆる秦漢交《しんかん》替期に一気に「帝国」へと浮上した匈奴《きょうど》である。匈奴がスキタイからの影響をうけていたことは、出土文物が雄弁に物語る。匈奴については、完全同時代の司馬遷『史記』に克明な叙述がなされている。『史記』の隠れたテーマは、武帝ひきいる漢が無理に仕掛けた長期の大戦争の相手、匈奴遊牧帝国であった。『史記』は過ぎ去った悠久の日々の「歴史物語」（史記とは本来そういう意味）であるだけでなく、司馬遷自身もわが身をそこなった生《なま》の現代史であった。

司馬遷の匈奴についての分析・叙述は、まことに見事である。世界史上、遊牧国家システムについて、これほどの文章は、第二章で述べるモンゴル帝国がつくった世界総合史たる『集史』をのぞいて、他に比肩するものを知らない。匈奴国家は、匈奴という遊牧部族連合体をもとに、さまざまな遊牧系の諸集団をとりこみ、かつ縒《よ》り合わせた強力な軍事権力体であるうえに、さらにそれを軸としてオアシス民・農耕民などの定住地域も広くつつみこんだ大型の複合国家であった。決して匈奴という民族国家であったわけではない。領域は、東はおそらく韓半島におよび、西は天山地方に達した。

匈奴国家の根本たる遊牧軍事体制においては、君主たる単于《ぜんう》を中央にして、南面するかたちで左翼（東方）と右翼（西方）に領袖たちの遊牧分領が整然と並びあった。この三極体制、そして十・百・千・万の十進法による軍事・社会組織を二大特徴とする国家システムは、以後のユーラシア東半の遊牧系の諸国家においてほぼ共通のスタンダードとなり、さらにはユーラシア全域の同系の国家・政権にまでも、ひろくその影響をおよぼすことになった。つまり、スキタイがつくった基層のうえに、匈奴による国家・軍事システムが確立し、時代をこえるパターンとなったのである。スキタイと匈奴は、新たな歴史の大流をひらく役割を、ユーラシア史上で演じたことになる。

忘れられたユーラシア国家の流れ

これ以後、ユーラシアの東西で遊牧国家ないし遊牧系の政権が興亡する。そのおもだったものを挙げると、サルマタイ、フン、アヴァール、ハザル、クシャーン、烏孫《うそん》、烏丸《うがん》（もしくは烏桓）、鮮卑《せんぴ》、鉄勒《てつろく》、オグズ、柔然《じゅうぜん》、高車《こうしゃ》、エフタル、吐《と》谷渾《よくこん》、突厥《とっくつ》、東突厥、西突厥、トゥルギシュ、ブルガール、アラブ・イスラーム、ウイグル、キタイ、カラ・ハン、セルジュク、マジャール、カラ・キタイ（これは誤称。カラ・キタイとは、もともとキタイそのものをさす。国家・政権としては、正確には第二次キタイ帝国というべき）、ホラズム・シャー、ゴール、モンゴル、マムルーク、ティムール、アク・コユンル、カラ・コユンル、ジャライル、オスマン、サファヴィー、シャイバーン、カザフ、ムガル、ジューン・ガル、アフガニスタン・ドゥッラーニーなど、ただちに思い浮かぶ名だけでもかなりな数となる。これに中小規模の国家・政権や、遊牧系をまじえた混成体ということになると、こまめに数えれば二倍から三倍になるだろう。

ようは、ユーラシアの大地には、遊牧軍事力を柱とする勢力が大中小さまざまに大展開したのである。陸域としてのユーラシアは、こうした面々の浮沈・流転とともに長い歳月を送ったのであった。そのさい、実像のまだ見えないスキタイの潜在的なひろがりは別として、匈奴とフンが連動するならばその広大な活動圏、ついで突厥による東は中華北域から西はビザンツ近縁にいたる壮大なひろがり、そしてもとよりモンゴルの巨大な統合――。こうした否定しがたいユーラシア・スケールの大きな地平としての動き、内なるパワーとダイナミクス。それらをまとめて眺めることは、人間というものが織りなす活動の渦を歴史としてどれだけ実寸でとらえることができるか、あらためて既存の歴史研究の問題点を痛感せざるをえない。

ひるがえって、遊牧軍事力型の国家・政権の展開には、いくつかの特徴・類型がある。既述のアッシリア、メディア、ハカーマニシュ、パルティア、サーサーンのみならず、アラブ・イスラーム、そしてその後のテュルク、モンゴル系イスラーム諸政権という系譜は、中東は中央ユーラシアと変わりないというバルトリド・テーゼを裏付ける。その点において、エジプトをはじめとする北アフリカも、中央ユーラシアの延長上であった。ひろく中東の歴史は、そうした脈絡のなかで展開する。そのようすがは、今もなお、あまり変わるところがない。中東の歴史における遊牧型権力の優越は、実はイスラームという要因とは別に、深く沈んだ底流としてある。

「中華王朝」のよそおい

遊牧型の国家は、表面上、遊牧世界とおもわれるところだけで生成・継続したわけではないのであった。ふつうには、いかにも中華帝国の典型のようにおもわれがちな隋《ずい》や唐《とう》にしても、その出身・由来からは鮮卑拓跋《たくばつ》部の血と体質を濃密にうけついでいた。先行する代《だい》国から、北魏《ほくぎ》・北周《ほくしゅう》などをへて、隋・唐にいたる政権の連鎖は、「拓跋国家」という一連の国家なのであった。ちなみに、バトン・リレー式にひきつがれたこの国家は、既存の中国史ではほとんど気づかれていないが、匈奴王権の血脈を当初からとりこみ、なお生きつづけるその権威を利して権力・政権のささえとした。いわば匈奴の血に鎧われた複合国家であり、中華王朝のよそおいは片方の顔であった。なお、これはまったくの蛇足ながら、北周までの一連の各政権における領袖たちは、いずれも固有の軍事力を保持していた。隋唐時代になって、それがもし消え去るとするならば、しかるべき説明がほしい。府兵制などが強調されるあまり、こうした「私兵」について分析がないのは、少し奇妙である。

中華王朝としての風儀やよそおいにくわえ、官撰・私撰を問わず、中華風の文飾でしるされた史書での姿を文字どおり鵜呑みにするのは、警戒しなければならない。実は似たようなことはイスラーム史書にも、あきらかにある。それを見分ける手だては、所詮はまずは多識と比較、そして領域をこえる視野ではないか。できる限り、世界史上の実例・類例を知り、そのうえで健全な常識にもとづいて総合的に判断する。そこに、歴史研究の妙味もまたある。なお、中華地域でのこととして、いにしえの周王朝や最初の統一帝国をたてた秦も、いずれももともとは遊牧民もしくは牧畜民の出であった。所詮は、半乾燥地たる華北に権力基盤を形成することが、統合的な中央政権へのひとつの要諦であったからには、草原からの攻勢に対応するためにも、遊牧民ないしはそれに準ずる軍事力を保有することは必須であった。

インドの遊牧民系政権

一見、遊牧地域らしからぬところでの国家・政権の形成として、もうひとつ中央アジアからヒンドゥースターン平原（北インド平原）にいたる縦長の空間での事例が目につく。北の乾燥地域からインド亜大陸へと南下する動きは、歴史をつらぬいて確認される。

そもそも、アーリア系の人びとのインド方面への波がまずはあった。ついで、ヘロドトスやハカーマニシュ帝国のダーラヤワウ大王の碑刻にあらわれるサカ族、すなわちスキタイの東方展開したものたちがインドへと到来する。インドでいうシャカ族、漢語文献では「塞」としるされる。前四世紀、アレクサンドロスの遠征隊がインドを目ざすのも、インドの富はもとよりながら、歴史をつらぬくトレンドのひとつであった。

さらに、クシャーンの南下と北西インド支配は、ヒンドゥー・クシュという高い壁の南北にまたがって国域を形成するパターンのはじめとなった。ガンダーラを中心とする仏教文化の興隆とその北伝は、この脈絡のなかにある。アルタイ山方面に発したとされるエフタルが、五世紀以後、ヒンドゥー・クシュ北側のアフガン・トゥルキスタンを中心に広域で活動するのも、一貫した流れである。さらに、東西に広がった突厥さえも、似た動きを示す。おそらく、それらが次なる展開への呼び水となった。

なににもまして、現在にまでおよぶ大流は、テュルク族を主とするイスラーム軍事権力のインド支配であった。一〇世紀のガズナ朝、それに代わったゴール朝を下敷きにして、一二

ムガル帝国皇帝・バーブル　ティムール朝最後の皇帝。1597年作の細密画。ニューデリー美術館蔵

〇六年以後、デリーを首都とする五つの遊牧民系の政権が連続する。いわゆるデリー・サルタナトである。ちなみに、一二〇六年といえばチンギス・カンによるモンゴル国家の成立とまったく同年のことであった。

これらデリー諸王朝は三二〇年を閲《けみ》したうえ、最後の北からの波として、故土を追われたティムール帝国最後の君主バーブルが、インドへ入って第二次ティムール朝たるムガル帝国を開くことになる。そのムガルの解体とイギリスのインド支配は、以上に述べたまことに長い北からの潮流が、海からのパワーによってとってかわられたことを意味する。もとより、それは世界史構造の変化を象徴する事態ではあったが、反面インド亜大陸における政治伝統は、外来者による征服型権力におおわれがちであったことをも示している。

黒海北岸の遊牧民

中東方面・中華地域・インド亜大陸でのパターンとは別に、西北ユーラシアでのあり方も注意される。黒海北岸の緑豊かな大草原を本拠としたスキタイ国家を押し出し呑みこむようにして、前四世紀ころサルマタイが東から抬頭する。やはり、イラン系の遊牧民であった。おなじく部族連合体をつくり、長い時をすごしたが、三世紀にやはり東からやってきたフンに押し出されてヨーロッパにむかった。

匈奴国家の解体期に西走した集団とフンとが同一であるかどうかの議論は、一九世紀のドイツがひどく好んだ。もとより、みずからの源流にかかわることであり、かつはドイツがもつ東方拡大への意欲と無縁でない。歴史の転回として眺めたとき、西走匈奴からフンなるものが動き、それがサルマタイをはじめゲルマン系の諸族の移動もひきおこしたという「玉突き」現象は、それを積極的に否定する材料をもたない。

カスピ海の北岸から黒海北岸にいたる一帯は、中央ユーラシアからひきつづく「草原のおび」であった。〝大移動〟のあと、アヴァール、ブルガール、マジャールがあいつぎ、さらに突厥・西突厥の力がおよんだ。そこから、七世紀には、同じくテュルク系であったハザルが自立して、ヴォルガ河口のイティルを首都として遊牧連合国家をきずき、アラブやビザンツと対抗した。ハザルは、ユダヤ教への改宗で名高く、オグズ族やいわゆるキエフ・ルーシの攻撃などで一一世紀に解体するが、その子孫はロシアや東欧に拡散して、ドイツ系ユダヤ人たるアシュケナジーなどの源流となったとされる。「ヴェニスの商人」シャイロクで名高い鉤鼻は、本来のユダヤの民の属性ではなく、ハザルの遺産とする考えがある。

ハザルといれかわるように、現在のカザフ草原から黒海北岸一帯の広大なステップ地帯には、テュルク語・ペルシア語でキプチャク、ロシア語でポーロヴェツ、ヨーロッパやビザンツではクマンないしコマンと呼ばれるテュルク系の大集団が史書に登場してくる。ロシア史では、ロシアの原点として九世紀以後のキエフ・ルーシ（ルーシはロシアの古名）をやや過度に重視して、ハザルやキプチャク諸族の来襲・侵攻をさかんに非難する立場をとりがちだが、率直にいって、スキタイやサルマタイからハザルやキプチャクにいたる一連の遊牧民たちの系譜のほうが、東スラヴ諸族よりもむしろ先住で、もともと国家形成もはるかに早い。

彼らを「野蛮」視するのは、「文明」の癖であるうえ、次に来るモンゴル世界帝国によるロシア支配を非難・否定したい心性が濃密に投影されているといわざるをえない。

さて、一三世紀のモンゴルによるユーラシア大統合ののちは、モンゴル世界帝国で総合・整備された国家システムが、ユーラシアに共通する見えないスタンダードとなる。それは、すでに述べたロシア帝国、オスマン帝国、サファヴィー帝国、ティムール帝国、ムガル帝国、明帝国、ダイチン・グルン帝国に直接・間接にひきつがれる。国家としては、いずれも多種族複合国家というほかはないものであった。スキタイでおそらく芽ばえ、匈奴で基本型がつくられた軍事連合体の構えは、長い旅路といくつかのヴァリエイションを生み出しつつ、モンゴル帝国でユーラシア化した。世界史には、滔滔たるユーラシア国家の伝統があったといわざるをえない。

第二章　モンゴルは世界と世界史をどう見たか

人類史上最初の世界史――『集史』

二段階の編纂

さて、この章では、モンゴル帝国とその時代について、人類史におけるその画期性を端的に示すふたつのことがらをとりあげたい。ひとつは、モンゴル帝国で編纂された文字どおりの世界史とその内容にかかわることであり、もうひとつはモンゴル時代の東西に出現した二種の突出した世界図の比較検討から見えてくるものについてである。いずれも世界史・人類史の見地から、屈指に重要な研究テーマといっていい。

まず、ユーラシアの超域帝国となったモンゴル政権の中核にいた人間たちは、当時の世界をどのように眺め、またそこにいたるまでの歴史をどう考えていたか。それをもっともよく示すのは、事実上で人類史上最初の世界史といっていい『集史』（ジャーミゥッタヴァーリーフ）である。「諸史を集めたもの」を意味するこの浩瀚《こうかん》な歴史書について、最低限の要点をかいつまんで述べると次のようである。

モンゴル世界帝国のうち、イラン・中東に成立したフレグ・ウルス（通称イル・ハン国）

で国家編纂されたモンゴル帝国の「正史」にして世界史というべきもの。モンゴル帝国史研究の根本史料であるのはもとより、モンゴル時代以前の世界史研究にも不可欠だが、その点の利用は、必ずしも十分でない。編纂長官は、宰相（ヴァジール）のラシードゥッディーン。国家改造をおしすすめていた第七代フレグ・ウルス君主のガザンは、政治改革の一環として一三〇〇年、庶政の責任者たるラシードにチンギス家とモンゴル国家の歴史編纂を命じた。モンゴル帝室伝来の「黄金の秘冊」（アルタン・デプテル）をはじめ、モンゴル諸部族集団に保持されていた伝承・旧辞・系譜など、口承で語りつがれていたものと文字化されたものと、さまざまな材料をもとに、モンゴル治下の各文明圏から招致された多人種・多言語の学者・知識人をも駆使して編纂がすすめられた。

一三〇四年、ガザン他界のさいは未完成だったが、まもなくその弟で後継者のオルジェイトゥに奉呈されることとなった歴史書は、『ガザンの幸いなるモンゴル史』と名づけられ、ガザン自身の見解が濃密に投影されたモンゴル帝国史であった。さらに、兄とおなじくラシードを宰相に起用しつづけたオルジェイトゥは、ひきつづきモンゴルとかかわった世界各地の諸種族史の追加編纂を命じ、ヘジラ暦七一〇年（一三一〇～一一）にひとまずの完成をみた。モンゴル自身の歴史にくわえ、さまざまな地域文明史をあわせた総合史となったところから、『集史』が最終の書名となった。なお、第一次編纂の時点において、モンゴル帝国は内紛中であったが、第二次編纂のさいは帝国全体で東西和合を遂げており、そうしたユーラシア情勢の変化もこの歴史書の背景にあることは見逃せない。

人類史上初の「世界史」　モンゴル帝国のうち、現在のイラン・中東に成立したフレグ・ウルスで国家的に編纂された『集史』は、モンゴルの正史であるだけでなく、モンゴル時代以前の中央ユーラシアに生きた遊牧民諸部族の歴史をも集成した、まさに初の「世界史」である。文字史料としてはもちろん、画像史料としても貴重で、左は玉座についてクリルタイを開くチンギス・カン。下は、フレグ率いるモンゴル軍のバグダード攻略の場面。モンゴル軍の投石器、画面中央の白い伝書鳩など、緊迫する城の内外を描く。フランス国立図書館蔵

二重構造の世界史

当時の国際語であったペルシア語でつづられた『集史』は、必然的に大量のテュルク・モンゴル語彙をはじめ多言語の用語や術語を含み、それ自体ですでに世界性を帯びている。その内容は、第一部がモンゴル史、すなわち第一次編纂のおりのものと考えられ、その第一章がテュルク・モンゴル諸部族志、第二章がチンギス家の歴史（これが「チンギスの祖先」の部分と「チンギスとその子孫たち」の部分とに分けられ、さらに後者はチンギス紀、オゴデイ紀、ジョチ紀、チャガタイ紀、トルイ紀、グユク紀、モンケ紀、クビライ紀、テムル紀の歴代君主と、フレグ・ウルスのフレグ紀、アバカ紀、アフマド紀、アルグン紀、ガイハトゥ紀、ガザン紀からなる）である。

第二部は世界史で、第二次編纂に相当する。その第一章に現君主たるオルジェイトゥ紀があったとされ（ただし現存しない）、ついで第二章のかたちで、まず人祖アダムからヘジラ暦七〇四年までの預言者たちの歴史（その細目は古代イランの諸王朝をはじめ、イスラームの創始者である預言者ムハンマドから、その後モンゴルに打倒される第三七代アッバース朝のムスタースィムにいたるまでの歴代カリフたち、さらに「地方政権」であるガズナ朝、セルジュク朝、ホラズム・シャー朝、サルガール朝、イスマーイール派のそれぞれの歴史）がつづられ、ついで諸種族史（細目は、遊牧民の歴史であるオグズ史、中華史であるヒタイ史、ユダヤの歴史を述べるイスラエル史、ヨーロッパ史たるフランク史、インドの歴史を語るヒンドゥースターン史、これにはシャカ・ムニ伝が附せられる）が述べられる。第三部は地理志であったとされるが、伝存しない。なお、『集史』の研究・訳注は世界各国で一七〇年をこえる歩みがあるが、さまざまな写本を校勘したうえでの十全な定本・定訳は、いまだ出現していないといっていい。

『集史』に描かれたチンギス・カン　『集史』は、フランス国立図書館蔵の写本（通称、パリ写本）や、トプカプ宮殿博物館蔵の写本（通称、イスタンブル写本）などが存在する。とくにパリ写本は美麗なミニアチュール（細密画）が多く挿入された豪華なもの。上の写真はすでに髭が白くなったチンギスが、息子のトルイとオゴデイにモンゴル国の行く末を託す場面。花々の咲く中で広げられた大きな日傘や、絨毯が美しい

忘れられた「部族志」の意義

かえりみて、こうした世界史上で突出した意義と内容をもつ『集史』については、当然のことながら、実にさまざまな角度・論点・分野からのアプローチが積み重ねられ、「集史学」といってもいい欝然《うつぜん》たる多元の研究エリアが多言語で形成されている。ところが、一大総合史たる『集史』の各部分のなかで、これまで必ずしも十分かつ適正な意味づけと評価をもって扱われてきたとはいいがたかったのは、全体の冒頭におかれたかなり長文の「序」であり、それにひきつづく「テュルク・モンゴル諸部族志」である。

総序・目録・第一部の序と、三段構えの「序」で語られる事柄については、大きくは人類史上における歴史編纂もしくは史学史の観点から、よりきちんと分析・把握することが求められる。ヘロドトス『歴史』や司馬遷『史記』などの先行する〝大歴史書〟にくらべ、少なくともスケールの点では誰が見ても、はるかにそれを上回る『集史』についての言及の薄さは、世界の歴史学の片寄りを端的に示すものだろう。

だが、より重大なのは、「テュルク・モンゴル諸部族志」の扱いの軽さである。これまでは、志茂《しも》碩敏《ひろとし》を例外として、せいぜいモンゴルの族祖伝承や連合体としてのモンゴル・ウルスの構造分析などから主に論及されてきたにとどまる。ありていにいえば、『モンゴル秘史《ひし》』研究の参照史料として使われることが目につく程度だったといっても過言ではない。まして、イスラーム史料として『集史』を眺めようとする人間などには、「部族志」のもつ意味を、正面から見つめることは望むべくもなかった。

ちなみに、世に名高い『モンゴル秘史』について一言しておくと、原名を「モンゴルン・ニウチャ・トプチヤン」、すなわち「モンゴルの秘密の綴り」といい、モンゴル帝国の創業者チンギス・カンにいたる祖先たちの歴史と、チンギス自身の苦闘と覇業の道がまことに雄々しく語られる。第二代オゴデイの即位までを述べるものの、血湧き肉おどる内容とは別に、純歴史記録としては疑問も多く、「歴史と文学の間」といってもいい性格をもつ。なお、現存するものは、明代の洪武一五年（一三八二）に漢字で音訳・表記されたもので、『元朝秘史』と称するのは、大元ウルスはすでに消滅したといいたいためである。実は、『集史』

『集史』に描かれたガザン　ラシードに『集史』編纂を命じた、フレグ・ウルスの第７代君主自身も描かれている。上は岩山で狩りをするガザン。下は妻の一人と王座についているガザン。周囲にはモンゴル人のほかにターバンを巻いたムスリムの姿もみえる

のほうが現存の『元朝秘史』よりも成立が早いだけでなく、チンギス一代記に限ってみても、史料価値や信頼性は格段の差がある。

さて、『集史』の「部族志」においては、ユーラシア中央域に展開した遊牧民たちの歴史と現在（もとよりここにいうのは、モンゴル時代における「現在」、さらにいえば一三〇五〜一一年ころの「現在」である）が、大中小の地域勢力・部族集団ごとに詳しく物語られている。それらの諸集団は、結局チンギス・カンのもとに統合されて、一二〇六年のモンゴル国家の出現、すなわち「大モンゴル国」（モンゴル語では「イェケ・モンゴル・ウルス」）と名付けられた遊牧民連合体の構成メンバーとなったものたちと、そののち急速に拡大するモンゴルのなかに包摂されていったものたちと、大きくは二種のグループにわけられる。いわゆる「モンゴル」と、「準モンゴル」となったものといってもいい。ようするに、『集史』編纂の時点で、まさに文字通りの世界帝国と化して、すでに半世紀以上の歳月を閲《けみ》していたモンゴル軍事権力体の中核・主力・基盤をなすものたちが、まとめてずらりと列挙されているわけである。

ユーラシアの超域帝国モンゴルをささえる根幹ともいうべき遊牧集団、ないしそれに準ずる人びとを総述する完全同時代の記録は、このほかには存在しない。これらを把握することなしに、モンゴル帝国は語れない。また、これらの諸集団は、それぞれ事情はさまざまだが、その後の「ポスト・モンゴル時代」や中央ユーラシア史の展開において、次なる歴史の起点となっていったものも少なくない。その意味でも貴重な記録である。いや、それどころか、そもそも世界史上、ユーラシアの内側に居住した遊牧民もしくはオアシス民について、これほどまとまって詳細かつ体系だって述べられた事例は、古今東西を眺めわたしてもこれに相当するものは見当たらない。つまり、『集史』全体はもとより、「部族志」だけでも、単独でまことにユニークな空前絶後の突出した史料源・情報源を形成しているといっていい。

繰り返しになるが、モンゴル帝国はまずはユーラシアの東西にまたがる巨大な陸上帝国として拡大し、さらにそれをもとに海上にも進出して、陸と海の超広域勢力圏を形成した。つまり、二段階で成長したのであった。モンゴル帝国の歴史を、モンゴルみずからが語らんとする『集史』本文の劈頭《へきとう》において、モンゴルによって統合された内陸世界の過去と現状を総述せんとするのはまことに肯ける。「部族志」のもつ史料性の際立った高さとともに、そこにこめられたメッセージをわたくしたちは読みとらなければならない。

驚異の知られざる世界史像

テュルクとモンゴル、そしてその源流

ところが、「部族志」は、まことに不思議なはなしで始まる。ただし、それに先行するかたちで、若干の説明がなされている。

すなわち、『集史』の編者たちは、ユーラシアの内陸部に大きくひろがる人びとを一括して「テュルク」だと述べる。もちろん、ここでいうテュルクとは、現在のトルコ共和国など

イスタンブル写本『集史』テュルクの源流とオグズについて語る部分

に限らず、広い意味でのテュルク系の言語を用いる人びとを総括的にあらわしたものである。そして、その住地として、西はキプチャク草原、ルーシをはじめ、そこから東へと順にあまたの地名を挙げつつ、ついにはヒタイ（北中国）の長城に相当するオングゥ（「壁」を意味する）にまでいい及ぶ。

　そのうえで、いまやその「テュルク」たちは、武力をもってチーン（南中国）、ヒンドゥー（インド）、カシュミール、イーラーン・ザミーン（イランの地の意味）、ルーム（小アジア）、シャーム（シリア）、ミスル（エジプト）までのすべての諸邦に拡大し、この地表に存在する国々のほとんどを支配下に置いていると語る。すなわち、遊牧民を主体とするモンゴル帝国による世界支配を明言しているのである。

　さらに、筆をついで、「テュルク」と呼ばれる人たちは、長い時の経過とともに、さまざまな支族・分族にわかれてきたのだという。すなわち、キプチャク、カラジュ、カンクリ、カルルクといった大集団もそうしたものであり、また権力を握った結果、今日「モンゴル」の名で包括的に呼ばれることになってしまったものたちも、実はやはりそうなのだとする。

つまり、「テュルク」という大概念がまずあって、その下位グループの幾つかのひとつとして、本来はささやかな存在だった「モンゴル」が位置づけられていたわけである。

ちなみに、こうした認識は、テュルク系の言語集団の「大海」のなかに、モンゴル語を使用するものが「島」のように浮かんでいるという歴史上の現実とほぼ一致する。ここまでの記述は、各部族集団ごとの詳述に先立って、いわばことがら全体の概況、ないし総論として述べた「前置き」である。問題は、このあとのくだりである。

不可思議な物語

「部族志」は、すぐにひきつづき「遊牧民（サフラーネシーン）たるテュルクたち諸集団の名称一覧表」との標題をつけて、「テュルク」の源流をコンパクトなかたちで表示しつつ次のように述べる。なお、底本として『集史』イスタンブル写本に拠り、あえてことさらに直訳する。

（八葉裏・二七行目より）彼らはすべて、アブルジュ・ハンの子であるディーブ・ヤークーイーの四人の息子から発した。アブルジュ・ハンは、預言者ノアの子で、ディーブ・ヤークーイーを四人の子カラ・ハン、オル・ハン、クル・ハン、クズ・ハンとともに北方・東北方・西北方へと遣わした。オグズという名のカラ・ハンの子が一神教徒となり、一族のもののうちいくらかが彼にくわわったので、二派となった。ことのすべてはこれより説明されゆき、明らかとなるだろう。

（九葉表）まずはカラ・ハンの子オグズの枝分かれ。既述のように、兄弟たちや従兄弟たちのいくらかが彼に加わった。

また、オグズの枝分かれには、これから説明する如く、彼には六人の息子がおり、彼らのそれぞれに四人の息子がいた。オグズは彼らに以下のように左右両翼の軍を与えた。

右翼（ダステ・ラースト）

キュン・ハン‥カーイイ　バヤート　アルガラウリ　カラアウリ

アイ・ハン‥ヤズル　ドゥカル　ドルドゥガ　ヤパルリ

ユルドゥズ・ハン‥アウシュル　クリク　ビクルリ　カルキン

左翼（ダステ・チャプ）

キョク・ハン‥バヤンドゥル　ビフナ　ジャウルドゥル　ジャパニ

タク・ハン‥サルル　アイムル　アヤユントリ　アウズクズ

デンギズ・ハン‥ヤンクドゥル　ブクドゥズ　ビヌフ　クニク

また、オグズの兄弟たちと彼に加わったいくらかの従兄弟たち。

ウイグル　カンクリ　キプチャク　カルルク　カラジュ　アガジャリ

（なお、これにひきつづいて「モンゴル」と呼ばれることとなった諸集団について、三系統・五種類に分けた重要な記述が展開するが、本論に直接かかわらないので割愛する）

「遊牧民たるテュルクたち」は、ノアの子のアブルジュ・ハン、およびその子ディィーブ・ヤークーイーなる人物に遡るというわけである。実は「部族志」は、ここに訳出した「一覧表」の直後に、あらためて詳しい開祖伝説を蜒蜒と物語る。そちらと照らし合わせてゆくと、ノアは大地を南から北へ三つに分け、第一は、その子ハムに与え、彼は黒人たちの祖となった。第二の「中間地域」はセムに授け、それがアラブ人・ペルシア人の祖となった。第三は、「テュルクたち」の祖となったヤペテに与え、東方へ赴かせた。なお、「テュルクたち」はヤペテをブルジャ・ハンと呼び、彼はノアの子もしくはその子孫であったという。

アブルジュ・ハン、ないしはブルジャ・ハンは、ユダヤにおけるヤペテに仮託されていることになる。前掲の「一覧表」にいうディィーブ・ヤークーイーとその四人の子が派遣されたという「北方・東北方・西北方」は、「東方」をやや詳しく説明しているわけで、ルーシやキプチャク草原も「テュルクたち」の住地であったことからすれば、こちらのほうがよりふさわしいことになる。

さて、この始祖説話の主人公は、オグズである。前掲の訳文は、いわゆる「オグズ・カガン伝説」のうち、冒頭部分の骨子にあたる。ちなみに、「カガン」とは、「カアン」、すなわち皇帝に相当する。オグズには六人の子がおり、それぞれテュルク語で「日」（キュン）、「月」（アイ）、「星」（ユルドゥズ）、「天」（キョク、本来は「青」の意で、「蒼天」のこと）、「山」（タク）、「湖」（デンギズ）という象徴的な名を負っている。この六人には、さらに息子が四人ずついて、それぞれの名がのちの部族集団の名となったという仕掛けである。そして、こうしたオグズの嫡流たちのほかにも、「オグズ連合」に加わった親族たちがおり、それらの子孫がウイグル、カンクリ、キプチャク、カルルクなどであるとされる。かたや、オグズのもとにつどわなかった三人の叔父たちの系統は、別のかたまりをなし、やはりそれぞれ後代のさまざまな集団・支派の源流となったというわけである。

オグズ・カガン伝説は、はたして神話か

世に名高いこの英雄伝承は、一三・一四世紀以降、中央アジアからアナトリアにかけて主にテュルク系の人びとの間にひろく長く流布した。オグズ・カガンの生涯と征服活動、そしてその子孫たちの繁栄を通して、テュルク族の拡大・展開が語られたものとされている。

オグズ族そのものは歴史上の実体があり、漢文文献で鉄勒《てつろく》（これ自体がテュルクの音写とされる）集団に属した「烏紇《うこつ》」、ないしは「袁紇《えんこつ》」なるものが史料上の初見といわれる。のち、トグズ・オグズ（九姓鉄勒）という名の部族連合体をつくって突厥《とっくつ》と対立したが、七・八世紀にオグズ族は西方へ移動し、八・九世紀以降はシル河の中・下流域に落ち着いて、次第にイスラームとなじんでいったらしい。そして、一一世紀、オグズ族の一部を中核とするセルジュク権力が西アジアに進出したのを皮切りに、次第にイラン高原、アゼルバイジャン、カフカース、アナトリア、バルカンにまでひろがった。モンゴル時代以後のアク・コユンル、カラ・コユンル、オスマン帝国などの国家形成は、オグズ族の西方展開の脈絡のうえ

にあるといっていい。

オグズ族の始祖たる「オグズ・カガン伝説」には、当然のことながら、中央アジア起源のごく古い時期の伝承・説話からはじまって、西方移住の過程やアナトリア定居、さらにはイスラームとの接触・受容などもろもろの結果として、さまざまな要素や物語が取り込まれ、幾多の脚色も施されたと見られている。とりわけ、さきに訳出した部分も含め、「伝説」のはじまり・根源に相当するもっとも重大な箇所については、それらが一体いつ、どのようなことを背景としているのか、さだかでない未知の荒野がそこに大きく口を開けている。

しかし、なによりここで肝心なことは、「オグズ・カガン伝説」のもっとも古く確実な文献は、まさに『集史』だということである。『集史』の国家的編纂事業の中心となった宰相ラシードゥッディーン、そしてたんなる命令者としてだけでなく、編纂方針・内容執筆にも積極的にかかわったフレグ・ウルス君主のガザン、およびその弟で後継者であったオルジェイトゥたちは、モンゴル帝国史にして、人類史上最初の総合史たる『集史』のすべてのはじまりを、「オグズ・カガン伝説」をもって始めたということである。これは、はたしてなにを語るのか。

大きな歴史の糸口

ここに、大きな歴史の糸口がほのみえるおもいがする。ようするに、ことの核心は、オグズによる六子の左右両翼への配置と、その組下にいるそれぞれの四子ずつ、すべてあわせて

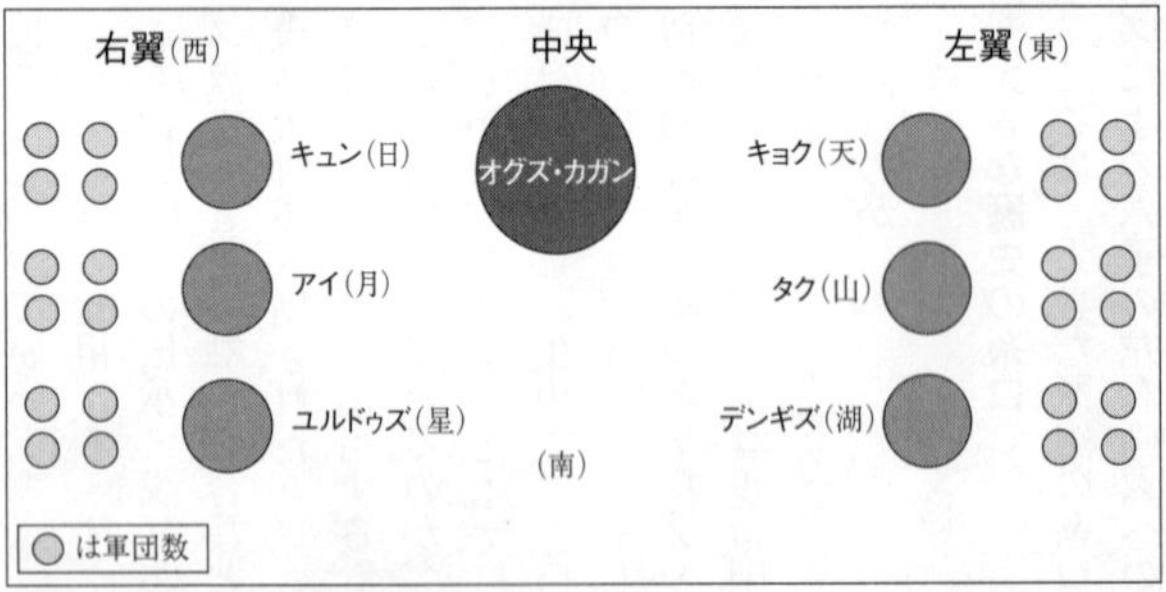

オグズ・カガンの軍事集団

二四個の軍事集団という構えにある。これを図示すると、上の図のようになる。

　これからただちに想い浮かぶのは、まず第一に『史記』に名高い匈奴《きょうど》の「二十四長」である。匈奴帝国の君主たる単于《ぜんう》が中央部を握って南面し、その右（西）に右《う》賢王《けんおう》ひきいる十二長、その左（東）に左《さ》賢王《けんおう》ひきいるおなじく十二長が配される。「二十四長」のそれぞれは、いずれも「万騎」を統轄する領袖たちであった。

　こうしたかたちは、モンゴル高原を中心に、東西に大きく横広がりに展開する匈奴国家の基本構造であり、さらには単于の宮廷における序列・配置でもあった。しかも、この左右両翼体制は、匈奴国家およそ四〇〇年をつらぬいたシステムであったのにとどまらず、匈奴以降に形成される檀石槐《だんせきかい》の鮮卑《せんぴ》帝国や青海地方の吐谷渾《とよくこん》などでも認められ、さらには柔然《じゅうぜん》・突厥・吐蕃《とばん》といった一連の遊牧型の国家・政権においても、『史記』ほどの詳細な記述はいまは伝わらないのが残念だが、あきらかに踏襲された。

そのいっぽう、第二に連想することとしては、六世紀に長安を中心とする関中《かんちゅう》に根拠した北周《ほくしゅう》の事実上の開祖、宇文泰《うぶんたい》が設けたいわゆる「西魏《せいぎ》二十四軍」である。具体的には、それぞれ四軍をひきいる柱国《ちゅうこく》大将軍が六人おり、これらを総称して「六柱国大将軍」といった。個々の一軍ずつは、開府儀同三司《ぎどうさんし》となった領袖たちが引き具した。つまりは、「二十四軍」は、二四人の開府儀同三司という肩書をもつ有力者たちの連合体なのであった。

　北魏《ほくぎ》が分裂した片方の西魏、そしてそれをひきつぐ北周政権は、いわゆる「武川鎮《ぶせんちん》軍閥」を再編した多種族混淆《こんこう》の「関隴《かんろう》集団」を中核としており、のち隋《ずい》朝を開く楊《よう》氏も、唐《とう》朝をつくる李《り》氏も、漢姓を名乗ってはいるものの、あきらかに非漢族の有力軍閥であり、それぞれ二十四軍の将帥でもあった。鮮卑《せんぴ》拓跋《たくばつ》部を軸として形成された代《だい》国・北魏・東魏《とうぎ》・西魏・北《ほく》斉《せい》・北周・隋・唐は、中華風の王朝名こそ変えていったものの、実体は、「拓跋国家」と呼んでいい一連の国家・政権であった。匈奴以来の遊牧系武人の伝統・体質は色濃く、たとえば中華大帝国の典型とおもわれがちな唐朝でさえ、あえていえば「異族たちがつくった新中華」なのであった。六人の権力者とそのもとに配される四人の領袖というかたちは、まさに「オグズ・カガン伝説」をおもわせずにはおかない。

　ひるがえって、匈奴以来のシステムと拓跋国家の枠組みとが、相互に無関係であったとはおもえない。また、そのことの是非とは別に、匈奴と拓跋のいずれについても「オグズ・カガン伝説」に先行する時期のものであり、そもそもオグズ族そのものが突厥や後半の拓跋国家と同時代に中央アジアに展開していたことを考えると、ユーラシアの中央部から東半にかけておこなわれていた国家パターンが、「オグズ・カガン伝説」に影響し、あるいは始祖伝説の雛型となった可能性は大いにあるといわねばならない。

二重写しになった世界史と世界像

モンゴル帝国の原像

だが、より重大な鍵は、モンゴル帝国にこそ求められる。驚くべきことに、「オグズ・カガン伝説」が語る左右両翼制と、それにもとづく三人ずつ合計六人の有力王侯の配置、そしてそれぞれの組下に四つずつ、都合二四個の軍事単位が展開するというありかたは、ほとんどまさにモンゴル帝国の創業者チンギス・カンが最初につくったモンゴル国家そのものなのである。三〇年ちかくまえのわたくしの論文をもとに、その仕組みを図示すると、左ページのようである。

右翼にはチンギスの三人の息子ジョチ、オゴデイ、チャガタイが並び、左翼には三人の弟ジョチ・カサル、テムゲ・オッチギン、カチウンがつらなる。右翼に置かれた三子のもとには、それぞれ四つの千人隊が配されて合計一二。かたや、左翼の三弟のもとには、カサルに一個、オッチギンに八個、カチウンに三個と千人隊の数はまちまちだが、合計はやはり一二。弟たちの千人隊の数にばらつきがあるのは、次弟カサルは、即位前のチンギスにとって有力な協力者にして、なかばライヴァルでもあり、ある事件から処罰されて千戸数が減らさ

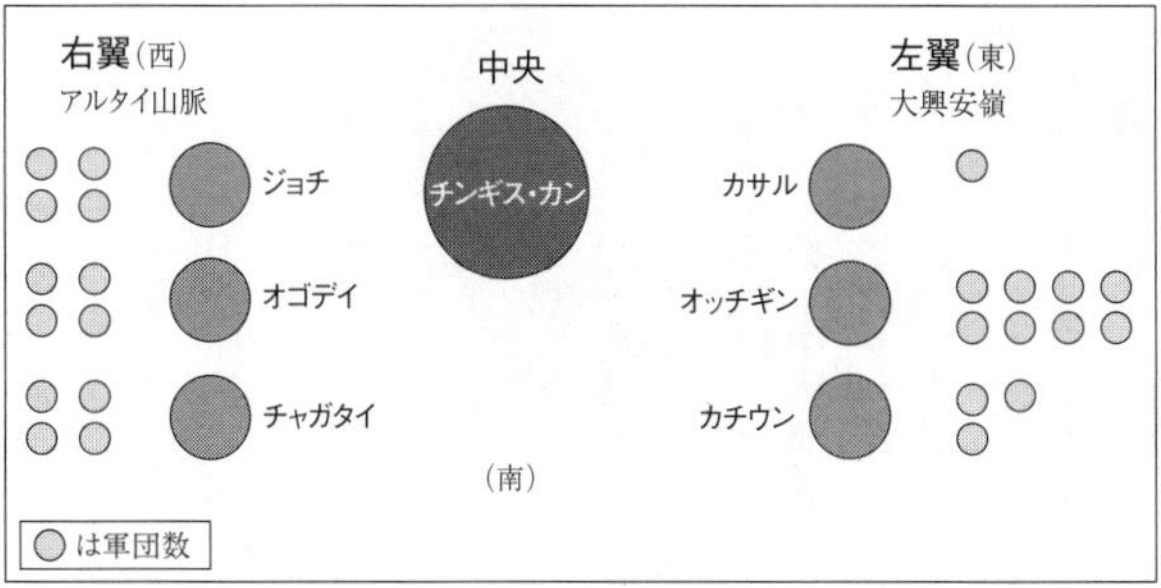

チンギスの初期軍事集団

れた。また、末弟オッチギンの千戸数だけがずばぬけて多いが、それはチンギスたちの生母にして、覇権樹立への功労者でもあるホエルンの取り分を継承した結果であった。実のところ当初は、三人の弟たちも均等に、千人隊を四つずつ与えられていた可能性が大いにある。

この全体を眺めると、高位とされた右翼に息子たち、劣位とされた左翼には弟たちが配されているが、「オグズ・カガン伝説」でも右翼に置かれた年長のキュン（日）、アイ（月）、ユルドゥズ（星）の三人のほうが、年下の左翼のキョク（天）、タク（山）、デンギズ（湖）の三人より上位とされ、そこに明確な区別があった。上位の年長組は三つの「弓」、下位の年下組は三本の「矢」と呼ばれ、その格づけはのちのちまで固定されたと物語られる。こうした点も、酷似している。

ようするに、若干の微細な違いはあるものの、伝説のオグズ連合体と創設当初のモンゴル国家とは、ほとんど「うりふたつ」といってもいいものだった。しかも、モンゴル帝国の拡大につれて形成されたジョチ・ウルス、フレグ・ウルス、チャガタイ・ウルスなどでも、左右両翼体制、別のいい方をするならば左・中・右の三極体制は、基本的にはそのまま踏襲された。宗主国たる大元ウルスにおいても、実はそうなのであった。チンギス・カンのモンゴル高原統合のさいにつくられたシステムは、それが「原像」となって、ユーラシアの東西に広がったのであった。

伝説と事実のかなた

ひるがえって、歴史の大流のなかで、「オグズ・カガン伝説」と歴史上の現実とをひきくらべてみると、「オグズ・カガン伝説」のうち、冒頭のオグズによる建国とその集団編制、すなわち「原点」を語るくだりには、匈奴以来の遊牧国家群において脈々と継承されてきた左・中・右の三極体制という基本システムが投影されていることは、もはや否定しがたい。むしろ、オグズによる開国神話は、近親者とされたウイグル、カルルク、カンクリ、キプチャクなど、歴史上でそれなりの役割をはたしつつ、モンゴル帝国に包摂されゆく諸勢力も含め、ユーラシア中央域における「歴史の記憶」を伝説化して語ったものといってもいい。

「オグズ・カガン伝説」では、態勢をととのえたオグズはその後、世界を征服する。この壮大な「はなし」の背景には、直接にかかわる歴史上の事実として、オグズ族を中核とするセルジュク朝が中央アジアから出ていって、西アジア世界にしばらく覇を唱えたことがもとよりあるのだろう。『集史』に記録されたオグズ族たちは、まさに「トルコマン」と表現されていることも、これを裏付ける根拠のひとつになる。

だが、それら個々の「伝説」と「事実」の重なり合いを押しのけて、わたくしたちに圧倒的な印象をあたえずにはおかないのは、「伝説のオグズ」と「事実のチンギス」とのイメージの連動である。『集史』における〝歴史のスタンス〟は、オグズひきいるオグズ族の世界征服とそれによる「テュルク世界」がまずあって、はるかに時をへだてたのち、チンギス以下のモンゴルによる世界制覇がふたたび実現し、いまやモンゴル世界帝国の時代となったという仕掛けなのである。いいかえれば、遊牧民世界の「神話」を、モンゴルは「現実」とせしめたのだとするメッセージが、そこには強烈にこめられている。

おそらく、チンギス・カンとモンゴルの出現以前に、「オグズ・カガン伝説」のそれなりの「祖型」はすでにあったのだろう。ここで興味深いのは、中央ユーラシアを中心に、アジア史という広範な領域で微細な論及・論証を厖大に積みあげたフランスの巨頭ポール・ペリオが、「オグズ・カガン伝説」にかかわるウイグル文書を入手し、そこにモンゴル時代に独特のモンゴル語彙が見られるところから、一三〇〇年前後のものとして考証していることである。だが、どうして一三〇〇年前後とまで克明にその年次をつめることができるのだろうか。おそらくは、ペリオは、『集史』の記述をもとより承知のうえで、その年次をおもいついたのだろう。『集史』より、まえでもなく、しかしあとでもない。国家編纂として、まぎれもない「絶対年次」を背負う『集史』にたいして、その編纂過程の微妙な中間年を「策定」しようとするペリオの行為は、この人物がしばしばおこなう「巧智」を、そこに見出すのはあさましい勘繰りだろうか。

ひるがえって、ようするに、モンゴルたちは、自分たちの「世界と時代」を語るさいに、「オグズ・カガン伝説」を取り込んだのである。そして、モンゴルみずから「テュルクのなかのモンゴル」だと明言した。その結果、広汎な「テュルク」たちは、モンゴルのもとでの位置づけをそれぞれしかるべくえることができた。かたや、時の支配者たるモンゴルたちもまた、自分たちの支配と権力の正当性を、テュルクとモンゴルを問わず、「歴史の記憶」のなかで整合化することができたのである。さらには、オグズたちとイスラームのかかわりも、モンゴルにとっては好都合であった。

「伝説のオグズ」と「事実のチンギス」が二重写しになっているのは、はじめからのねらいであった。モンゴルは、まずはそういう「歴史」をつくろうとしたのである。それは、遊牧民を中心とする〝ユーラシアのうちなる世界史〟とでもいうべきものであった。「モンゴル正史」たる第一次編纂の『集史』、すなわち『ガザンの幸いなるモンゴル史』は、おそらくそういうものであったと考えられる。

人類を意識した総合史

だが、現実のモンゴルは、陸上のみならず、海上にも進出し、直接の版図をこえて諸邦・諸地域・諸文明をつなぐ巨大な勢力圏・交流圏をつくりあげつつあった。『集史』の第二次編纂が命じられた一三〇四年は、まさにモンゴルが内紛を乗りこえて、ゆるやかな大統合を回復し、世界連邦状態を出現させたときであった。ヨーロッパや中東、とりわけ地中海域も、実はこのころから急に活発な交流・交易の渦に入りだす。そこには、ユーラシア中央域には到底とどまらない超広域の「世界」が生まれていたのであった。オルジェイトゥの命による第二次編纂が、モンゴルを中心とする「世界諸族史」であったのは、当然ともいえる。

かくて、ヘジラ暦七一〇年（一三一〇～一一）に完成した『集史』は、「オグズ・カガン伝説」を枕に置いた「うちなる」世界史・世界像を描くとともに、モンゴルを中心に一四世紀に形成されたふた回りほど大きい「開かれた」世界史・世界像をも扱うものになった。二重構造の世界史たる『集史』は、「人類」というものをそれなりに意識してつくられた最初の総合史なのであった。その「世界諸族史」の部分においても、別途「オグズ・カガンの物語」が立てられたのは、ユダヤ、イスラーム、ヒタイ（北中国）、フランク（ヨーロッパ）、ヒンドゥースターン（インド）とは別の、固有の「遊牧世界」が明確にひとつのかたまりとして認識されていたからである。

なお、その後の「オグズ・カガン伝説」は、なんらかのプロト・タイプに、モンゴル時代の現実の歴史と世界像が重ね合わされて、〝再編成〟されたものにもとづくといわざるをえない。この枠組みは、おそらくはくずれない。二重写しは、オグズとチンギス、テュルクとモンゴルにとどまらない。モンゴル以後の「オグズ・カガン伝説」そのものが、過去への意図した逆照射という二重写しであるのはもとより、モンゴル世界帝国を当然のこととして踏まえたうえでの述作・創作・新展開であった可能性が高いのである。

地図が語る新しい時代への扉

二つの世界図

現在、わたくしはモンゴル時代の東西に出現した二種の世界図を中心に、それぞれの解読とそれにもとづく比較研究をすすめている。すなわち、東の『混一疆理歴代国都《こんいつきょうりれきだいこくと》之《の》図《ず》』と西の『カタルーニャ地図』（本来の名はマッパエ・ムンディ。通称は英語でカタラン・アトラス）である。ここでは、その要点を挙げ、時代史の大きな旋回があったことに触れたい。

まず、東の『混一図』については、四種の写本にもとづき、その世界性を担保する中央アジア以西の地名解読をおこない、二二〇あまりのものが判明した。その結果、同図が描く中央アジア、インド、西アジア、アフリカ、地中海地域、ヨーロッパは、フレグ・ウルスがかかわった地域が詳しく、ついでアラゴン連合王国に関連する情報が盛られていること、幾つかの鍵となるイラン・インド方面の地名から、下限は一三一三年から遅くとも一三一八年以降には降らないモンゴル時代の状況であること、また一三世紀末から一四世紀になって地中海域に勢力をひろげるアラゴン連合王国の姿が推知されることなどから、上限は一二九〇年代以前には遡らない時期のデータであることなどがほぼ明らかとなった。

かたや、西の『カタルーニャ地図』については、従来のヨーロッパにおける研究ではきちんと正面から扱われることのなかった東半分、すなわち西アジアより東方、中国にいたるまでの部分を中心に分析をおこなった。そのひとまずの結果として、やはりフレグ・ウルスに関連する情報が目につくこと、モンゴル世界帝国を構成する宗主国の大元ウルスとその他のフレグ・ウルス、ジョチ・ウルス、チャガタイ・ウルスがそれなりにきちんと把握されていること、また主要な地名情報から一三一三年から一四年ころのデータが中心となっていると推測されること、さらに同図がつくられたアラゴン連合王国を含め、一四世紀になってから急速に活性化する地中海域と、ユーラシア東半の陸上・海上交易の様子が率直に描かれていることなどが判明した。

両図から見えてくるもの

東西それぞれの歴史を画するといっていい二種の地図は、いずれもモンゴル時代のデータであるのはいうまでもなく、実はほとんど同時期の情報が主体となっているという驚くべき結果が浮かび上がってきた。すでに、『集史』に言及したさいに触れたように、一三〇四年におけるモンゴル帝国の東西和合あたりから、モンゴル時代のアフロ・ユーラシアは空前の交流・交易の波につつまれゆく。

かつて欧米史家が不用意・軽率なアナロジーから、「パクス・タタリカ」もしくは「パクス・モンゴリカ」と名づけた東西の混然一体化現象は、まさにこの両図が示す時期・状況に実は相当するものであった。たとえば、ともすれば地中海域は一一世紀以降、いわゆる十字軍の連続的な中東襲来によって交通・交流が活発となってきたかのようにいわれてきたが、

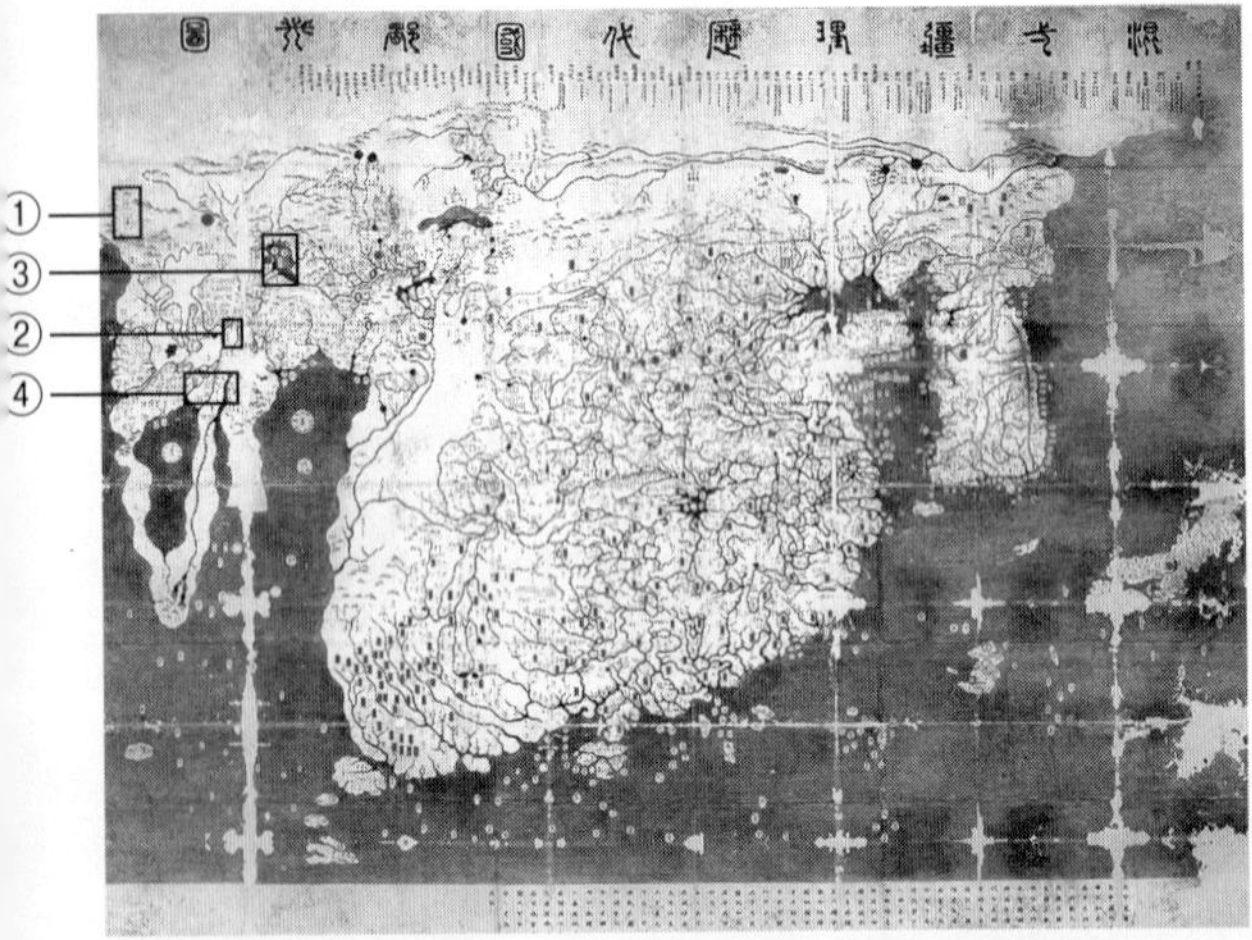

『混一疆理歴代国都之図』『混一図』にはいくつかの写本があり、これは長崎県島原市の本光寺のもの。拡大図は数字で示した部分

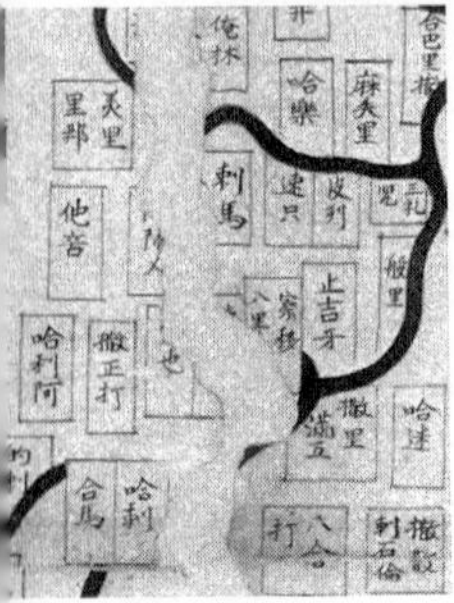

②バグダード「八合打」と記されている

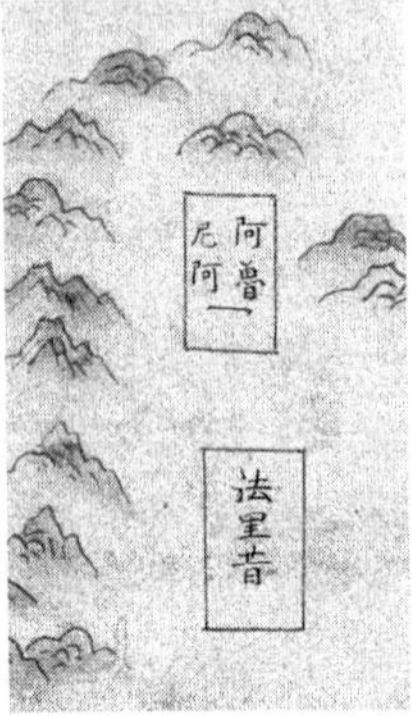

①『混一図』のヨーロッパ　阿魯尼阿(アルマニア＝ドイツ)、法里昔(パリスすなわちパリ)の地名が読める

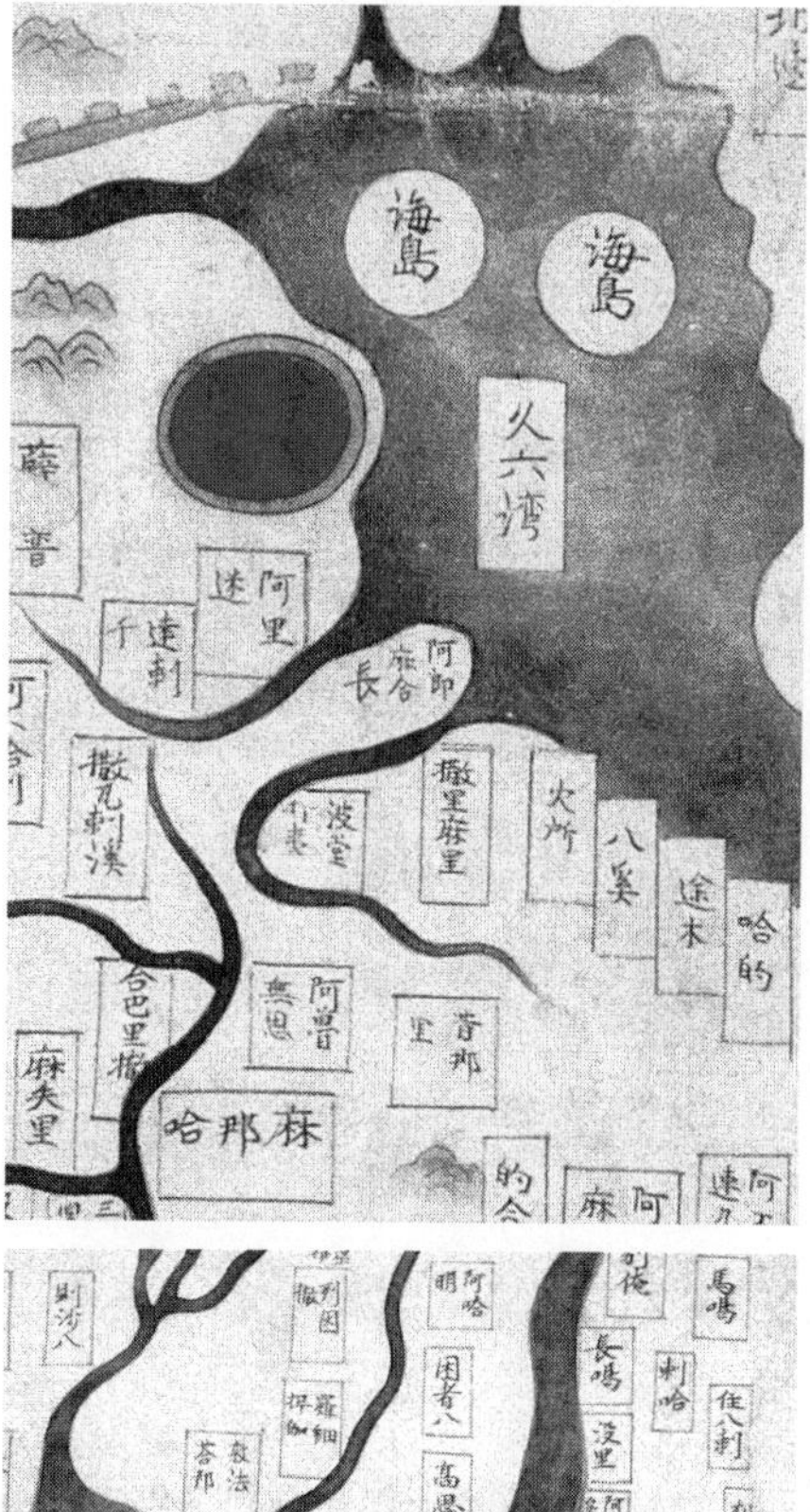

③モンゴル時代を示す地名　アゼルバイジャン地方には、フレグ・ウルスの主要都市の麻那哈(マラーガ)、撒瓦剌溪(タブリーズ)など。誤写による読みかえが必要

④詳細な西方の情報　馬喝(マッカ＝メッカ)や東アフリカの麻哈荅采(モガディシオ)の地名もある

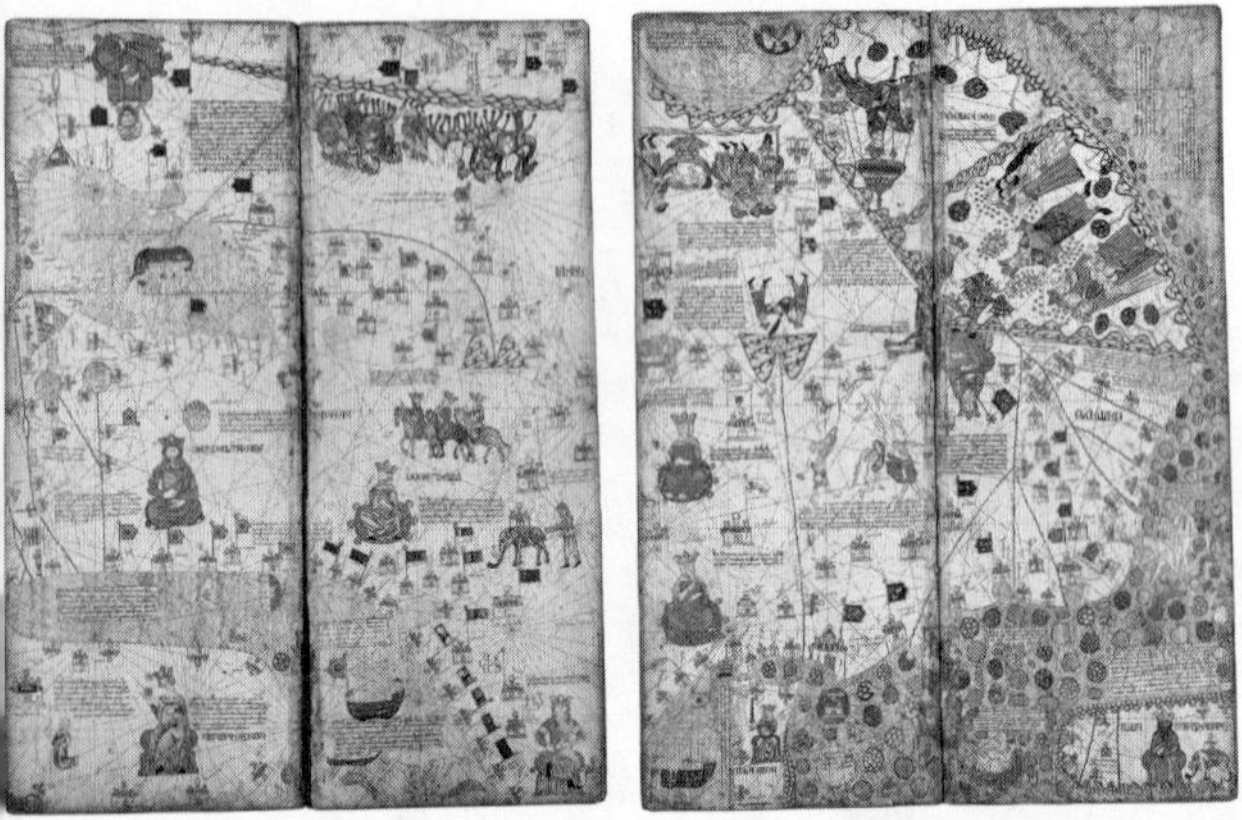

それはほとんど純粋無垢な精神からの誤解・思い込みである。事実は、地中海は一三世紀においてもなお、閉ざされた海に近く、組織的な航海はむずかしかった。
　地理的知識や航海技術は、一三世紀も末頃になって急速に上向き、一四世紀になるとまったく状況が一変する。いわゆるポルトラーノ（海図）が登場し、現実の知識・技術が重視されて合理的精神にもとづく世界認識がすすみだす。『カタルーニャ地図』は、まさにヨーロッパ世界の変身を象徴するものであり、またかつてない水準で東方世界が姿をあらわす。いっぽう、東の『混一図』は、所詮は民間に流布した中華本位の地図であり、時の為政者であるモンゴルたちがもっていた地図（おそらくは世界図も存した）とはレヴェルもまったく異なるものではあったが、それでも今に伝わる地図としては、海に囲まれたアフリカを突出した内容をもつ。

『カタルーニャ地図』　フランス国立図書館蔵

描くなど、『混一図』ひとつをもってして、既存のヨーロッパ中心史観を簡単にくつがえす。東西両図が語る新しい大地平こそ、モンゴル時代後半の世界の姿であった。

失われた次なる時代

人類史は、モンゴル時代に大きく旋回した。世界史へのステップは、ここにこそまずはある。それは、次なる時代をもっと早く告げるはずであった。たとえば、一三七一年から七五年につくられた『カタルーニャ地図』には、アフリカ西北海上に浮かぶカナリヤ諸島が、すでにアラゴン海上勢力の手の中にあったことを明示している。イベリアの人びとによる「大発見の時代」は、実は目のまえにあった。

ところが、同図以降のヨーロッパは、むしろ後退・沈淪してゆく。『カタルーニャ地図』以後の地図・世界図が雄弁に語るように、コロンブスまで一二〇年あまり、ヨーロッパは停滞し、眠りに入ったかのようにさえ見える。おなじく、東方も『混一図』以降、西方への視野をほとんど失う。近年、中華人民共和国や台湾を中心に、鄭和《ていわ》の航海についての異常な高評価と莫迦げた空想が横行しているが、鄭和の航海それ自体はモンゴル時代の継続・遺産にすぎず、むしろこれを最後に、中華とアジア東方は組織化された海への展望を急速に失ってゆくことのほうが重大なのである。

一四世紀末以後の「東西の衰退」の背景には、モンゴルの解体にともなう「アフロ・ユーラシア」交流圏の後退が、おそらく第一の要因として挙げられるだろう。たとえば、ユーラシア東西にわたる陸上交通は、モンゴルの解体とともに失われゆき、まことに長い時を経て、実はなんとソ連解体後の、それもつい最近にようやく蘇ったといっていい。また、インド洋上ルートによる東西の海上交通も、モンゴル時代後半の水準にもどりゆくのは、一六世紀以後のポルトガルによる東方進出からである。

「大発見の時代」への懐疑

日本の西洋史家がいいかえた「大航海時代」なる表現は、もとより重大な疑義を含むが、それはともかくとして、ポルトガル・イスパニアによる海洋進出が、ヨーロッパ世界のみに可能なことであったとの前提で語られがちなのははたしてどうか。少なくとも古くから、アラブ・イランの船が、中国やアフリカの間を往来したインド洋上ルートについては、モンゴル時代に国家も介入した航海の組織化・体系化がすすみだしていた。それを、モンゴル以後

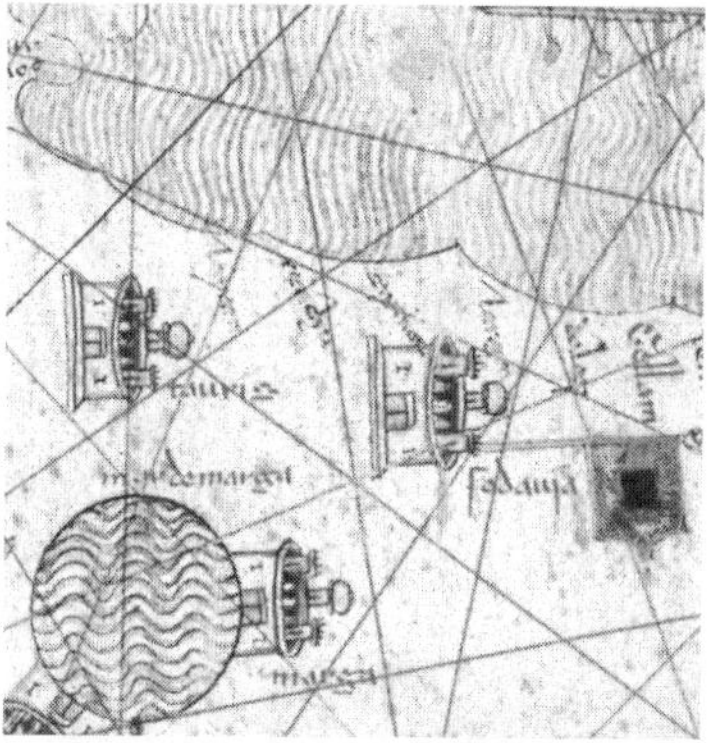

『カタルーニャ地図』の部分拡
大(左)　カスピ海の近くには、
Marga(マラーガ)、Tauriz(タ
ブリーズ)の地名がみられる

ペルシア湾周辺(下)　『カタル
ーニャ地図』の部分拡大。洋上
の船が掲げているのはフレグ・
ウルスの旗で、同じ旗が湾岸の
町にいくつも翻っている。大き
く描かれた船は、インド洋を航
行して東西を結んだであろうこ
とをうかがわせる

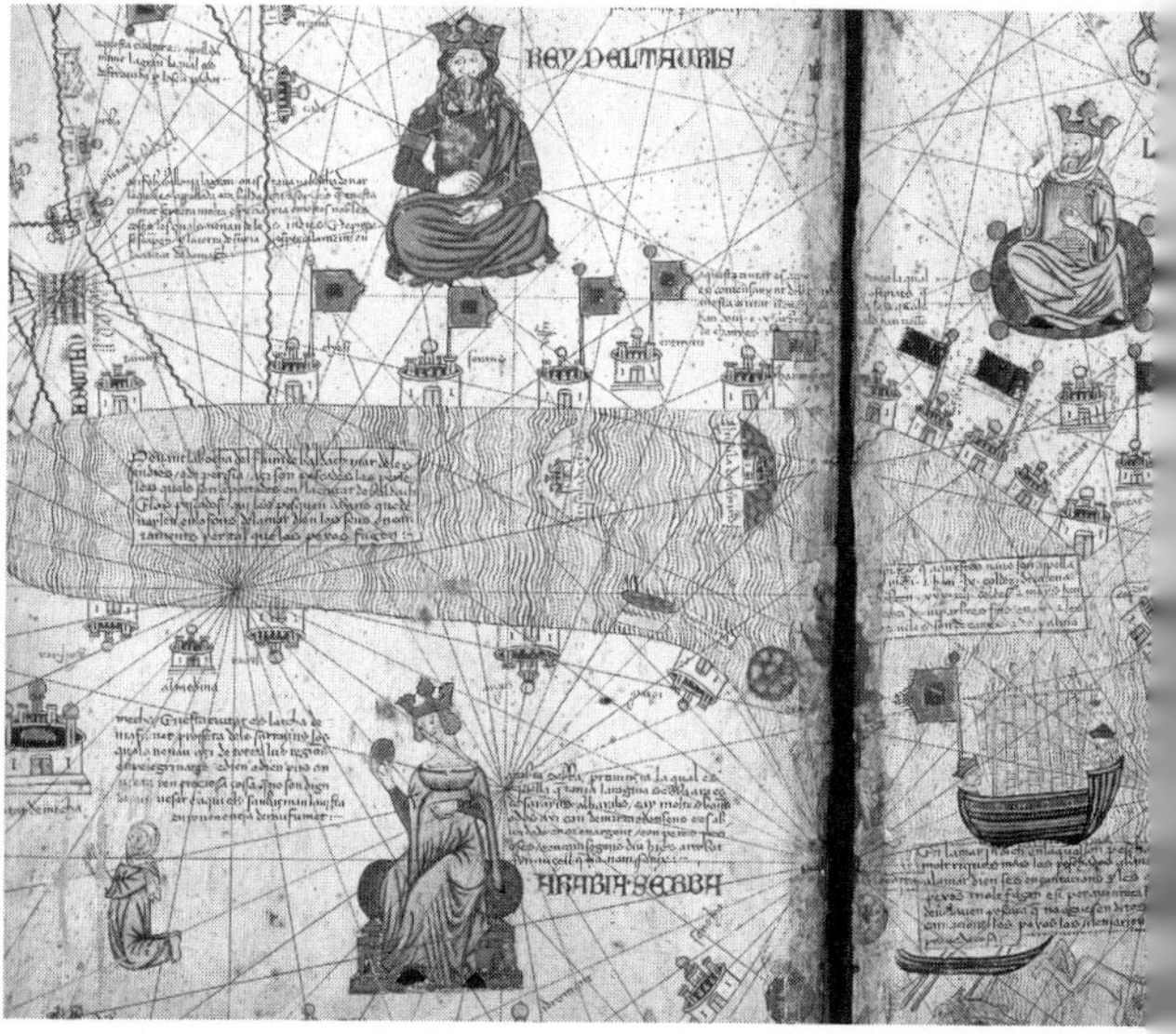

のアジア東方は、みずから放棄した。それから一〇〇年ちかくの「空白」ののちに、ささやかなポルトガルが東方に姿を現したにすぎない。彼らが、アラブ・イランの船と航海技術に依っていたことは、周知のことである。ちなみに、イスパニアによる南北アメリカ大陸支配も、同地だからこそ可能なことであった。ポルトガル・イスパニアの海上展開を声高に語りすぎるのは、はたしてどうか。

　この章のしめくくりとして、ふたつのことを述べたい。西洋人のいう「大発見の時代」もしくは「地理上の発見」は、ポルトガル・イスパニアによって開かれた。その直前、カスティーリャ女王のイサベル一世による政治大連合の結果、多人種が久しく混住して多文化・多元社会となっていたイベリア半島からアラブ人・ユダヤ人・アフリカ人たちが追い出され、〝民族浄化〟がおこなわれた。そのイベリア人たちが、まことに幸運に手にした新大陸で、彼らは〝神〟のように振る舞った。人類史上で、いわゆる人種差別はさまざまにあったが、「大発見の時代」以降の欧米人による人種差別ほど強烈で見苦しく、罪深いものはない。その影は、いまも脈々とつづいている。

　もうひとつは、「大航海時代」といういいかえは結構だが、そこに幾つかの見逃しがたい落とし穴がひそんでいることは否定しにくい。前記のような問題のほか、たとえば新時代の導き手となったとされるエンリケ航海王子の実像はほとんど闇につつまれていて、ほとんどは一九世紀におけることさらな「もちあげ」であることである。それも、ポルトガル自身によるもの以上に、イギリスが好んでそうした。そこに、ポルトガル・イスパニアの「果実」

を吸い取っていった英仏などの「歴史の創作」はないか。

そして、イギリス帝国論者などが好む「大航海時代」以後の〝海進〟によるグローバル化の進展という論理には、陸上への視角と知見が大きく欠落していることである。やはり例を挙げるならば、一六世紀なかばからのモスクワ帝国の出現、そしてひきつづくロシア帝国の形成とそれ以後、ついには二〇世紀末にいたるまで、まことに長期にわたる〝陸進〟は、世界史上の大現象というほかはない。「海の論理」だけで語られる世界史は、かのマッキンダーのみならず、もとより全く奇妙である。

すでに述べたように、人類に共有されうる世界史は、まだつくられていない。あらためて、それへの志向、そこへの努力の積み重ねは、歴史学者がはたすべき仕事といわざるをえない。

第三章　大モンゴルとジャハーン・グシャー

チンギス・カンという歴史物語

八〇〇年の時をこえた記念イヴェント

一二〇六年の春、今はモンゴル高原と呼ぶことが当然となっている広大な大地の中央部あたり、ケンテイ山から発したオノン河畔――。いっせいに緑が芽ぶくなか、人馬の波がひたすらつづき、やがて巨大な天幕群が出現した。歴史を大きく画することになる「クリルタイ」という名の大集会が始まろうとしていた。

はるかにかえりみて、九世紀なかばのウイグル遊牧国家が、異様な環境変動による隙《すき》をキルギスにつかれて瓦解して以来、およそ三世紀半以上にわたって、この高原では文字どおりの群雄割拠がつづいていた。その間、一〇世紀初頭には、高原の東南隅の一帯を本拠とするキタイ族が抬頭し、牧農複合型の「帝国」を形成して、華北のテュルク系・沙陀《さだ》政権や、それをひきつぐかたちで成立したいわゆる北宋と南北に並存した。中華地域や当時の日本国においては「契丹《きったん》」の表記で知られ、状況に応じて中華王朝風に「大遼《だいりよう》」と名乗ることもあったキタイ帝国は、ときおり北のモンゴルの地にも出兵することはあったが、間接的な支配にとどまった。
一二世紀に入り、そのキタイと北宋をともに倒したジュシェン族の大金国は、モンゴル高原の遊牧戦士たちを大いに警戒し、有力部族集団を操縦して、対立・反目・衝突を演出し、必要とあれば大挙北伐した。さらに、界壕《かいごう》と呼ばれる空濠と土壁、そして要所には城砦《じょうさい》・堡《ほ》塁《るい》を集中配備するという長大な防御線を構築した。これを「長城」とするならば、秦の始皇帝時代以来、史上で最北のラインを走り、一部は高原内部にまでかなり喰い込むものであった。

こうした間、高原の牧民世界を統合しようという動きは、それなりにあった。だが、その度ごとに、芽はおおむね外から摘みとられた。その怨念は、牧民たちの心を調べとともに謳い伝えるなかで、次代へとひきつがれていった。

一二世紀も末ころ、テムジンというさして有力者ともおもえぬものが頭角をあらわす。時代はまさに戦国乱世、下克上はめずらしくはなかった。少なくとも、テムジンは制覇の途上にあった主筋のケレイト部長オン・カン（もしくはワン・カン）を倒して、高原東部の覇権をえた。そして、高原西部、アルタイ山方面を握るナイマン連合体の首長タヤン・カンを打倒して、高原をほぼ手中にした。

なお、ここで注意したいのは、ケレイトもナイマンも、複数の指導者をいただく連合王国の状態にあったことである。世界総合史たる『集史』のチンギス・カン紀は、ケレイト王たるオン・カンとナイマン王たるタヤン・カンのふたりに限っては、なんと「パードシャー」

という称号で呼んでいる。「帝王」と訳してもいいこの語については、モンゴル世界帝国を構成する西のフレグ・ウルス、その第七代君主で中興の英主といってもいいガザンが、みずからをペルシア語で「パードシャーヘ・イスラーム」、すなわちイスラームの帝王と表現した。

モンゴル帝国全体の皇帝が「カアン」、各ウルスの君主はあくまでただの「カン」にとどまった。そのなかで、イスラームに改宗していたガザンは、「パードシャー」なる語を、特別な意味あるものとして使ったのである。しかも、ガザンこそは、『集史』のもととなった『ガザンの幸いなるモンゴル史』編纂の命令者にして、ほとんど事実上の著者にさえ近い人物であった。モンゴル創業の英主チンギス・カンの制覇の物語は、ガザンは熟知していたどころか、みずからそれを口述した可能性も大いにある。では、なぜケレイト王のオン・カンとナイマン王のタヤン・カンについては、自分とおなじ「パードシャー」の称号を認めたのか。

この語をめぐっては、モンゴル時代のみならず、ひきつづくポスト・モンゴル時代をもつらぬいて、大きな歴史の鍵がそこに秘められている。そのあたり、詳しくは、第七章で述べることとするが、ようするにモンゴル高原の中央部を大きくおさえたケレイト連合体、そして高原西部のアルタイ方面から、おそらくはさらにいわゆるジューン・ガル盆地にかけての広大なナイマン連合体というふたつの「かたまり」は、ガザンをもってしても通常の王国などをはるかに上回る強大な政治権力に映ったのである。『モンゴル秘史』では見えてこない姿が、『集史』というユーラシア・サイズで語られるものだからこそ、浮かびあがってくることがしばしばある。

ひるがえって、オノン河畔である。長い分裂のはてに、高原の政治統合をほぼ果たしたテムジンは、九游《きゅうゆう》の大旗《たいき》、すなわちヤクの尾で飾った九本のトク（漢字では纛）をかたわらに、即位式を挙行し、みずからチンギス・カンと名乗った。それとともに、彼の旗のもとに集ったテュルク・モンゴル系の遊牧民連合体について、自分が出身した部族集団の名をとって、「イェケ・モンゴル・ウルス」と名づけた。「大モンゴル国」である。これが、国としての正式な出発点であった。さまざまな由来・来歴をもつ雑多な牧民たちは、ここにみずからを「大モンゴル」たるひとつの「ウルス」に属する一員であると認識した。そのことが、もっとも重要なポイントであった。まさに、モンゴル遊牧民あげての記念すべき一大イヴェントであった。すべては、ここに始まった。

カラ・コルムの発掘　かつての帝国の首都は、おもにドイツの研究者によって発掘調査が進められてきた。チンギス・カン展図録 *DSCHINGIS KHAN UND SEINE ERBEN*, 2005.より

そして、八〇〇年の時がすぎた。二〇〇六年は、チンギス・カンによるモンゴル国家の出現から、数えて八〇〇年。世界各地でさまざまな企画・催しがあった。たとえば、ドイツではその前年より、「チンギ

建国800年に沸くモンゴル国　上はウランバートルのスフバートル広場。政府庁舎前には、1921年の人民革命の英雄・スフバートルの騎馬像とともに、チンギス、オゴデイ、クビライの像が立つ。左はウランバートル郊外に建設中の巨大なチンギス像。2007年、木村理子氏撮影

ス・カンとその遺産」という盛大な展示会と国際シンポジウムが政府の特別な資金援助でおこなわれ、モンゴル帝国がらみのさまざまな遺物・文献・文書・美術品が勢ぞろいした。日本からも、東大寺が蔵する蒙古襲来のさいの有名な国書をしるす伝本の原物が出品された。ドイツは、かねてより東方へのまなざし・関心・意欲を国家・政権・国民ともに色濃くもっており、現在モンゴル帝国の故都カラ・コルム（ハラホリン）遺跡の発掘・調査をうけおっている。日本でも、いくつかの関連の出版・催し・映像化などがなされた。

とりわけ、ユーラシアの内側、北をロシア連邦、東・南・西の三面を中華人民共和国という、巨大なふたつのパワーによって完全に囲まれ尽くしているモンゴル国では、「大モンゴル建国八〇〇周年」として国中を挙げて慶祝し、あきれるほどに沸きかえった。高さ三〇メートルの巨大なチンギス・カン像が立ち、紙幣には肖像が刷られ、

国際空港もその名にかわり、いたるところ、さまざまなものにチンギス・カンがあふれた。日ごろはむしろ、チンギス・カンを心のなかで敬愛し、大切な聖なるものとして静かにいとおしんでいる人が多かった。そうした人のなかには、喧噪めいた賑やかさに、やや残念というか、つらいと感じるむきもあったと仄聞《そくぶん》する。

かたや、ゴビの南、内モンゴル自治区でも、それなりのセレモニーはおこなわれた。モンゴルにかかわる人は、新疆省・東北三省・甘粛省・河北省・四川省・雲南省などにも広がっている。ただし、中華人民共和国という枠組みと現状にあっては、チンギスは中華のなかの民族英雄というスタンスははずれない。また、ロシア連邦内にも、ブリヤート共和国はもとより、トゥーヴァ、ハカシヤ、アルタイ、タタールスタン、バシュコルトスタン、カルムイキヤといった各共和国などの、直接・間接にモンゴルにかかわる域内単位もある。さらに、それぞれが独立国となった旧ソ連の中央アジア五ヵ国でも、石油・天然ガスで沸くカザフスタンは、モンゴル帝国に国としてのアイデンティティを重ねる。こうしたところにおける対応、なかでもチンギス・カンの扱い方は、その国や地域を映すひとつの鏡となる。

かつて、ソ連が健在だったころ、当時のモンゴル人民共和国でチンギス生誕八〇〇年をかなり盛大に祝おうとする動きがあったが、ソ連の力で弾圧され、政治家・関係者はつらい目にあい、文字どおりたたきつぶされた。チンギスを残虐な侵略者とするのは、ロシア帝国以来の定番であり、ツァーリ権力を聖なる救世主とし、自己の支配を正当化するための手立てなのであったが、ソ連もまったくその後継者にほかならず、愚者の愚行を演じてためらわなかったのである。一九六二年のことであった。

以後、長らくチンギス・カンは心のなかにしまいこまれた。二〇〇六年の盛儀は、モンゴル国のみならず、ロシア連邦そしてユーラシアの大きな変化を示している。時代と政治のありようを測るものさしとして、チンギス・カンは歴史をこえ、今もなお生きつづけているといっていい。

実寸でとらえがたいチンギス・カン

では、そのチンギス・カンとは、いったいどんな人物だったのか。まずは、その面立ち・風貌・輪郭は、どのようであったのか。

台湾の故宮博物院には、もともとダイチン・グルン帝国の内府にあった『中国歴代帝后像』という画像集が蔵される。そのなかに、チンギス・カンの肖像が含まれている。チンギスをそれとして描いたものは、事実上これ一枚といってよく、大変に有名で本当によく使われている。モンゴル国が八〇〇年記念につくった立像・紙幣なども基本的にはこの絵を踏まえ、映画・ドラマなどでも、このイメージがもとになっている。だが、この絵をそのまま信用していいのか。

実はあまり、あてにはならないだろう。『中国歴代帝后像』にのせられている皇帝・皇后たちは、ある程度それなりに根拠やもとの絵などがあって、根も葉もないものとは限らない。だが、チンギス像については、原画やもとづくなにかがあったとしても、それはおそらくクビライによる大元ウルス成立（一二六〇年）以後のものでしかない。つまり、所詮はある種の想像画である。それにくわえて、そもそも中華風に描かれている。あきらかに、その意味における「聖化」の筆が施されている。

注目されるのは、孫のクビライの肖像と比較すると、顔立ちはまったく異なるが、その輪郭は実はほとんど同一なことである。クビライのふっくらした顔や姿は、名高い劉貫道の絵をはじめ、みな一致しており、そのとおりであったのだろう。チンギスが生まれたばかりの孫クビライの顔を見て、「漢人のようだ」といったのは有名な話である。つまり、チンギスを含めて、他の人たちはそうではなかったのである。

そうでいて、チンギスとクビライの輪郭が同じというのは、おそらくクビライの肖像画をもとにというか、それを下敷きにして、チンギスを描いたのではないか。創業のチンギス、

よく似た二つの肖像　上はチンギス・カン、下はクビライ。もともと姿のよくわからないチンギスを、後の「大帝」クビライに似せて描いたのではないかと思われる。いずれも『中国歴代帝后像』より。台北・故宮博物院蔵

中興のクビライ――。すくなくとも、大元ウルス治下にあっては、チンギスとクビライは並び立つふたりの「大帝」であった。よくはわからぬチンギスについては、クビライの影をそこに潜ませたのではないか。ちなみに、『集史』のとくにパリ写本の挿絵ミニアチュールに登場するチンギス・カンのいくつかは、絵そのものとしては美麗だが、大きくはない画面のなかのことであって、肖像画といった風合いのものでは本来ない。

チンギスの風姿を伝える記録は、なぜかまことに少なく、東西ふたつの記事が目につく程度である。ひとつは、一二二一年にモンゴル治下にあった中都（現・北京市街の西南地区あたり）に使いした南宋の趙珙《ちょうこう》の見聞記『蒙韃備録《もうたつびろく》』にのるもので、当時すでに中央アジア遠征に出ていたチンギスについての伝聞記録である。すなわち、「其《そ》の身《み》は魁偉《かいい》にして広顙《こうそう》・長髯《ちょうぜん》、人物は雄壮、異《い》とする所以《ゆえん》なり」と述べる。きわめて大柄で、ひたいは広く長々とひげが垂れ、人柄は勇壮で特別な人間だというのである。もうひとつは、中央アジア遠征中のチンギスを見たという人の話を、かつてゴール朝に仕えていたミンハージュ・ウッディーン・ジューズジャーニーがペルシア語で書きとめている。チンギスは六五歳、人並みはずれて長身、体は頑健、猫のような目をもち、灰色の頭髪がわずかに残るという。いずれの記録も、すでに触れたロシアの大学者バルトリドが注目したものである。

当時、小柄な人が多かったらしいモンゴル遊牧民のなかで、並みはずれた巨軀《きょく》は大事なポイントである。草原・戦場での指揮をはじめ、大柄であることは指導者たるものの第一条件といってもよいほどであった。また、「猫のような目」とは、ふつうの黒い瞳とはちがう異様さをいうのか。ようするに、ただものでは全くなかったのである。ひるがえって、『中国歴代帝后像』のチンギス像には、魁偉さ・異様さ・雄健さはやや乏しい。本当のチンギスは、もっと草原の遊牧王者らしい佇まいだったのだろう。なお、チンギスにかかわる東西の主要な同時代文献においては、いずれも彼の容姿にまったく言及しない。多くは、チンギスの子孫たちがつくらせた記録であるにもかかわらず。あるいは、そこになんらかの「禁忌」があったのかもしれない。

蒼き狼とアラン・ゴア伝説　寡婦アラン・ゴアは光に感じてチンギスの祖先を生んだという。光は丸い顔で表現されている。ティムール時代の画帳『バーイ・スングル・アルバム』より。トプカプ宮殿博物館蔵

物語でしかない前半生

さだかにわからないのは、風貌だけにとどまらない。彼の人生と事蹟のうち、とくに前半生というか、ケレイトのオン・カンを倒してのしあがるまでについては、つねになにかぼんやりとした霧がかかっていて実像が見えにくい。チンギス・カンとなるまでのテムジンの苦闘時代こそ、蒙漢合璧《もうかんがっぺき》の『モンゴル秘史』などで語られる血わき肉おどる物語のメイン・テーマである。だが、そこで綴られることは、遊牧民たちの心の映像ではあるものの、はたしてどれほど

事実であったか。このあたり、すでにいくらか述べたことがあるので詳細は避けるが、モンゴルという国家とその巨大なひろがりが当然となってしまった時期の「歴史物語」として美しく雄々しく語られていったものと、本当の歴史とはかなり距離があるのだろう。

『モンゴル秘史』を軸に、漢文の『元史』太祖本紀や『聖武《せいぶ》親征録《しんせいろく》』などを組み合わせて、ひとつのストーリーとして理解するという従来のやり方は、率直にいって、どれほど精妙か

チンギス・カン以前のユーラシア（12世紀）

つ合理的に考えて仕上げたとしても、それをすればするほど、むしろ一層つくりごととなるようにおもえてならない。それにもう一点、これまでのチンギス・カン理解において、『集史』をはじめとするペルシア語史料は、きちんと使われていない。とくに、写本レヴェルから克明に把握する必要がある。

チンギス・カンをテーマとする叙述・著作は、世界各国であまたあり、ここのところはとくに八〇〇年ということもあって、内外でかなり出版がなされた。だが、それらは依然として、あるパターンのなかにとどまっている。東西文献の徹底的な比較検討はもとより、テムジンとしての苦闘時代とチンギス・カンとしての君主時代とを、それぞれ別々の仕方の「神聖化」、さらには「伝説化」がはかられたものとして、冷静・客観に眺め直すことが必要だろう。史料という名の文献自体、「人」たるチンギスが「ボグド・エジェン」すなわち「聖なる主」とされて、まさに触れるべからざる「神」への道を辿りだしていた時期以降のものでしかないからには。

年老いた蒼き狼

チンギス・カンが、それなりの実像に近い姿でとらえられるようになるのは、一二〇六年の大イヴェントでチンギス・カンと称してからといっていい。大モンゴルなる遊牧民連合体の出現は、周囲の諸国家・諸勢力にとって尋常でない脅威であり、大事件であった。周域は、この新興国を見つめた。遊牧民の戦士が十万単位で組織化されたときに、どれほどの威

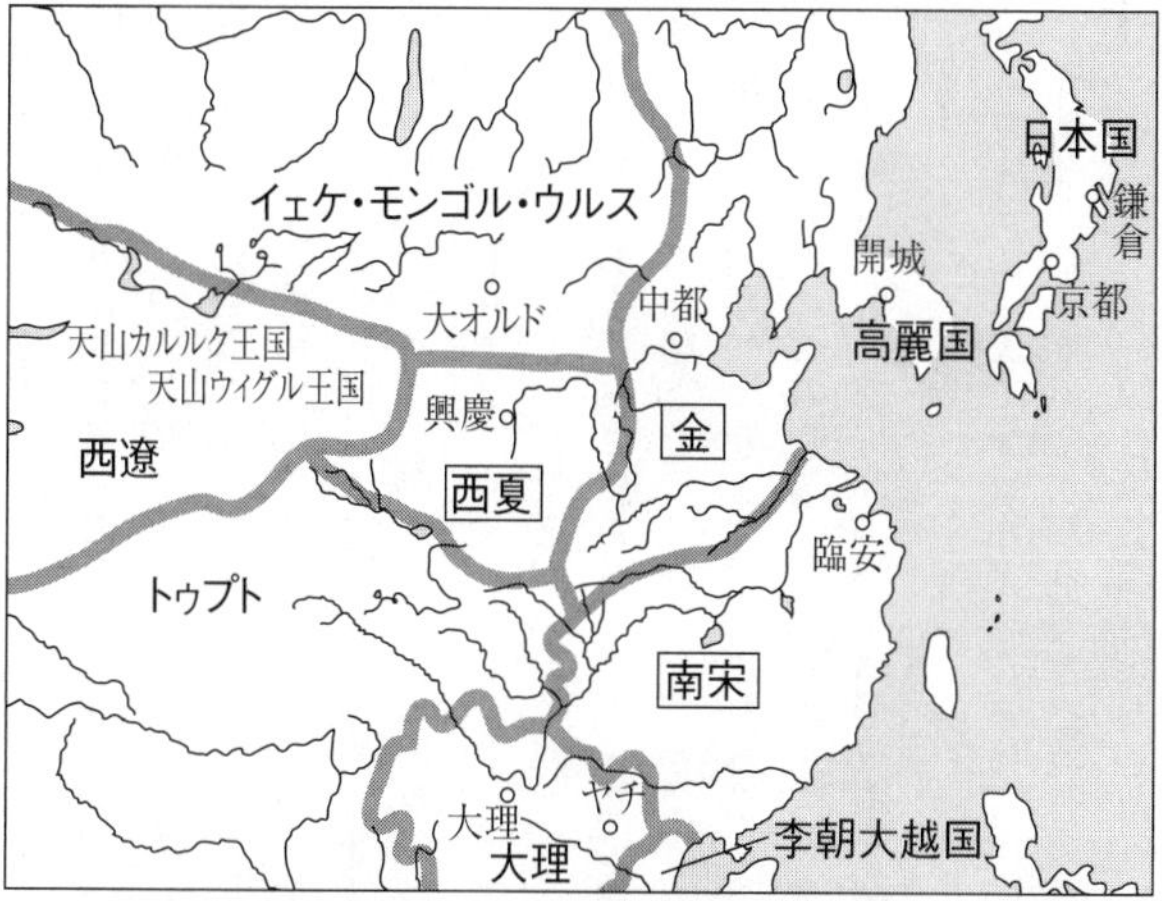

モンゴル・ウルス成立頃のユーラシア東方

力を発揮するか、それをわかっていたからである。

　実際に、大モンゴル・ウルスの南側に国を構える大金国にたいして、南中国にあった南宋が一二〇六年、突如として出兵・攻撃した。当時、アジア東方で最大・最強とされた大金国は、災害がつづいて弱っていたところへ、北の高原がついに統合され、甚大な危機を迎えんとしていた。それを南宋もよく知り、融和の関係を一方的に破棄して、淮水《わいすい》ラインをこえて北伐したのである。宋学の名分論とは見事に背馳《はいち》するあさましい豹変ぶりであったが、牧民世界の統合と新しいパワーの出現は、南中国にもしっかり届いていたのであった。ただし、弱り切っていたとはいえ、大金国も必死の反撃に出て、南宋北伐軍はいたるところで敗れ、退却した。南宋は、政府首脳部の首を文字どおり切ってさし出し、それで辛くも許しをえた。

大モンゴル出現の知らせは、現在の寧夏《ねいか》・甘粛《かんしゆく》一帯に国域を保つ西夏《せいか》国を、一気に緊張させた。対モンゴル最前線となるエチナ地方は、沙漠のなかのオアシス・エリアといっていいところであったが、黒水城をはじめとする防衛ラインは最高度の警戒態勢に入った。

また、その西の天山ウイグル王国をはじめ、天山カルルク王国、そしてそれらのうえに立つ第二次キタイ帝国（大金国によって北宋とともに滅ぼされた第一次キタイ帝国は、王室一族の耶律大石《やりつたいせき》によって中央アジアの東西にわたるかたちで再建された。この国を、カラ・キタイないしは中華式に西遼と呼ぶのは、いずれもふさわしくない。キタイ国家は、通算すると三〇〇年をこす存在であった。それは、ちょうど北宋と南宋という名の第一次・第二次の宋朝とほぼおなじ長さであり、領域・重心を移して再生した点でも似かよっている。なお、キタイ国家と宋朝とを、こうした観点でとらえなおすと、一〇世紀から一三世紀のユーラシア東方の構図は、よりよく理解される）にも、高原の新勢力はいちじるしい脅威と映った。さらには、それらのむこう、西トルキスタンの地にのしあがりつつあったホラズム・シャー王国においても、モンゴル国家の形成をやがて自分たちにふりかかる災厄として見事に予言するものもいた。

ようするに、大モンゴル・ウルスは、出発したときから注視の的であった。別のいい方をするなら、この時から、この国とその指導者チンギス・カンとは、他の国々からのまなざしでとらえられ、記録されることとなった。つまり、記録と歴史のなかで、否応なく客観化されはじめたのである。牧民たちの口誦や伝承などによる内なる記憶の世界から、外なる多元の視角・述作の世界を兼ねもつことになったといっていい。

チンギス・カンは、その後、東西への征戦を重ねて、一二二七年に西夏攻略のさなか、その国都・興慶《こうけい》が開城する三日まえに他界した。ただし、逝去の月日については、東西文献で気になる違いがある。ちなみに、それにこだわることは、歴史記録としての問題を問うこと以上に、ユーラシア東西を通じた暦年・暦月・暦日はいかに確定できるのかという深刻なことがらを導きだす。

やや脇道にそれるが、客観的な時間軸のなかで、ユーラシアの東西をそれなりに一貫してとらえられるようになるのは、モンゴル時代以降である。それまでは、東は東、西は西、月・日はもとより年さえも、いくらか違っても、実はあまり気にならなかった。東西にわたって、〝リアル・タイム〟で出来事が展開するなどということがほとんどなかったからである。逆に、モンゴル時代史を扱うものには、それが大いに問題とならざるをえない。モンゴル帝国は、東西をつらぬく共通の統一暦をつくる。いや、つくらざるをえなかった。暦・暦学・天文学・数学の東西統合は、モンゴル時代のイノヴェイションのひとつである。世界史というものが、時間と暦というハードルをこえるのはモンゴル時代以降であることを、ここに明記したい。

ともかく、一二〇六年から一二二七年までの二一年間が、チンギスについて、わたくしたちがひとまずある程度の確度をもって知りうる範囲であることになる。それは、君主として、さらには王者としての歳月であった。そして、チンギス自身にとっては、次第に老いゆく日々のなかでのことであった。

周知のように、チンギスの生年については、一一五五年、一一六二年、一一六七年と各説ある。それぞれもとづく東西史料が異なるからである。これについては、詳しく述べない。いずれであろうとも、一二〇六年という人生の画期において、チンギスはすでに数え四〇歳には少なくとも達していた。遊牧民の老化はすみやかである。世代交代も早い。チンギス・カンは、堂々たる巨軀《きょく》の狼ではあったが、壮者の狼ではもはやなかった。

チンギスは、それからの二一年のほとんどを軍旅のなかですごす。そのこと自体、ただならぬことである。あいつぐ外征と移動のなかで、チンギスのもと、「モンゴル」たる結束と一体感はゆるぎなくなっていった。モンゴルは、まさにチンギスとともにあった。彼が長逝したとき、大モンゴルという国家は、ユーラシア中央域のかなりな部分をおおっていた。「世界」への視野は、急速に開けつつあった。

年老いた蒼き狼チンギス・カン――。ここに、彼を見つめるうえでの大きなポイントがある。

史上最大の帝国となった理由

モンゴルは強かったか

チンギスとモンゴルを語るとき、とにかくやたらに強かったというイメージがある。だが、本当にそうか。

モンゴル騎馬軍団といっても、所詮は人間である。耐久力はあるが、スピードは出ない小型のモンゴル馬に乗り、たしかによく飛ぶ短弓《たんきゅう》で短矢を射る。もちろん、長弓《ちょうきゅう》も大小の弩《ど》も使い、馬上で槍を操る部隊もあったが、ようするに馬と弓矢の軍団にすぎなかった。破壊力など、実はたかが知れている。機関銃も鉄砲もない。モンゴルを、未曾有の強大な暴力集団であるかのようにいうのは、まちがっている。

東西の記録で共通して語られることがある。それは、モンゴル遊牧民たちは、きわめて淳朴にして勇敢、命令・規律によく従ったというのである。彼らが淳良・忠実であったことは、遊牧民というと極端な蔑視とあざけりが目につく漢文史料でも、口をそろえて述べている。

ところが当時、大金国でも南宋・西夏においても、将帥・軍将・兵士いずれも内輪もめは常態で、戦場での離脱・脱走・様子眺め・裏切りもしきりにおこった。事情は、イスラーム史書が伝える中央アジア・イスラーム地域でも、似たりよったりである。さらに、後述するルーシという名のロシアや、ヨーロッパにおいても、ことは大きくは変わらない。部将間の不和・嫉妬・足ひきは、ごくありふれたことで、いったん手にしたせっかくの勝利が、戦利品の分配や報酬の額をめぐるトラブルでひっくりかえることもしばしばあった。実戦で勝利をおさめた方が、結果としては弱体化している場合も決してめずらしくなかった。

そうしたことのひとつの背景に、よく知られた中華地域における兵士への蔑視・差別・不

モンゴル騎兵の戦闘　イスタンブル写本『集史』より。トプカプ宮殿博物館蔵

信のみならず、将兵ともどもに金で傭《やと》われた「傭兵」であることが多々あったことが挙げられる。とくに、中央アジアや中東においては、しばしば出身も来歴も種族も異なる別々の傭兵部隊を、はたして何セット傭えるかが戦争の決め手となるケースが目につく。まさに、地獄の沙汰も金次第であった。これでは、裏切りが常態化するのは仕方がない。ちなみに、南宋国にはウイグル傭兵部隊がいた。また、チンギスの高原統合に与《くみ》しなかったか、結果としてはじきだされたものたちは、ユーラシア各地で貴重な戦力として歓迎され、しばしばモンゴル軍とあいまみえた。

こうした状況が、むしろふつうのことであったユーラシアにおいて、チンギスとその一族をいただくモンゴル軍は、じつによく統制され、組織化された軍隊であった。それは、後述するように、一二〇六年からしばらくの間、チンギスが推進した国家体制・軍事組織の再編が基礎にある。徹底したピラミッド式のシステム構築は、歴史上ありそうでいて、ここまで見事に仕立てあげた例は他にほとんどみあたらない。

すべては、チンギスとその近親者、さらにはチンギス自身の選抜・編制にかかる多人種・多言語・多文化の首脳部にむすびつけられた。「モンゴル」とされたものたちは、チンギス一族と「ともに富貴《ふうき》を享《う》ける」ことを合言葉に、首脳部からの指命に従った。出征にかかわる馬・武器・武具・装備・食糧は、基本的に自弁であった。これはもはや、ほとんど「モンゴル共同体」といっていい。モンゴルの第一の強みは、その組織力・結束力にあった。

「戦わない軍隊」の強さ

ついで、何といっても、周到すぎるほど周到な計画性が印象深い。外征に先立ち、チンギスとその周辺は、自軍にたいしては、徹底した準備と意志統一、敵方については、これまた徹底した調査と調略工作をおこなった。いずれも、たいてい二年をそれにかけた。できれば、戦うまえに、敵が崩れるか、自然のうちになびいてくれるように仕向けた。モンゴル遠征軍は、おおむねことが済んだあとを、ただ行進すればよかった。実際に、ほとんどそうなった。

逆に、敵方への下工作や現地での根回しが不十分なまま、敵軍とむかいあったときは、しばしば敗れた。モンゴル軍そのものは、展開力にも機動性にもとみ、苦戦苦闘も辞さないきわめてすぐれた戦闘集団ではあったものの、ユーラシアにおいては遊牧民軍団の特徴・戦法は基本的には大差がなく、敵方が騎馬の大部隊で結束して攻勢をかけてくれば、勝利はおぼつかなかった。

よくもわるくもこうした特徴がよくわかるのは、一二一九年から一二二五年までの、いわゆるチンギスの西征である。その前半は、ホラズム・シャー王国の中核部分にたいする攻略戦であった。これは、信じられないほどスピーディーに、短期間で大きな成果をあげた。国境線の要塞都市は、すべてを知り尽くしたようなモンゴル軍の的確な攻撃に次々と陥落。マー・ワラー・アンナフルの二大都市、ブハラとサマルカンドもモンゴルに開城した。そのあとは、勝手にホラズム・シャー王国のほうが内部崩壊して、開戦後たった一年半にてイスラーム世界で最強と目された大国が事実上、消え去った。もとより、周到をきわめた事前の調査、下工作、根回しの成果であった。

ところが、アム河をこえて、現在のアフガニスタンの領域に踏み込むと、さっぱりうまくいかなくなった。東部イランのいわゆるホラーサーンは、パルティア、サーサーン以来の文化中心地で、バルフ、マルヴ、ニーシャープール、ヘラートをはじめとする都市が古くから栄えていた。ホラズム軍を追いかけるかたちで、ずるずるとホラーサーンに入ったモンゴル軍は、各都市ごとの抵抗にあっておもうにまかせず、無用な戦闘をくりかえしてモンゴル軍の損害も多くなった。その報復の意味もあって、一部で民衆の殺害もたしかにおこなった。これが後世になって拡大解釈され、「破壊者モンゴル」のイメージがあおりたてられた。なお、ホラーサーンの低落は、チンギス・カンのためという「お話」が、かつてはよく語られた。しかし、その後のモンゴル時代やティムール帝国治下でも、諸都市は変わらずに健在であった。近代になって、交通体系や産業構造の変化などで衰えたのが、真相である。ホラズム・アム河以南については、事前の調査も下工作も、出来ていなかったのである。

シャー王国がこれほどまでに呆気なく解体するとは、想定外だったのだろう。だが、ここでも老人チンギスの判断が生きた。彼は、一二二二年にはアフガニスタン作戦に見切りをつけ、全軍に旋回を命じた。しかも、きわめてゆっくりと時間をかけて慎重に退いていった。獲たものは、人も都市も領域も、けっして失うことなく確実に握りながら。

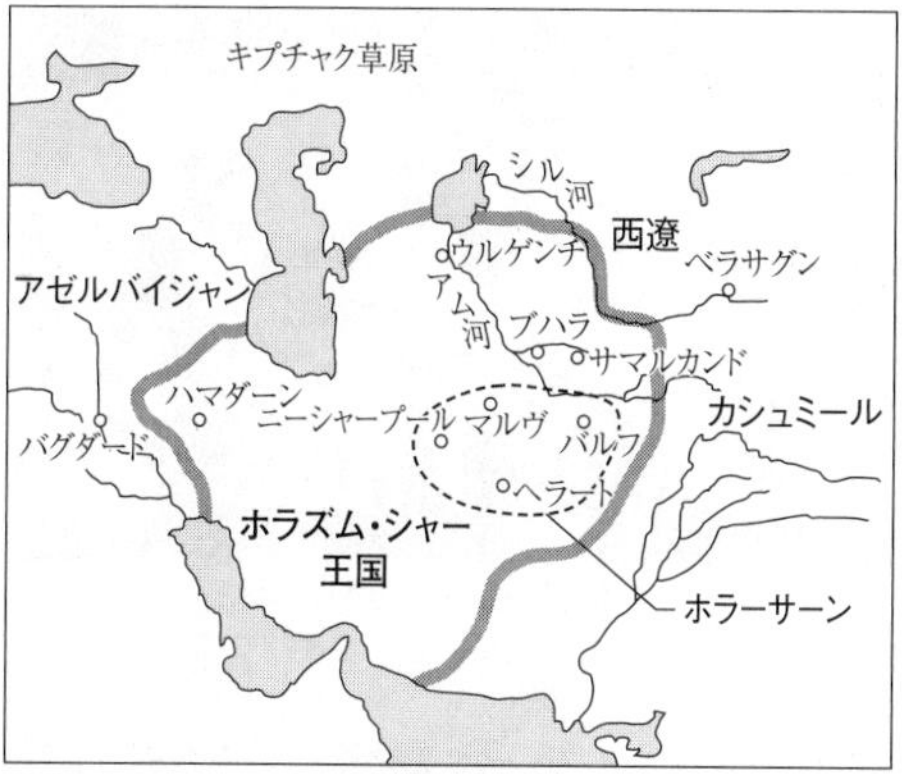

ホラズム・シャー王国作戦関係図

見切りのよさと、ころんでも動じない冷静さ。チンギスは、猪突猛進のアレクサンドロスのような戦場の勇者ではなかった。沈着・平静な組織者であり、戦略眼のたしかな老練の指導者であった。質朴・従順で、騎射の技倆にすぐれた機動軍団。それが、チンギスという駆け引き自在の手練れの指揮者によって導かれた。モンゴルが強かったのは、そんな点にある。

　なお、いくらかつけ加えると、モンゴルはチンギス・カンの高原統一のころからすでに、どちらかといえば戦わない軍隊であった。軍勢をひきつれて対陣したからといって、戦闘があったとするのは早計だろう。指導者どうしの論戦や談合、ないしは誰かの調停などで、一方が他

ホラズム・シャー国王の死　パリ写本『集史』には、スルターン・ムハンマドの死がことさら哀れに描かれている

方に雪崩をうって合流するのが、どうやら遊牧民の常態だった。逆にいえば、それだけ人命をそこなうのは回避された。『モンゴル秘史』で朗朗と謳いあげられる勇壮な牧民戦争は、まさに血わき肉おどる大流血でいろどられているが、それは口承による英雄叙事詩の世界である。心の映像においては、限りなくイメージの彼方に飛翔できる。紛争・対立・対陣のたびに、その都度、敵対勢力を皆殺しにすれば、高原の遊牧民などいなくなってしまう。

むしろ、高原統合のさいの経験・方針を、外征においても適用したのであった。情報戦・組織戦を重視して、なるべく実戦しない。世にいう大量虐殺や恐怖の無敵軍団のイメージは、モンゴル自身が演出し、あおりたてた戦略であった。チンギスが一貫しておこなったこうしたやり方は、その後のモンゴルにもひきつがれ、滔滔《とうとう》たる伝統となったのである。

開かれた帝国

そして、もう一点。モンゴル帝国の内部事情をくわしく語る完全同時代のペルシア語の歴史書では、敵方の人間・集団・部族・都市・国などを吸収したり、ひき入れたりしたとき、「イルとなる」と表現する。「イル」という語は、もともとテュルク語で、モンゴル語としても使われた。もともと、「人間の集団」を指した。そこからさらに、「同じ集団、同族、同類」の義から、「仲間」を意味する。

「イルとなる」とは、「仲間となる」ことであった。従来、この語を「征服する」とか、「降伏させる」「服属させる」とか訳した。「イル」の意味など考えなかった。勝手に、自分たちのイメージを乗せて〝近代概念〟による訳を創作したのである。この誤訳は、まことに罪作りであった。もともとテュルク語の「イル」は、モンゴル語の「ウルス」とまったく同義語なのである。人間のかたまり、集団が、すなわち「国」であることは、いかにも遊牧民らしい考え方だが、ここにモンゴル拡大のもうひとつの鍵がひそむ。

誰であれ、自分たちとおなじ「仲間」になれば、それでもう敵も味方もない。おなじ「イル」、もしくは「ウルス」、つまりはひとつのかたまり、国なのだ。こうしたまことに融通無碍な国家観というか、おおらかきわまりない集団概念が、モンゴルの驚くべき急速な拡大の核心にある。

なお、ここできわめて注目すべきは、モンゴルはモンゴルたる人の命を徹底して大切にしたことである。近代・現代のような大量の戦死者・戦傷者を出しつづけている「野蛮な時代」は別として、人ひとりの生き死にが重視された中世・近世にあっても、モンゴル軍における自軍の戦死者をできるだけ回避せんとする態度の徹底ぶりには、正直に驚かされる。モンゴルは、「モンゴル」たる人の命を軽視すれば、組織は瓦解することを痛切に感じ、それを国としての柱とした。その結果、モンゴル治下において、死刑は極端に少ないという現象を生む。だが、そのいっぽう、モンゴルとその国家は、仲間うちに異常に甘い体質をもうひとつの伝統とすることにもなったのだが。

ともかく、モンゴル帝国にあからさまな人種差別はほとんどなかった。能力、実力、パワー、知慧、技術、識見、人脈、文才など、人にまさるなにかがあれば、どんどん用いられた。その意味でも、まことに風通しのよい時代であった。モンゴルは、さまざまな人たちが共生する「開かれた帝国」なのであった。

なにをもってモンゴルとするか

モンゴルを見つめるうえで、もうひとつ肝心なことがある。それは、なにをもって「モンゴル」としたか、という問いである。

ふつう、「モンゴル人」「モンゴル民族」などの語で、はじめから確固とした人種・民族が存在したかのようにおもわれがちである。また、実際に現在、ゴビの北側のいわゆる外モンゴル地域にモンゴル国があり、南側の内モンゴル地域に中華人民共和国の枠内として内モンゴル自治区が存する。さらに、すでに触れた如く、中国・ロシアの領域もふくめて、ユーラシアの各地にモンゴルとその末裔たちが広がっている。たしかに、モンゴルという人種・民族が昔から厳然としてあったかのようにおもわれても仕方がないかもしれない。だが、それは錯覚というか、誤解であるといわざるをえない。その説明は、過去と現在と、やや複雑になる。

現在、モンゴルと呼ばれている人びとが、かつての世界帝国時代の「モンゴル」たちの、少なくとも子孫の一部であることはいうまでもない。しかし、ここでとりあげたいのは、モンゴル帝国時代において、「モンゴル」とはいったいどんな人たちであったのか、である。

やや繰り返しめいて恐縮だが、チンギスによる牧民統合のまえ、高原には数多くの大小の集団が割拠していた。そのうち、すでに述べたケレイト、ナイマンのほか、タタル、メルキト、コンギラト、オングトなどが有力であった。その時点で、モンゴルという集団は、突出して強大とはいえない程度のかたまりで、そのなかもいろいろと分かれていた。モンゴルという名称そのものは、唐代の漢文文献に現れている。しかし、長い間、目立つことは少なかった。モンゴル部が、それなりに浮上してくるのは、せいぜい一二世紀からのことである。本来のかたまりとしてのモンゴルは、新興勢力であったといっていい。

それが、チンギスによる高原統合で、全体の名乗りとなった。つまり、この時点で「モンゴル」とは、チンギスのもとに結成された政治組織体のことである。いわば、国家としての名であって、人種や民族の名ではなかった。当時は、まだとても、そこまでの同一性はありえなかった。「モンゴル」の名に括られても、ひとりひとりの顔つき、言語、習慣は、さまざまであった。

それが、近代語としての「民族」への道をそれなりに歩み出すのは、ひとつの指標としては、クビライによってつくられた大元ウルスが中華本土を失い、大元ウルス政権の中核を構成していた種々雑多な人びとの相当数が、北の高原へと本拠を移してからのことである。そのなかには、大元ウルス宮廷に仕えていた漢族たちも実はかなりいた。また、もともとはルーシやキプチャク草原からやってきたもの、あるいはカフカース北麓を故郷とするアス族（現オセット）の軍人などもいた。世界帝国にふさわしい多種多彩な顔触れであった。

これらの人びとと、以前から高原とその周辺に配置されていた人たちが主体となって、別の時代が始まる。中国史の区別を借りるならば、いわゆる明代モンゴルである。「民族」への道のりにおける明確な段差は、北からの「モンゴル」たちの侵攻におびえた明帝国が、現在みられる「万里の長城」という強固な人工国境線を大地のうえに刻印し、高原と中華とを「別の世界」として、はっきり仕切ってしまってからだといっていい。

それからのち、ユーラシア世界で最大・最良の草原がひろがるこの高原は、文字どおりモンゴル高原となった。そして、そこに生きる人びとは、しだいにモンゴル人、モンゴル民族と呼んでもさしつかえない実体をそなえるようになっていった。ただし、その後のモンゴルたちは、ダイチン・グルン帝国時代にはマンジュたちとの密接にして多様きわまりないかかわりのなかで、至極ゆるやかなあり方のままに生き、帝国消滅後は、近代化の波とユーラシア・パワー・ポリティクスの風濤にさらされることになる。つまりは、現在の姿そのものが、二〇世紀という疾風怒濤時代の産物にほかならない。

多種多様な人間の群れ

ひるがえって、チンギス・カンによる大モンゴルの命名以降、国域の拡大につれて「モンゴル」なるものも広がりゆき、ついにはユーラシアの各地で「モンゴル」と称する実にさまざまな人びとが出現する。それは、一体どんな人たちであったのか。

そこには、時期により地域により、多種多様な人間の群れがあった。そして、その全体がいわば巨大な同心円状の渦をなしていた。まず、第一の群れは、チンギス王室を中心とする、もとからのモンゴル部の人びとである。モンゴルのなかのモンゴルといっていい。ただし、テムジンが頭角をあらわすときに、部内の把握をめぐって争った人たちもいた。テムジンは、旧来の部族や親縁関係とは別に、それを乗りこえた個人の主従結合を権力へのステップとした。ごくチンギスに身近な王族たちは別格として、モンゴル部人だからといって、優遇されたとは限らない。

第二の群れは、一二〇六年の国家草創のとき、「モンゴル・ウルス」とされた大量の牧民たち。ジャライル、コンギラト、バアリン、アルラト、バルラスなど、それぞれ固有の部族集団の名をもちながら、そのいっぽうで「モンゴル」でもあるという二重の帰属意識をもつ。一群と二群をあわせた総数は、『モンゴル秘史』では九五個の千人隊であった。千人隊は、匈奴国家以来、テュルク系、モンゴル系、ティベット系といった一連の内陸国家の脈絡で採用されたシステムである。十人隊・百人隊・千人隊・万人隊という十進法体系の軍事・行政・社会組織のなかで、日常で機能する最大の単位であった。数百から一〇〇〇人くらいの騎馬戦士と、それを供出できる家族の集合体と考えればいい。

ふつう、一三・一四世紀において、「モンゴル」「モンゴル人」「モンゴル軍」といった場合、一・二群の人間集団をまずは前提としている。ところが、これに準じるもう一群の「モンゴル」がいた。それは、遊牧キタイ族である。かつてキタイ帝国の中核を構成したキタイ族は、東の大金国治下と西の第二次キタイ帝国と、二派にわかれて存在していた。第一次キタイ帝国二〇〇年の歳月の結果、都市貴族化したものも多かったが、なお遊牧武人のおもかげを濃密にとどめているものもかなりいた。新興のモンゴル国家にとって、遊牧民の出身で多種族混淆《こんこう》の大型国家をかつて形成したことがあり、さらに中央アジアにおいて現に別個の権力体を保持しているキタイ族は、またとない歴史の先駆者であった。しかも、彼らは顔立ち・言語・風俗・習慣ともに、一・二群の「モンゴル」たちと似かよっていたという。

大金国の治下で、その北方国境地帯にあたる内モンゴル草原や首都の中都の防衛にあたっていた遊牧キタイ軍団は、一二一一年、チンギスの金国進攻作戦がはじまると、大挙してモンゴル側になびき、作戦全体の成功と内モンゴリアおよび中都地域の併合をもたらした。ゴビの南北にわたる高原の真の統合は、このときはじめてなった。ちなみに、一二一五年までの対金国戦で、モンゴル軍は華北の地をひたすら駆けぬけた。そのうえで、孤城となった中都を囲み、ほとんど自損することなしに大きな戦果をえた。なによりも、アジア東方で最強の大金国を黄河の南に追いやり、内モンゴリア、マンチュリア、華北の北半という牧農複合地帯を手に入れた。新興の大モンゴル国の前途は、一気に開けた。

ついで、ホラズム・シャー王国作戦に先行するかたちで、ナイマン王子クチュルクが簒奪していた中央アジアの第二次キタイ帝国領をチンギスはほとんど労せずに接収した。ここでのキタイ軍がどの程度の規模であったか見定めにくいが、ともかくその配下の諸族軍もふくめて吸収したのである。つまり、一二一一年から一八年までの間に、東西のキタイ軍団はそっくりモンゴル国家に参入し、「大モンゴル」のメンバーとして処遇された。第三群のモンゴルであった。

結合のポイント「イルとなる」

世界総合史の『集史』は、一二二七年にチンギスが他界したとき、全モンゴルの「ハザーラ」、すなわち千人隊は一二九個あったという。『モンゴル秘史』にいう九五の千人隊から増加した分のうち、かなりのものが合流したキタイ族と見ていい。遊牧キタイ族などをとりこみ、領域としても東はマンチュリア・華北から中央アジアまで、およそ二回りほど膨脹した「モンゴル・ウルス」が、チンギス時代の大モンゴルであった。なお、『集史』にいう一二九の千人隊こそは、まさしく〝モンゴル基幹部隊〟であった。それぞれの集団は、開祖チンギス譜代の名門の家柄とされ、世界帝国モンゴルの中核のなかの中核として、のちのちにいたるまで尊重されることとなった。

チンギス時代において、モンゴルはすでに多重構造の複合体となっていたが、モンゴルのさらなる拡大によって、その多重・複合は、いっそう高まった。ユーラシア各地のテュルク系のさまざまな人たちは、モンゴルに準ずるものとして次々にとりこまれていった。また、東方のジュシェン族、タングト族、漢族など、かたや西方のムスリム在地勢力やルーシ、グルジア、アルメニア等のキリスト教勢力などについても、王侯・君長・軍閥・土豪・宗教指導者といった有力者で、モンゴルに帰属し、その一員と認められれば、「モンゴル」として遇された。たとえば、華北の在地軍閥の代表格、史天沢《してんたく》や張柔《ちようじゆう》は、モンゴル大カアンの勅命で「バアトル」、すなわち勇者の称号とともに、「モンゴル」として正式に認定された。南宋接収後には、旧南宋人で「モンゴル」とされたものさえ、じつはいたのである。

モンゴルのいちじるしい特徴は、人種・民族・文化・言語・宗教などの違いによって人を区別することが稀薄であったことである。特定の文明観・価値観にもとづく偏見をほとんどもたなかった。ようは、役に立つ、ないしは有益であればよしとした。その意味で、なにより政治性が際立つ国家であったといっていい。

「イルとなる」、もしくは「イルとする」――。モンゴルが、他の人間・団体・地域・国家を吸収したときの決まりことばであった。まことにこれこそ、モンゴルが「文明圏」の枠をこえて、巨大な人間結合のひろがりをつくりえたキー・ポイントなのであった。

「世界を開くもの」の系譜

すでに第二章でひととおり触れたことだが、チンギスは、一二〇六年の大モンゴル宣言よりしばらくあとに、千人隊の再編制とあわせ、全モンゴル軍団を左翼と右翼のふたつにふり

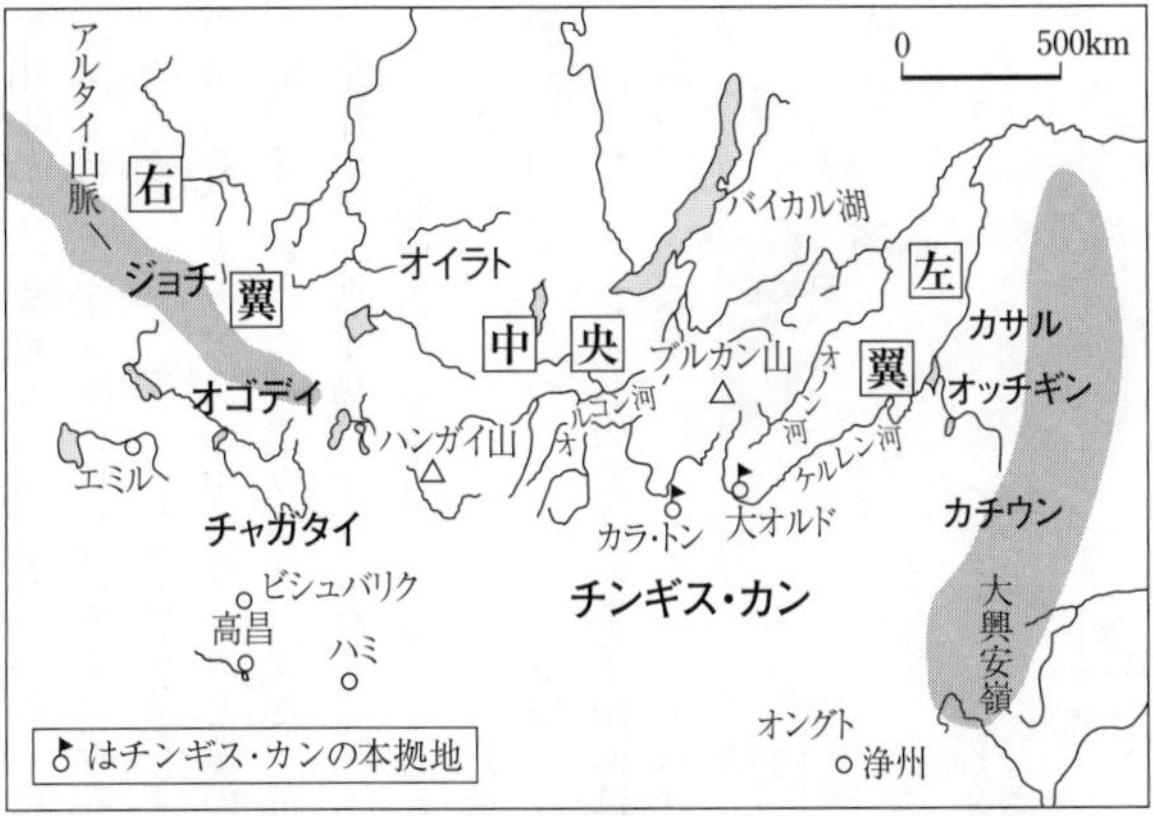

チンギスの初期モンゴル国家の左右両翼構造

わけ、中央には自分に直接に属する牧民・畜群からなる天幕群、いわゆるオルドを四ヵ所に分置した。モンゴル高原は、東に興安嶺、西にアルタイ山という巨大な自然の境界線をもっている。高原中央に立って南面すれば、東は左、西は右となる。チンギスは、それにのっとって国を構えた。あらためて、それを図示すると、上のようになる。

もっとも外側に、東の三弟のウルスと西の三子のウルス、そして中央ウルスとしては、左右両翼軍を統轄しつつチンギスとともに移動する宮廷・政府――。これが、以後のモンゴル世界帝国をつらぬくすべての原型となった。とりわけ、左・中・右の三大分割体制は、軍団編制や対外遠征についてはもとより、実際の戦闘隊形から幕営の設置、さらには宮廷内での儀式にいたるまで、これに沿っておこなわれた。チンギスの「分封」によって出現した一族ウルスは、帝国の拡大につれて成長し、モンゴル大カアンに直属する中央ウルスとはひとまず別の独自性をもつ存在となっていった。

ようするに、「モンゴル」なるかたまりが多重構造であっただけでなく、システムとしての帝国も、大カアンの中央ウルスとその他の一族ウルスからなる多元の複合体であった。そして、それぞれの一族ウルスもまた、帝国をひきうつしたような構造をもっていた。これらの全体が多元多重構造をなしたまま拡大した結果が、世界帝国としてのモンゴルであった。

すべての原点・原像は、チンギス一代のうちに、ほぼ定められた。大モンゴルとチンギス・カン――、そこにチンギスが時代をこえた巨大な否定しがたい存在として、かずかずの伝説にいろどられつつ今なお生きつづける根源がある。

かくて、チンギスの遺産は子子孫孫にひきつがれ、時を追って文字どおり世界化する。ややあって、一二五二年、イランの文人行政官アッター・マリク・ジュヴァイニーは、その前年に第四代モンゴル大カアンとして正式に即位した新帝モンケに謁見するために、高原の帝都カラ・コルムにおもむいた。すでに、ユーラシアのかなりな地域をおさえていたモンゴル帝国は、英気にあふれたモンケのも

チンギス時代の大モンゴル国

と、体制をととのえ直し、のこる南中国や中東以西をふくめた東西大遠征を企画しつつあった。あきらかに、その目は世界を見ていた。

二七歳のジュヴァイニーは、カラ・コルム滞在中に人類史を変えようとするこの帝国の歴史を執筆せんと決意した。それが、ペルシア語でしるされた『ターリーヘ・ジャハーン・グシャー』である。ターリーフは歴史、ジャハーンは世界、グシャーとは開くものの意味である。『世界を開くものの歴史』、それがモンゴル帝国について、はじめて著された歴史書であり、まさに完全同時代の著作であった。

ジュヴァイニーが意識したのは、もとより世界の帝王に近づかんとしている現皇帝モンケであった。だが、題名の「世界を開くもの」は、モンケ自身をさすとともに、その祖父、大モンゴルの創始者で世界への扉を開いたチンギス・カンをも重ねあわせていた。彼の綴るモンゴル史は、当然チンギスからモンケにいたる歴史となった。ちなみに、『集史』がフレグ・ウルス治下で国家編纂されるのは、だいぶあとのことである。また、『モンゴル秘史』のもとのもとたる口承の歴史物語が、文字化への道をたどるのも、まだ少しのちである。

大モンゴルの出現より四六年、チンギス・カンの長逝からは二五年、その時点でチンギスに始まる驚くべき歴史を、おなじ時を生きるものの証言として、ジュヴァイニーは後世に伝えんとした。キー・ワードは、まさにジャハーン・グシャー、世界を開くもの。この一語に、すべてがこめられている。ジュヴァイニーは、自分が生きている時代を、かつてない特別なものとする明確な認識のもとに、この史書をしたためたのであった。

チンギス・カン自身、そしてそのあとにつづく系譜は、たしかにジャハーン・グシャーとしてのそれである。従来、この語の英訳は「ワールド・コンカラー」、すなわち「世界征服者」とされ、この歴史書の題名も「世界征服者の歴史」とされてきたが、これは、似て非なる翻訳といわざるをえない。「世界を開くもの」という直訳こそ、原語のペルシア語の意味するところを伝えるものだろう。

第四章　モンゴルとロシア

西北ユーラシア大侵攻

世界への明確な意識

一二三五年、モンゴルは第二代オゴデイのもと、あらたな段階へと踏みだそうとしていた。これに先立つ一二二九年、すぐ上の兄チャガタイの強力な支援のもと、チンギス・カンの跡目をついだオゴデイは、翌年、黄河の南側に国を保つ大金国にむけて出兵し、東・北・西から大きくつつみこむように展開した。とくに、一二三二年の陰暦正月、敵の首都・開封《かいほう》の西南郊、鈞州《きんしゅう》の三峯山《さんぽうざん》にて、寒波のなかを大決戦し、金軍主力を潰滅《かいめつ》させた。ここに、大金国の運命は決し、金の末帝は諸方を転々と逃げ回った挙句、一二三四年に南宋国境線にちかい蔡州《さいしゅう》にて、モンゴル・南宋連合軍に滅ぼされた。初代ワンヤン・アクダがマンチュリアの地より興起して以来、ここに一二〇年の歴史を閉じたのであった。

オゴデイ政権の立ちあがりは、見事に成功した。大モンゴルという昇る朝日は、巨星チンギス・カンなしでもやっていけることを内外に見せつけた。しかも、三峯山の英雄である末弟トルイは、チンギスの中央ウルスを遺産として継承しながら、そのモンゴル国家の後継ぎをすぐ上の兄オゴデイにゆずっていたのであったが、決戦の勝利後、兄オゴデイの主力部隊とともに北へ戻る途上、不可解な急死を遂げる。のちに、モンゴル帝国史をゆるがすことになる紛乱の種は、ここにきざした。

ともかく、大金国とモンゴル最大の実力者トルイという内外ふたつの邪魔者を消し去ったオゴデイは、「カン」ではなく、唯一至上の権力者として「カアン」と称しつつ、東方＝左翼を代表する叔父オッチギンと西方＝右翼をおさえる兄チャガタイとの三人によるトロイカ体制を組み、以後、自信満々に新戦略を構想する。かくて、まず一二三五年、モンゴル高原の中央部にカラ・コルムの都城を建設する。「黒い砂礫《されき》」を意味する草原の都は、かつてウイグル遊牧帝国のときに、「オルド・バリク」（帳幕の町）といういかにも牧民都市らしい名の城がつくられた伝統を踏まえる。ちなみに、その遺構は、当時なおカラ・コルム新城のすぐ近くにのこっていた。

カラ・コルム中央政府のもとに、旧金領の華北から中央アジア・イラン方面にいたる軍事・徴税・行政の組織化が始まった。あわせて、大カアンの命令や指令を、モンゴル語と当該の現地語のバイリンガルで文書化して伝達するシステムも緒についた。そして、オゴデイにとって、後ろ楯とも盟友ともいえるチャガタイの本拠、天山・イリ渓谷とをむすぶ「ジャム」（テュルク語では「ヤム」）、すなわち駅伝が敷設されたのを皮切りに、草原のメトロ・ポリスから領内各地にむけて連絡・交通網が敷かれていった。ようするに、名実ともに「帝国」と呼んでいいかたちが、このころから形成されたのである。なお、これは余計なことだが、モンゴル自身は「帝国」にあたる用語を使っていない。あくまで、「大モンゴル・ウルス」であった。「帝国」というのは、他の多くの近代以前の国々とおなじように、後世のわたくしたちの勝手・都合による呼び名である。

新都カラ・コルムの造営がすすめられていたその一二三五年、郊外にひろがる野営地ではモンゴル帝室・諸将によるクリルタイが幾度も開かれた。議題のひとつは、大金国消滅後の華北の戦後処理、もうひとつは東西への大遠征であった。東のそれは、帝国東方の諸勢力が参加する南宋遠征。総司令官は、オゴデイの第三子にして、漢語で「皇太子」、ペルシア語では「ヴァリー・アルアフド」（もしくはアフド・ヴァリー）、すなわち「統治の代行者」とされたクチュ。だが、この遠征は、当のクチュが開戦早々に不可解な死を遂げ、作戦全体がバラバラとなって失敗する。

オゴデイ　チンギスの第３子で、第２代皇帝。『中国歴代帝后像』より

そして、もうひとつ。西への大遠征が、ジョチ家の次子バトゥを主将とするものであった。世界史上でも屈指に名高い長距離の陸上侵攻作戦として、またロシアからヨーロッパを恐怖の底におとしいれた「蛮族の襲来」として、なにかと古くからよく語られ、ロシアにおいてはとくにプーチン政権による「威信の回復」ともあいまって、「ロシアとはなにか」の問いととも

に、今もなおというか、近年ことにホットな議論の対象ともなっている。ともかく、一二三五年の時点で、オゴデイとモンゴルたちは、「世界」を明確に意識していた。そのうえでの東西両面作戦であった。まさに、現実に「世界を開くもの」、ジャハーン・グシャーたらんとしていたのであった。

ロシア・東欧遠征という呼び方

いわゆるバトゥの西征は、ふつう「ロシア・東欧遠征」といわれる。だが、それがはたして適当な呼び方かどうか、いささか疑問なしとしない。モンゴルからすれば、西方遠征のまず第一の目標は、当時の国際語のペルシア語で、「ダシュテ・キプチャーク」、すなわちキプチャク草原と呼ばれる広大なステップの制圧であった。カスピ海・カフカース・黒海の北側、西はドナウ河口にまで及ぶ一帯である。つまり、往昔のスキタイ国家以来、さまざまな

遊牧民勢力がよりどころとした地である。モンゴル高原とその周域とならんで、ユーラシアという大地における「もうひとつの大草原」であった。すでに、モンゴルは、オアシス地域や農牧地帯をとりこんでいたとはい

オゴデイ時代のモンゴル帝国

え、遊牧民連合体であることを立国の根本とするからには、ここをおさえることがなによりもまずは肝心であった。

反対に、ロシア、すなわち当時のルーシが、はたしてどの程度に「目的地」とされたのかどうか、実は検討の余地がある。後述するように、ルーシはたいして重要な地域ではなかった。現在の感覚で、過去を眺めると、しばしば危険なことがある。この場合も、そうである。ましてて、東欧やそれ以西が、当初の遠征計画に入っていたかどうか。

歴史上、モンゴルに対する被害者意識が濃密で、むしろそれを語ることによって自己正当化をしたり、さらには国家・国民が盛りあがったりもするロシアにあっては、「ロシア・東欧」を強調したくなるのは、それなりによくわかる。だが、「ロシア・東欧」のみならず、ヨーロッパ全体の危機をあれこれいうのは、欧米学者の得意というか、ひとつの癖である。所詮は従来、西洋史の発想・感覚で世界史のお話づくりがおこなわれてきた結果なのだろう。

ありていにいえば、モンゴルにとって目的はクリアであった。隣接するヴォルガの中・下流域を確実に把握したのち、キプチャク大草原を手に入れる。かくて、ユーラシアの東西をつらぬく「草原のおび」の西半もすべてあわせ、そこでの遊牧民たちをも「モンゴル」として有効に組織化し、モンゴル国家に参入せしめる。つまり、地上で唯一の、東西にわたる遊牧民大連合体を実現することであった。そのうえで、「世界」を構想することは、そう遠くにあることではなくなる。

まずは、ユーラシアの西にいる牧民たちとその軍事力を掌中に収めることであった。それ以外は、そのための都合か、ないしは「こと」がうまく運びすぎた場合の勢いといったことであった。当初から、ロシア・東欧・ヨーロッパ全域をねらっていたかのようにいうのは、「文明」による歴史の創作に近い。もっとも、一三世紀ころのカトリックもギリシア正教もひどく自己中心主義で、ささいなことにも大騒ぎして恐怖を高言するのがやたらと目につく。かたや、モンゴルは、大金国に対しても、ホラズム・シャー王国についても、きわめて慎重に事を運んでいる。自軍の損耗を嫌い、無理をできる限り避けて、勝つべくして勝つ戦

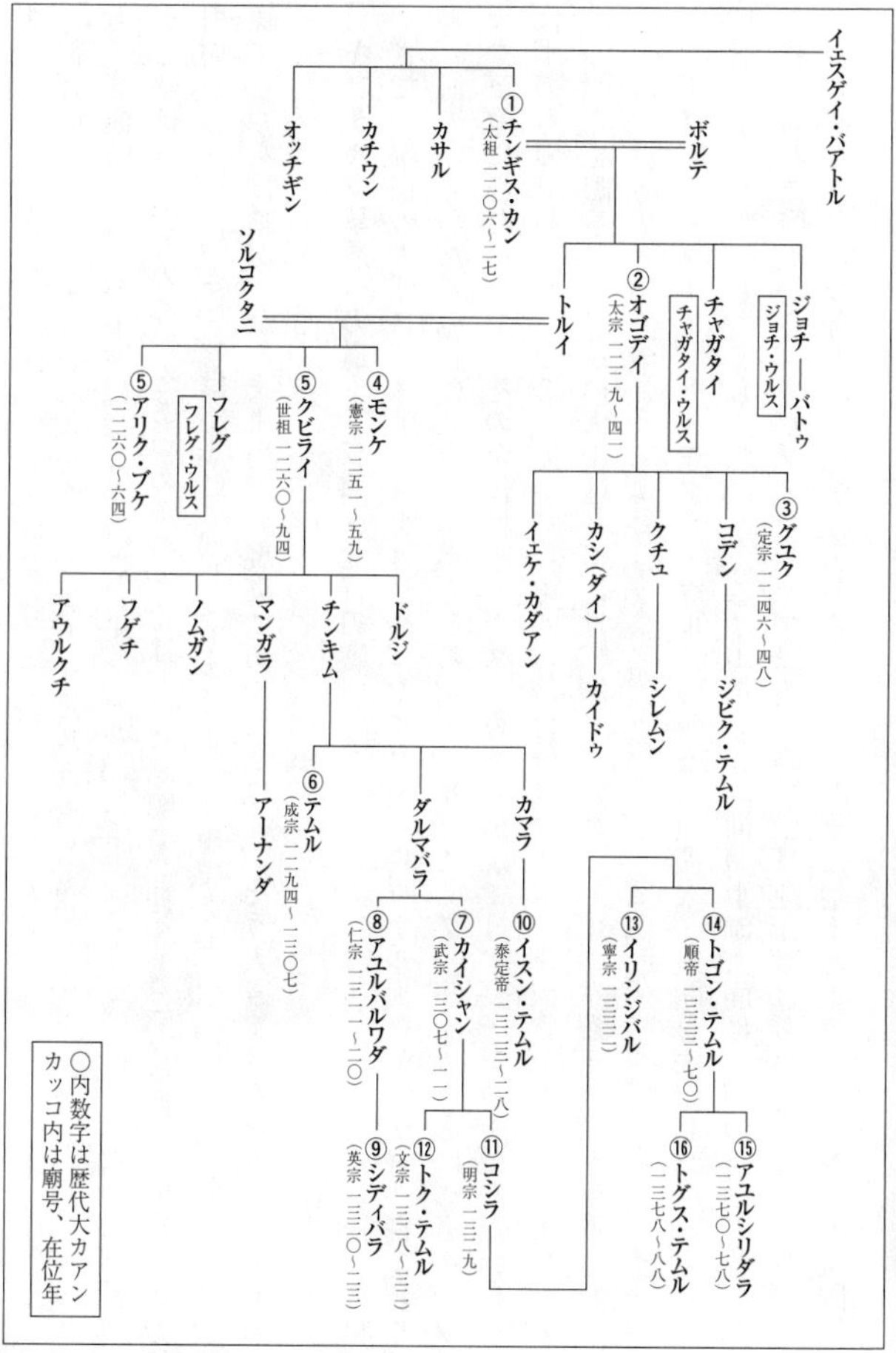
イエスゲイ・バアトル
ボルテ
①チンギス・カン
（太祖　一二〇六～二七）
カサル
カチウン
オッチギン
ジョチ
ジョチ・ウルス
バトゥ
チャガタイ
チャガタイ・ウルス
②オゴデイ
（太宗　一二二九～四一）
トルイ
ソルコクタニ
③グユク
（定宗　一二四六～四八）
コデン
ジビク・テムル
クチュ
シレムン
カシ（ダイ）
カイドゥ
イェケ・カダアン
④モンケ
（憲宗　一二五一～五九）
⑤クビライ
（世祖　一二六〇～九四）
フレグ
フレグ・ウルス
⑤アリク・ブケ
（一二六〇～六四）
ドルジ
チンキム
マンガラ
アーナンダ
ノムガン
フゲチ
アウルクチ
カマラ
⑩イスン・テムル
（泰定帝　一三二三～二八）
ダルマバラ
⑦カイシャン
（武宗　一三〇七～一一）
⑧アユルバルワダ
（仁宗　一三一一～二〇）
⑨シディバラ
（英宗　一三二〇～二三）
⑥テムル
（成宗　一二九四～一三〇七）
⑪コシラ
（明宗　一三二九）
⑫トク・テムル
（文宗　一三二八～三二）
⑬イリンジバル
（寧宗　一三三二）
⑭トゴン・テムル
（順帝　一三三三～七〇）
⑮アユルシリダラ
（一三七〇～七八）
⑯トグス・テムル
（一三七八～八八）
○内数字は歴代大カアン
カッコ内は廟号、在位年

チンギス家の系図

略をとる。

後述のように、モンゴル軍は、ハンガリー進攻がせいぜいであった。それ以上のゆとりも、客観情勢も、バトゥにはなかった。モンゴル語で「サイン・カン」、すなわちすぐれた王と呼ばれ、内外の尊崇をあつめたバトゥは、実に聡明で、押すところは押し、引くところは引いた。その手綱さばきは、生涯を通じて、まことに見事であった。西征においても、彼の実際にとった行動が、そのまま当時の現実であったと見て、そう大きくは誤たないと考える。

キプチャク草原への道——ジョチ北行の謎

さて、現在のカザフ・ステップをはじめ、ヤイク河（現ウラル河）やイティル河（現ヴォルガ河）の滔滔たる流れの彼方、坦坦とひろがる大平原としては事実上ひとつづきのキプチャク草原にいたるまで、その全体はチンギス・カンの構想では、長子ジョチにゆだねられるはずのものであった。ひるがえって、東西六個の一族ウルスが創設されたさい、モンゴル高原の西方を限るアルタイの大山地一帯には、諸子ウルスとしての右翼三王家が配置された。北から、ジョチ、オゴデイ、チャガタイの順である。この配置が、その後のジョチ・ウルス、オゴデイ・ウルス、チャガタイ・ウルスの西方への拡大・展開を決定した。

三王家のうち、もっとも西北にあたるイルティシュ河の上源方面に、ジョチの遊牧所領地が構えられた時点から、カザフ・ステップ以西への進出は運命づけられていた。それにかかわって、もうひとつ有力な手掛かりがある。一二一九年に始まるホラズム・シャー王国打倒作戦において、チャガタイとオゴデイのふたりが指揮する第一軍は、国境の要衝オトラルにとりついた。そのいっぽう、ジョチが率いる第二軍は、その北側、シル河に沿って、その下流域へとむかった。あきらかに、三人それぞれの初封地の配置にもとづく軍団編制・担当地域であった。

しかも、ジョチはシル河口部から、いったん南下してホラズム本地での掃討・鎮定作戦に協力してのち、一気に軍を転じてアラル海の北方に出た。そこは、テュルク系の遊牧民であるカンクリ族の本拠地であった。いくつかの群れや分族にわかれていたカンクリ族は、実はホラズム・シャー王国の軍事力の主体をなしていた。ここに、ひとつのポイントがある。

そもそも、チンギス・カンに倒されたホラズム・シャーのムハンマド二世は、その母テルケン・ハトゥンがカンクリ名流の出で、彼の時代にホラズム王国が急速に抬頭したのも、実母のつてもふくめて、カンクリ軍団の力が大いにあった。だが、カンクリ兵は両刃の剣であった。彼らは、武力と功績をたのんで、個々の集団ごとにホラズム国内をのし歩き、いたるところで騒動をおこした。そのうえ、たがいに不仲で、統制がとれなかった。モンゴルの攻勢に対して、ムハンマドが兵力を有効に展開せず、個別分散してバラバラに専守防衛せざるをえなかったのは、カンクリ兵を集中すること自体がクー・デタを誘発しかねず、危険きわまりなかったからである。ホラズム・シャー王国の怒濤のような崩壊は、その背景にこうした事情が大きく作用していた。

実際に、カンクリ部隊は、モンゴルに通じるものも、また簡単に投降するものもいた。そのなかでのジョチ軍の北方旋回は、ホラズム・シャー王国制圧の一環としての意味はもとより、カンクリ本地そのものの掌握をねらったものであった。そしてもうひとつ。カンクリ軍の友軍として、西方のキプチャク族の一部も、ホラズムの傭兵となっていたという注目すべき事実がある。つまり、カンクリ・キプチャク連合にくさびをうち、現在のカザフ・ステップを確実に把握することは、モンゴル全体にとってもジョチ一門にとっても、不可欠のことなのであった。

アラル海の北方草原におけるジョチの軍事活動が、はたしてどのようになされたのか、それをうかがわせるデータはほとんどのこされていない。父のチンギス以下のモンゴル本軍とは別行動をとり、モンゴル本土への帰還にも同行せず、さらにチンギスに先立って他界したジョチについて、従来なにかとあれこれ想像されてきた。いわく、謎の北行とか、父チンギスとの不仲、もしくは悲劇の死とかいった具合に。小説や物語のテーマとしては、たしかに魅力的ではあるだろう。

だが、決してそうした類《たぐ》いのことではなかったと考える。理由はふたつ。ひとつは、ジョチの初封地たる地には、その長子のオルダがきちんと「遺領」をまもっており、チンギスとの不和・対立・反抗などによる動揺・変動の影はまったく見えないこと。そして、もうひとつは、一二三六年から始まる次子バトゥを主将とする西征においては、アラル海の北域、現カザフ・ステップの制圧に手間どった様子はまったくないことである。

もとより、一二二七年のジョチの他界以後、足かけ九年の歳月が流れている。その間に、オルダやバトゥといった次世代による活動の成果もあったにちがいない。とはいえ、ジョチ以来の「西方拓疆《たくきょう》」がひとまずいったん完了したうえで、バトゥの西征が計画されたと考えて、そう大きくまちがってはいないだろう。なお、ジョチのやや早すぎる死については、カンクリ制圧戦での労苦・負傷・病没・戦死も十分にありえる。そう兵力があったとはおもえないジョチ軍のみで、おそらくは何倍かの敵性勢力を相手に広域で軍事展開することは、そうたやすいことではなかったと想像されるからである。

ジェベとスベエテイの快進撃

バトゥの西征への道のりとして、さらにもう一点、述べなければならない。それは、チンギス・カンによるホラズム作戦の途上、すみやかに逃走した国王ムハンマドを追いかけて、ジェベとスベエテイの両将がイラン本土からアゼルバイジャン、そしてカフカースをこえて黒海北岸にいたり、ルーシ諸侯とキプチャク族の連合軍と戦い、さんざんに打ち破ったことである。不明な点の多いジョチの北転にくらべ、こちらのほうは痛快なほどのすみやかな進撃ぶりとあざやかな連戦連勝で、古くからよく知られている。

すなわち、一二二〇年三月、モンゴル軍の主力をひきいたチンギスと末子トルイは、ブハラからサマルカンドにいたってホラズム王の遁走を知り、股肱《ここう》の臣たるふたりの驍将に徹底的な追撃を命じた。モンゴル語で「ドルベン・ノガイ」、すなわち四匹の狗《いぬ》に数えられた両将は、まさに歴戦の勇将であった。ジェベは、既述のように、第二次キタイ帝国のもとへ逃走したナイマン王子のクチュルクを追撃して、その討滅をあざやかに果たしたうえ、直後のホラズム進攻への道を開いた。また、スベエテイは、のちオゴデイ時代に大金国の首都・開封を囲み、さらにバトゥの西征にさいしては副将・参謀となって、豊富な経験と老練のいくさぶりで、年若いモンゴル王子たちを助けた。ただひたすら、最前線に立ちつづけ、チンギス家の忠実な狗となって奮闘するのが、ふたりのさだめであった。

両将は、ふたつの「テュメン」、すなわち万人隊を二個分ひきいて突出した。ホラーサーンから、カスピ海南岸のマーザーンダラーンに入り、ムハンマドはほとんど身ひとつでカスピ海中のアーバスクーン島へ逃れ、一二二〇年一二月そこで窮死した。だが、ジェベとスベエテイはそれを知らぬまま、西北イランのアゼルバイジャンにむかい、同方面をおさえるキプチャク族出身のウズベクを降伏せしめた。さらに、一二二一年グルジアにすすみ、そこから一度ひきかえしてタブリーズ、マラーガ、ハマダーン、アルダビールの諸都市をかすめ、北上してシルヴァーン地方のシャマーハをへて、カスピ海西岸の要衝で南北を大きくわかつデルベンドを攻略し、カフカース北麓へと出た。そこでは、現地の遊牧民アス族、チェルケス族などが応戦したが、それと組んでいたキプチャク兵を買収して、これを撃破した。

かくて、一二二二年、キプチャク諸族は大挙して西ないし西北へと緊急避難した。そのうち、ルーシの故都キエフに入ったキプチャク分族の王、コチャン・カンは、妻の父たるガリチ公を説得してキプチャク・ルーシ連合軍を組織し、ドニエプル河を東に渡って、アゾフ海の北岸、カルカ河畔にてモンゴル軍と会戦した。一二二三年五月三一日のことであった。連合軍は、モンゴル側の自在の展開と駆け引きに大敗を喫し、ルーシ王侯のうち三人は降伏した。

ルーシをヨーロッパとするならば、この戦いはモンゴルとヨーロッパの最初の衝突ということになる。しかし、ここにおけるヨーロッパ云々は、ほとんど意味をなさない。既述のように、伝統的なヨーロッパの東辺は、長らくタナイス河、すなわちドン河とされていた。それに則《のっと》るならば、当時のルーシの中心たるウラジーミル・スーズダリ公国とその周辺の北東ルーシはアジアで、かたやかつての都キエフ以下の南西ルーシはヨーロッパとなってしまうからである。所詮、この手のことは、つまらぬ区別立てである。いずれにせよ、ユーラシアという現実の舞台でのことであった。

ジェベとスベエテイ両将の軍は、実数としてはせいぜい一万二〇〇〇か一万三〇〇〇といったところであった。しかも、長途の軍旅をかさね、ゆく先々でそれなりに損耗したに相違なかった。にもかかわらず、おそるべき快進撃であった。組織化された遊牧騎馬軍団の破壊力といってしまえば、それまでのことだが、ルーシ軍はともかく、キプチャク兵団はおなじ遊牧系の戦士たちであった。

ようするに、モンゴル軍以外は、個々バラバラでほとんど未組織に近く、裏切り・戦線離脱・内輪もめ・足引きはふつうのことなのであった。ありていにいえば、モンゴルが強かったというよりも、他があまりにもお粗末だったのである。わたくしたちは、過去の歴史を眺めるとき、よくよく当時の現実を見つめ直す必要がある。

カルカ河畔の戦いのあと、モンゴル軍は逃げる敵軍を追ってやや西進し、ルーシ南部からクリミアに入って、スキタイ・ギリシア以来の国際貿易港のスダクをかすめ、東に転じてヴォルガ・ブルガールの地にいたったが、ここでの抗戦は強力であった。かくて、東還の道をとり、イルティシュ流域で帰途にあったチンギス本軍に合流した。だが、風のようにやってきて、風のように去った恐怖の軍団の噂と記憶は、ルーシをこえて、西方へと伝わった。「タルタル」、すなわちタルタロスたる地獄からやってきた民というお話が、これにかぶせられた。モンゴル出現以前の有力集団「タタール」の名が、そのもとにあるとされる。キリスト教会と宗教者たちは、まったく開かれた世界にいなかった。恐怖をあおることは、多分に彼らにとって、いいわけにとどまらず、現実の利益となった。権力者も民衆も、自分たちのしもべとなるからである。いや、教会そのものが最大の権力者であった。モンゴルという軍団が、もっと多数でふたたびルーシに姿をあらわすのは、一四年後のことである。

ヴォルガの彼方

一二三五年のクリルタイで決定した西征軍には、バトゥ率いるジョチ家の王子たちのほか、チャガタイ、オゴデイ、トルイの諸王家から、それぞれ長子ないしはそれに準じる王族が参加することになった。のちに、モンゴル皇帝となるオゴデイ家の庶長子グユク、そしてトルイ家の長男モンケもくわわっていた。とりわけ、帝国内で最大の所属牧民をかかえるモンケは、最重要人物であった。トルイ家の協力なくしては政権運営のしにくい大カアンのオゴデイは、即位後ただちにモンケを自分の子として処遇することを表明し、特別扱いした。そのモンケが、大軍団を擁して参陣することになった。

主将とされたバトゥにとって、モンケは盟友に近い存在であった。ふたりの叔父オゴデイとチャガタイが牛耳る政権中枢から、やや排除されたかたちのジョチ家のリーダーとして、おなじく敬意ははらわれつつも、その実、棚上げにされているトルイ家の総帥モンケとは、心にかようものがあった。くわえて、ふたりの母はケレイト王家の王女で姉妹の関係にあった。つまり、バトゥとモンケ、クビライ、フレグ、アリク・ブケ四兄弟とは、父方において従兄弟どうしだっただけでなく、母方においてもそうであった。生母の血筋を重視するモンゴルにあっては、バトゥとモンケはチンギスの孫の世代では、一頭地をぬけた存在であったといっていい。

トルイの９人の息子　上段中央がモンケ、上段右がクビライ、左がフレグか。パリ写本『集史』より

さらにいえば、このふたりは能力・識見・器量の面でも、屈指の人物であった。ともに多言語に通じ、将才にあふれ、人望

もあった。そしてモンケは、なんといっても四年前、亡父トルイに従って三峯山の大苦戦を身にしみて体験していた。所詮は、兵の帰趨は紙一重との想いは、亡父ジョチのあと苦労を重ねたバトゥと共通するものがあった。いっぽう、皇帝オゴデイが期待するその次子コデン、三子クチュが東の南宋遠征の担当となったからには、全西征軍のなかでバトゥとモンケの両人は文字どおり突出していた。

現実に、ふたりがほとんどそれぞれ主将といってよかった。かたや、オゴデイの長子とはいえ、庶出のグユクはあきらかに格下に置かれた。この三人の微妙な関係が征西軍のみならず、その後のモンゴル帝国の行方にも、複雑な影を落とすことになる。なお、チャガタイ家にあっては、中央アジア遠征以来、不思議なほど不幸が重なり、次代をになう適当な人材を欠いた。チャガタイ末子のバイダル、孫のブリの参加にとどまるのは仕方がなかった。

一二三六年、バトゥ以下のモンゴル西征軍は、ついに出立した。現在のカザフスタンをへて、軍は二手に分かれた。バトゥ自身が率いる本軍は、ヴォルガ・ブルガールとバシュキールにむかった。バトゥは、かつてジェベとスベエテイが苦戦したブルガール族をひとつの鍵とみて、まずはその制圧をめざしたのである。上流部から下流部にいたるまで、実に大きなひろがりをもつヴォルガ流域のなかでも、中流域をおさえるブルガール族の住地は、現

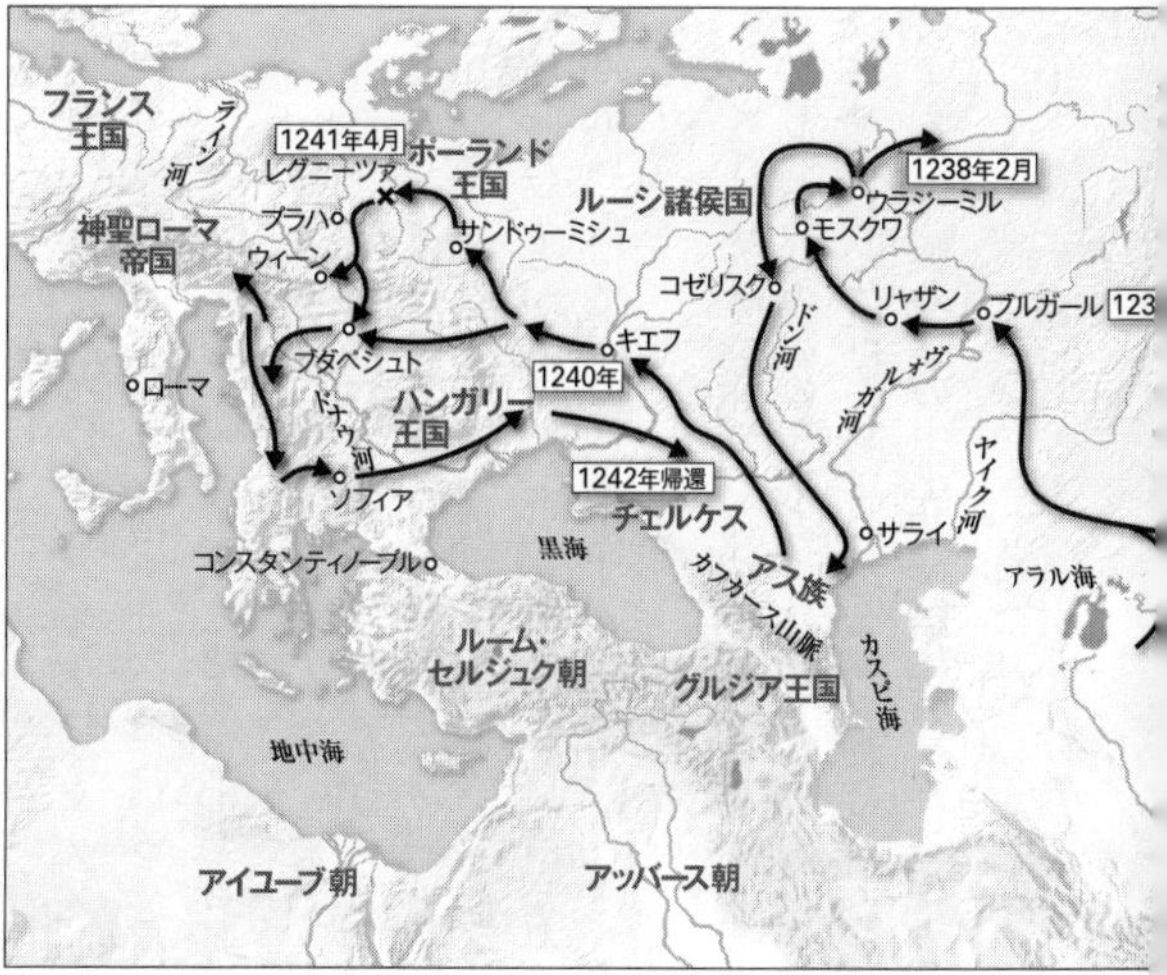

バトゥの西征

在のタタールスタン共和国の一帯であり、その東、テュルク系の遊牧民たるバシュキールの地は、おなじく現バシュコルトスタン共和国にほぼ相当する。その意味では、一三世紀当時から現在にいたるまで、この方面の配置・図式は、基本的にそう変わらぬまま、八〇〇年の歳月を閲してきたといえるものではあった。

いっぽう、事実上でモンケを主将とするもう一軍は、ややその西と南、マリやモルドヴァの民、そしてキプチャク族の一部とアス族を制圧すべく進んだ。やはり、現在のマリ・エル共和国、チュヴァシュ共和国、モルドヴァ共和国、そしてキプチャク草原の北辺にあたる地であった。ちなみに、ロシア帝国・ソ連・

ロシア連邦を通じて、長く権力のありどころでいつづけているモスクワよりそう遠くへはへだたらぬ東側一帯には、既述のふたつの共和国もふくめて、幾つかの共和国という「異族たちの地」がつらなっている。とりわけ、タタールスタンやバシュコルトスタンは、「自立」への姿勢をかねてより色濃くそなえている。ここが自走すれば、ロシア連邦はたちゆかなくなる。あらためて、そうしたことのもつ意味に、歴史をふりかえりつつ想いいたらざるをえない。

ともかく、モンゴル両軍、いずれの作戦行動も、一二三七年にはひとまず完了した。首尾よく、ヴォルガ中流域一帯はモンゴルの手の中に確保され、この方面の遊牧民もおさえた。とりわけ、いくつもの分族にわかれていたキプチャク大集団のうち、有力な首長バチュマンを倒したことが大きかった。もともと統合されていなかったキプチャク諸族は、以後まとまりを欠いて、てんでに自走する。なお、ヴォルガ下流域も、自然のうちにモンゴルのものとなった。

かくて、ルーシ東側一帯の大地域を握ったモンゴル両軍は、ふたたび合流した。この時点で、ある程度の数のキプチャクやブルガール、バシュキール、アスなどの遊牧民たちが、モンゴルのもとに再編制されたとみられる。モンゴル軍は、その兵数をふやした。そして、目のまえに、数多くの中小諸侯国に分かれるルーシがあった。

ジョチ・ウルスとルーシの愛憎

ルーシ侵攻は本気か、ついでか

モンゴル軍のルーシ侵攻は、当然のことながらヴォルガ上流方面にあたるいわゆる北東ルーシ地域から始まった。西征としては、第二段階である。まずは、一二三七年一二月、リャザン地方に入り、ブロンクス以下の集落をかすめたのち、一二三七年一二月、リャザンを攻略した。ついで、コロームナにむかい、ウラジーミル大公の長子がひきいる軍を撃破した。そして、一二三八年一月二〇日、モスクワを降した。なお、この時のモスクワは、ごくささやかな木寨の小辺堡にすぎず、人間もはたしてどれほどいたのか、あるいはほとんどいなかったのか。ところが、この攻略をもって、モンゴルは破壊と虐殺の限りを尽くしたとよくいわれる。これに限らず、多くはロシア人の史家によって、昔から今にいたるまで情熱的に語られるこの手の叙述を目にするとき、歴史とはなにかの想いはもだしがたくなる。

そして、翌二月、厳冬のなかをすすんだモンゴル軍は、ルーシの首都たるウラジーミルを眼前にした。率直にいって、ルーシ最大都市といっていいウラジーミルの姿は、おそらくモンゴル軍の将兵たちには拍子抜けするほど情けないものではなかったか。土塁に囲まれ、そのうえに粗末な木柵がつくられ、外周の堀は一応そこそこの幅と深さはもってはいた。だが、たとえば大金国の首都たる中都や、まして末期に都とした開封は、はるかにこんなものではありえなかった。ウラジーミルは、周囲七キロメートルというから、これを華北の城郭都市とくらべると、せいぜいが州城程度の規模である。つまり、中華地域ではいくらでもこのくらいの都市はあった。まして、城壁は、ふつうは塼《せん》ないし煉瓦《れんが》で表面をおおい、女墻《ひめがき》や突き出しが施され、さらに要所には高楼がたち、馬面（馬出し）をそなえた城門には、やはり高々とした楼閣が威圧するかのように聳《そび》え、城濠も壮大であった。防御力・堅牢さ・宏壮ぶり、いずれをとってもルーシとは比べものにならない。

また、ホラズム・シャー王国とその周辺の中央アジア諸都市も、強大な城壁・突き出し・タワーでまもられたアルクないしはカルア（アクロポリスにあたる要塞）をはじめ、街区を囲む外城も、しばしば中華のそれより立派なほどであった。そうした城郭都市は、ブハラやサマルカンドといった古来名高い大都城のみならず、いたるところにあった。モンゴル軍が力攻めしたホラーサーンの諸城は、すでに述べたように容易に攻略できない堅固なものだったた。ルーシの諸都市は、それにくらべ、土塁・木柵・城濠ともに、まことに貧弱だったといわざるをえない。モンゴル侵攻期のルーシは、ユーラシア・サイズで眺めると、ひどく素朴というか、すくなくとも物質文化としてはごくごくささやかな地域だったのではないか。

従来どうも、ルーシはヨーロッパなのだからといった思い込みがあった。くわえて、ルーシは「文明地域」、草原は「未開社会」といった図式が刷り込まれている。東をおとしめ、西を高きに置く「思考のパターン」とともに、いずれも一九世紀型の負の遺産だろう。ここで提案したいのは、東西をつらぬく客観的データの比較検討である。そのさい、各地域ごとの都市・城郭の総合把握は、とてもわかりやすい基準・目安となる。ユーラシアの東西にまたがって活動したモンゴルが、はたしてどこで、どの程度、苦戦したか――。「文明」なるものの比較の視座である。

西征の本当の目的

モンゴル軍は、ウラジーミル到着後、わずか五日でとくに苦労もせずにルーシ最強・最大都市をあっさりと攻略した。これが、現実を物語っている。このあと、モンゴル軍は諸隊にわかれ、大きく散開した。だが、それでもすべからく各隊は、やすやすと諸都市をおとし、ルーシを風のように駆けぬけた。ウラジーミルを捨てて逃走した大公ユーリーは、一二三八年三月、シチ河畔でモンゴルの小部隊に捕捉され、一万を数えた大公の軍は、呆気なく壊滅した。事実だけを見れば、ルーシ軍はよほど弱体だったといわざるをえない。

ところが、このあたり、ロシア人の史家たちは、根拠もなくモンゴル軍は苦戦しつづけたと語る。いわく、「駆けぬけた」ことは、それだけ軍の消耗・損傷・戦力低下を意味するのだという。さらに、人によっては、侵入開始時に七万であったバトゥ軍は、この時点で三万から三万五〇〇〇を失ったという。それぞれの数字は、純然たる推測にすぎない。だが、「駆けぬけた」ことの意味もふくめて、はたしてそうなのか。

大公という立場から、ルーシ全体の代表とも鍵とも目されたユーリーが戦死したのち、バトゥ以下のモンゴル軍は、北東ルーシから南へと大きく馬首をめぐらし、キプチャク大草原へと入っていった。そして、一二四〇年の秋にいたるまで、ほぼ二年半のあいだ、ルーシにはほとんど手を出さなかった。損害・戦傷からの回復をはかったのだとするロシア人史家をはじめ、この間、モンゴル軍は休養・補充につとめていたのだとする見方が目につく。いずれも、ルーシ中心主義の考え、定住民の発想である。だが、事実はまったく異なった。

モンゴル軍は、回復・休養どころか、カフカース方面からクリミアにいたる広大な平原地域で、遊牧民の各勢力を相手に大掛かりな軍事活動を展開したのである。大族であるキプチャク系の諸集団はもとより、黒海にほど近いチェルケス族やクリム族を次々と制圧し、さらにカフカース北麓へとすすんでアス族の本拠をつき、その拠点都市たるマンガスを陥し、南北交通の要衝であるデルベント一帯をも掌握した。まったく、遊んでいる暇はなかった。これによって、キプチャク草原はほとんどモンゴルのものとなった。これこそが、西征の本当の目的であった。

ひるがえって、北東ルーシについては、最初に確保したブルガール方面から作戦展開するさいに、来たるべきキプチャク草原制圧作戦の「後顧の憂い」とならぬよう、ひとあたり威嚇しつつすみやかに通過したのであった。「駆けぬける」のは、予定の行動であったといわざるをえない。北東ルーシへの「侵攻」は、いわばついでなのであった。それに、ルーシ諸都市は、本格的な攻城戦の用意なしに、簡単に攻略できる程度であることを、モンゴル軍はあきらかに熟知していた。というのも、もしルーシ諸都市が強力であるならば、西征にあたって各種の攻城具やそれをあやつる工兵隊を帯同することはできたからである。

モンゴル軍は、華北については、チンギス時代に大侵攻作戦を展開し、そこでの攻城戦の容易ならぬことを知って、中央アジア作戦ではその経験を生かして攻城部隊を活用した。さらに、西夏作戦やオゴデイ時代の大金国打倒作戦などでは、逆に中央アジア・イラン地域で学んだ各種兵器や攻城具、攻城戦術を転用した。西征の時点で、すでにモンゴル軍は東西の軍事技術をひととおり身につけていたのである。それに、すでに述べたように、モンゴルは遠征に先立って、敵方の調査・調略・工作を周到におこなうのが常であった。対ルーシについても、十全の準備を尽くす時間も、そして国力のゆとりも、たっぷりすぎるほどあった。

ようするに、ルーシに対しては特段の攻城具・攻城部隊は必要なしと見たのである。そして、実際、騎兵部隊だけでルーシ諸都市はやすやすと攻略できた。ほとんどが土塁と木寨からなる粗末な構えは、その気になれば火をかけてしまえば、それでおしまいであった。まずはまちがいなく、モンゴルにとってルーシはあまり魅力的でなかった。土地は痩せ、人口は少なく、富も経済力も、華北、タングト地方、ウイグリスタン、マー・ワラー・アンナフル、ホラーサーン、イラン本土など、いずれともくらべものにならなかった。後述のように、モンゴルはルーシについて、ずっときわめてゆるやかな間接支配で満足した。その程度の存在であり、それで十分なのであった。

ロシア「愛国主義」の創作

ロシア人史家たちの愛国主義は、かなりはげしい。そして、おおむねはロシアのことだけを見つめがちであり、あまり他の要素・状況・データを気にしない。率直にいって、やや歴史的センスに欠ける。結果として、彼らの主張は、妥当さと説得力を欠くことが多い。

とりわけ、根本的な問題として、後世のロシア年代記を鵜呑みにして、それを史料とするからである。最近、きわめて誠意にあふれた栗生《くりう》沢《ざわ》猛夫《たけお》の著作が正面からその点をきちんと分析したように、一三世紀当時のルーシ年代記はきわめて数少なく、かつはモンゴルの破壊・虐殺もほとんど語らない。ところが、時代がくだるにしたがって、ルーシの被害はどんどん「立派」となり、モンゴルは、神がくだした天魔として巨大成長してゆく。そうすることに意味があり、そのほうが嬉しかったのである。

ギリシア正教とロシア・ツァーリズムという名の創作であった。そうしたいわくつきのものをもって、根本史料だとしてルーシの不幸、モンゴルの悪逆を語るのが常道となってきたのであった。モンゴルは、ロシアを「遅らせた」張本人とされ、そのおそるべき災厄からロシアを救い出したツァーリ以下の権力者・宗教者は聖なる存在とされた。ロシア民衆にとって、モンゴルは一貫して悪魔であり、権力者にとってはみずからを正当化してくれる麻薬なのであった。

ここにおいて、客観的な歴史像などは、はるかに遠い。知の虚構は、歴史の虚構であるとともに、政治的パワーや演出への仕掛けともなる。ロシア帝国以来、ソ連をへて現在にいたるまで、ロシアにとってモンゴルは愛国の炎を燃えさせる便利な手立てのひとつなのである。

レグニーツァの戦いは本当にあったのか

ようするに、このあたり視点・感覚がまるで違うのである。再度のくりかえしを、おゆるし願えるならば、モンゴル軍にとっては遊牧民集団のほうがこわかったし、かつは魅力的でもあったのである。

もう一点、ルーシ攻撃について触れたい。モンゴル西征軍にとって、もっとも厄介なのはキプチャク諸族であったが、その彼らとルーシ諸侯とは古くからの共生関係ともいうべき間柄にあり、それを断ち切ろうとしたのである。長い歳月、まことにこまごまと分裂しきったルーシ諸侯国は、それぞれ単独ではさしたる軍事力をなさず、なにかと草原に暮らす遊牧民を頼りとした。そこに、傭兵と傭《やと》い主といったあり方が、相互の安全保障もふくめて成立していたと見られる。ホラズム・シャー王国とカンクリ・キプチャクの関係に似た状況である。

既述の一二二三年、カルカ河畔の戦いはその典型であった。

そして、なんとその時のキプチャク・ルーシ連合軍の仕掛け人であったコチャン・カンが、一六年後ふたたびキー・パーソンとして登場する。キプチャク族の多くはモンゴル軍に組みこまれたが、コチャンのみは頑強に抵抗し、四万帳もの大集団をひきいたまま、西のかた、ハンガリーへとむかった。かくて、そのあとを追うようにして、モンゴル軍は、南西ルーシにむけ動いた。ここに、「ロシア・東欧遠征」の名に相当する展開となった。

ところが、実はそれに先立つ一二三九年、モンゴルの軍営で大事件が起こっていた。オゴデイの長子グユクとチャガタイ家のブリは、主将バトゥと不和となり、その報をカラ・コルムで聞いた大カアンのオゴデイは激怒して、両人の召還を命じた。あわせて、トルイ家のモンケに、ふたりを護送して戻ってくるように求めたのである。当初の目的であったキプチャク草原の領有をほぼ達成した時点で、モンゴル西征軍は大きな岐路に立たされた。

結局、もうひとりの主将といっていいモンケは、トルイ家の大部隊とともに東還した。その結果、チャガタイ家のバイダル、オゴデイ家のカダアンという庶流の人物を除くと、バトゥ麾下にとどまったのはジョチ家の面々だけとなった。「純モンゴル」の将兵は半減したと見ていい。バトゥには、そのままキプチャク草原にとどまって、西征の成果を安全に確保するか、あるいはコチャンを追って西進するか、ふたつの道があった。

一二四〇年からの軍事活動は、事実上、ジョチ家主体のものとなった。ただし、その旗のもとには、再編なった多種族混成の「新モンゴル」という騎馬軍団があった。ルーシの故郷キエフをはじめ、南西ルーシをやはり駆けぬけたバトゥ軍は、カルパティア山脈をこえてハンガリーにむかい、一二四一年四月一一日、当時のヨーロッパで屈指の強国とうたわれたベーラ四世ひきいるハンガリー軍をシャヨー河畔で撃破した。そのまま、ハンガリーのパンノニア平原に駐営したバトゥ軍は、ドイツやアドリア海方面へ部隊を小出しにしつつ、情勢を眺めていたが、翌一二四二年三月、バトゥのもとに皇帝オゴデイ崩御と西征軍の帰還命令がとどき、かくてゆっくりと旋回した。獲たものを失うことなく、また兵をそこなうことなく、見事にじりじりと退いた。

バトゥは、モンゴル本土には帰らず、ヴォルガ下流、カスピ海にほど近いところに帳幕の本営をかまえて、東はアルタイ山から西はドナウ河口にいたる巨大な領域をジョチ一門で分有するかたちをつくりあげた。ジョチ・ウルスは、草原を本拠とする牧民複合体でありつづけた。シル河下流域のジャンドやヤンギカントをはじめ、ホラズム地方、デルベント、クリミア、そしてふたつのルーシ地方も、あくまで間接的支配の属領にすぎなかった。よくもわるくも、ルーシだけを特別視することなどはなかったのである。

ここで、いくらかふりかえって、モンゴル軍は南西ルーシのウラジーミル・ヴォルィンスキーを攻略したのち、一隊はバトゥ主力軍からわかれてポーランドに入った。そして、一二四一年四月九日、レグニーツァ東南の平原で、シュレジア公ヘンリクひきいるポーランド・ドイツ騎士団連合軍を撃破した、とされる。主将ヘンリクをはじめ、ポーランド・ドイツ連合軍は、人によって数千から四万が戦死し、モンゴル軍も手ひどい損失をこうむった、という。また、この戦いを、ドイツ語で「ヴァールシュタットの戦い」

レグニーツァの戦い　15世紀のヨーロッパで描かれた絵。史実としては疑わしい

ともいうのは、のちに町（シュタット）がつくられたが、そこから死体（ヴァール）がでてきたため、などという。ともかく、西洋史家はこれを世界史上で名高い大事件だと広言・大書するのが通例である。

だが、この戦いは、まことに疑わしい。そもそも、まともな同時代文献には見えない。ところが、一五世紀になって突然に大きく語られだす。それ自体が、まず不自然である。それに、当時ポーランドは全く統一を欠き、ヘンリクもごくささやかな力しかなかった。さらに、ドイツ騎士団といっても、当時はせいぜい一〇〇人ほどの動員さえおぼつかなかった。幸いに、騎士団の具体的な顔触れはおおむね判明するのだが、この戦いの前後でそれが特に変化している様子も見られない。

ただひとつ、このころの東欧・ルーシについて、ローマ教皇インノケンティウス四世の使節としてモンゴル本土を訪れ、その往還のさいに通過した有名なプラノ・デ・カルピニの記録がある。だが、一二四五～四六年の見聞・伝聞記事をのせるはずの彼の報告は、嘘やハッタリ、誇張が多く、時には化物の実在も平気で述べるなど、実は信用しがたい。レグニーツァの戦いについても、そうである。

ドイツが生んだ「歴史の幻影」

かたや、モンゴル側からこれを見ると、どうなるか。このモンゴル部隊の主将は、ポーランド側の記録によって「ペタ」という名の王であったとされ、そこからチャガタイ家のバイダルということになっている。そして、同じ記録ではその軍は、ポーランド・ドイツ連合軍をはるかに上回ったという。バイダルは、たしかにバトゥ麾下に残留していた。だが、チャガタイの庶子である彼は、詳述は避けるが、直属モンゴル兵は千人隊でせいぜいひとつ分くらいしかなかっただろう。もしこれに、再編されたキプチャク族などがゆだねられていたとしても、はたしてどれほどのものだったのだろうか。

総じて、バトゥ西征軍の規模については、ロシア側の記録は五〇万とも四〇万ともいい、学者たちは一五万から三万までとさまざまである。しかし、同時期に、クチュの南宋作戦がおこなわれるいっぽう、モンゴル本土には皇帝オゴデイの宮廷・政府・中央軍団がおり、東方三王家の中心オッチギンと天山方面に鎮守するチャガタイのもとにも、それぞれかなりな兵団がいた。さらに、イラン方面にも、少なくとも二万の駐留部隊が派遣されていた。ひるがえって、『集史』が語るチンギス他界時のモンゴル軍は、千人隊で一二九個なのであった。

もとより、きちんとした計算は不可能だが、バトゥ西征の開始時点で三万もいれば上出来といったところではなかったか。従って、一二四〇年以降は概算その半分、ただし再編制された「新モンゴル軍」がつけくわわった。とはいえ、おそらくそれらはハンガリーにすすんだバトゥ本隊のもとにあったと見るべきだろう。あるいは、バイダルかもしれぬ別将にひきいられた一隊は、せいぜい遊撃部隊程度だったのではないか。であれば、いずれにしてもレグニーツァの戦いは、たとえあったとしても、ごくささやかなものだったのだろう。

ところが、こうした議論も実はむなしい。たとえば、ヘンリク自身が家族・近習ら二〇人ほどとともに避難している途上を、数名のモンゴル兵に襲われ、あえなく落命したという記録もある。ようするに、レグニーツァの戦いなるものは、霧の彼方にあるといっていい。問題は、後世にこそある。

いわゆる近世・近代、ヘンリクは、ポーランドにとってもドイツにとっても大切な人となった。バルト海沿岸のドイツ騎士団領に始まり、プロシアのもととなるブランデンブルク領の形成・展開などをへて、ポーランドとドイツとは複雑な利害のなかで葛藤した。そのさい、ポーランド・ドイツ連合軍を指揮したというヘンリクは、いっぽうでポーランド統合の象徴であり、かつはドイツによるポーランド併合のいいわけともなりえた。その淵源たるレグニーツァの戦いを、ドイツ語でヴァールシュタットの戦いといいかえるあたりは、おぞましいものといっていい。それに鈍感な歴史家たちは、一体なんだろうとおもわざるをえない。

ポーランドを併合したヒットラーは、頭のないヘンリクの遺骸をベルリンに運んだ。そして、ベルリン最後の日、みずからヘンリクとともに地上から消えうせた。ともに、数奇な運命であった。世界史上で特筆大書される「ヴァールシュタットの戦い」は、ドイツ拡大主義が生んだ歴史の幻影である。

本当の客観的事実からは、バトゥとベーラ四世が激突したシャヨー河畔の戦いこそが意味がある。ベーラは、バトゥの撤退後、モンゴルにならい国家体制を強固なものにつくりかえてゆく。ただし、彼が引き込んだキプチャク遊牧民は、流亡集団と化して各地を荒らしまわり、大いなる負の遺産となった。

アレクサンドル・ネフスキーとタタルのくびき

ロシア史上の英雄といえば、時代順にまず第一にアレクサンドル・ネフスキー、ついでイヴァン四世（雷帝）、そしてピョートル大帝といったところか。いずれも、ルーシないしはロシアにとって、時代と状況を大きく旋回させる役割を演じ、それぞれが画期をつくりだした。モンゴルとのかかわりでは、前二者のもつ意味は「始まり」と「逆転」の象徴として、重大といわねばならない。

アレクサンドル・ヤロスラヴィチ・ネフスキーは、ドイツ、スウェーデン、リトアニアといった西方の脅威からルーシをまもるいっぽう、モンゴルの到来とその支配という苦難のなかを、ウラジーミル大公（一二五二〜六三年）としてルーシ諸侯をとりまとめ、巧みな交渉と手綱さばきでバトゥ以下のジョチ・ウルスと穏やかな関係を保ち、破滅的な事態を生ぜしめなかった、とされる。その死後まもなく綴られた『アレクサンドル・ネフスキー伝』をはじめ、過去から現在にいたるまで、一貫して聖なる英雄として人気もきわめて高い。だが、その実像は矛盾にみちている。そして、モンゴルとロシアのかかわりの「始まり」において、バトゥたちモンゴルはもとより、ルーシ諸侯もたいてい後世からの悪罵と非難を浴びせられるなかで、彼だけが賛美の光につつまれているのも奇妙である。

ロシアのみならず、アレクサンドル・ネフスキーについての著作・論述は数多い。ここでは、最低限の言及にとどめたい。彼の名は、一二四〇年、ノヴゴロド公としてネヴァ河畔でスウェーデン軍にうちかったことにちなむ。「ネヴァの」を意味する「ネフスキー」は、彼の武勲と栄光をあらわすものとなった。ただし、そのときバトゥ軍が南西ルーシを席捲していたことは、考えあわせたい。

ついで、一二四二年、氷結したチュード湖上においてドイツ騎士団を撃退した。このふたつの戦いで、彼はルーシ救国の英雄として、たたえられつづけることとなった。のち、イヴァン四世の時代に列聖化され、スターリン治下ではドイツを破ったとして、同名のアレクサンドロス大王に比せられてエイゼンシュテインが映画をつくった。聖なるアレクサンドル・ネフスキーは、東方からのモンゴルの力が圧倒的で抗しがたいことを察知し、ロシアの偉大なる将来のために、みずからを犠牲としてモンゴルに服従し、あえて無用の流血と荒廃を回避したのだ——というのが一般的なイメージである。もちろん、美しい伝説に近い。

そうしたいっぽう、バトゥ到来以後、ルーシは巨大な破壊と流血の嵐に襲われただけでなく、のちのちずっと野蛮なモンゴルに生き血をすわれ、とことんしゃぶられ尽くしたとされる。ルーシを牛にたとえ、その首にはめられた「くびき」をあやつって、主人顔にやりたい放題をくりかえす寄生虫のモンゴルという図式・絵柄は、まことにわかりやすい。いわゆる「タタルのくびき」のお話である。

これは、ロシア帝国時代につくられた。自己正当化のためである。アレクサンドル・ネフスキー神話とタタルのくびきは、どうみても二律背反である。そのどちらをも主張して平然としているのは、もちろんおかしなことだが、実はいずれも童話か御伽噺とおもえばそれまでである。この手のことを真剣にとりあげるのは、どこか無理がある。

事実は、そのいずれでさえもなかった。まず、アレクサンドル・ネフスキーを有名たらしめた二つの戦闘は、実はあったかなかったかわからぬ程度のものであった。さらに、アレクサンドル・ネフスキーは叔父や弟を追いおとし、モンゴルの力で大公位を認められる。イギリスのロシア史家ジョン・フェンネルのことばを借りれば、「いわゆるタタルのくびきは、バトゥのロシア侵攻に始まったのではなく、むしろアレクサンドルが自分の兄弟を（一二五二年に）裏切ったときから始まった」のであった。筆者もこの考えに賛同する。

事実としてのアレクサンドル・ネフスキーは、いつの時代・地域にもよくいる野心家であり、現実対応型の、その意味では柔軟な政治家であった。相手がバトゥであったことも、多分に幸運だった。バトゥはいまや、モンゴル帝国全体で屈指の実力者であるうえ、なにごとにも決断力があり、話がつけやすかったからである。

黄金のオルドとモスクワの浮上

ひるがえって、ジョチ・ウルスという巨大な複合体のなかで、ルーシ地方に直接かかわるのは、バトゥとその血脈をいただく「バトゥ・ウルス」であった。モンゴル式には、ジョチ一門の「右翼」にあたる。ヴォルガ流域を南北に季節移動するバトゥ家の天幕群は、黄金の刺繡で飾られた大天幕を中心とし、そこに伺候《しこう》せざるをえなくなったルーシ諸侯たちから、

「ゾロタヤ・オルダ」と呼ばれた。ロシア語で「黄金のオルド」である。ちなみに、英語の「ゴールデン・ホールド」、日本語の「金帳カン国」は、これにもとづく。つまり、バトゥ・ウルスしか指さない。

バトゥの西征以降、ルーシに点在する中小規模の権力者たちは、カスピ海から黒海の北岸一帯に遊牧生活をくりひろげるバトゥ・ウルスを主人とせざるをえなくなったのである。雨は多いが、土地の瘦せた森林地帯の北のルーシ。かたや、雨は少ないが、肥沃な黒土におおわれた南の草原地帯をおさえるモンゴル。いったん、ことがあれば、日ならずして機動性にとんだ遊牧戦士を万単位で結集・動員できるバトゥ・ウルス君主に対し、統合・連携を欠いた弱小勢力のよせあつめにすぎないルーシが臣従せざるをえなかったのは仕方がなかった。だが、ジョチ・ウルスのおかげで、西から攻撃されることはなくなったし、またモンゴル帝国による巨大な東西南北の交通・通商システムの恩恵にもたっぷりとあずかった。また、ルーシ域内の「内戦」は、基本的になくなった。

こうした図式が長くつづいた。ルーシ諸侯は、それぞれの支配地からあがる貢納を義務づけられた。逆にいえば、貢納によって自分たちの支配をモンゴル権力から保証された。地位の保全を現物であがなうものと、ほとんど実力行使なしに貢納をうけとる側と――。そこに、もちつもたれつの安定構造が成立していた。

ルーシ各地にはテュルク語でバスカクと呼ばれる代官ないしは監視役が駐在し、しばしば法外なとりたてや無法行為をおこなったとされる。非難とうらみは、バスカクに集中する。

だが、モンゴル語でダルガないしダルガチ、ペルシア語でシャフナと呼ばれる役職は、モンゴル支配下の定住地域ではごくふつうに置かれた。当初は、無体なこともあったが、すぐに落ち着いている。時にルーシに課せられたという十分の一税も、他の地域でも認められるが、ルーシのように声高にいいつのることはほとんどない。

モンゴルの支配は、基本的にはどの地域でもゆるやかで、徴税も他の時代より低率だったことで共通している。信教の自由をはじめ、むしろなににつけ「しばり」が少ないのが特徴だとさえいえる。ルーシにおいても、宗教は全く自由であった。だが、ロシア史家は、こうしたことについては語らない。どうも、ルーシについては後世の記録がほとんどのためか、なんでも大袈裟に、かつ被害者めいて表現する癖がある。

ひとつのポイントは、ルーシ諸侯の徴税・貢納をとりまとめて、モンゴル側に送る人物がいたことである。その「始まり」が、アレクサンドル・ネフスキーなのであった。彼はルーシ諸侯の代表者となり、モンゴルとの間をうまく立ち働き、ルーシ地域をコントロールした。ふたつの顔をもつ男であった。そして、このアレクサンドル・ネフスキーの方式をうけついだのが、ほかならぬモスクワであった。

もともとは、北東ルーシのかすけき存在だったモスクワが浮上したのは、モンゴルへの徴税・貢納の請負を通してであった。つまり、みずからすすんでモンゴルの代理人として動きつづけた。モスクワは、モンゴルの賜物であった。とはいうものの、モスクワの擡頭は、きわめてゆっくりと長い歳月をへた挙句のことであったといわねばならない。数え方にもよるが、ともかくモンゴルとルーシは、およそ二百数十年間にわたって共存したのである。それは、もはや、ひとつのシステムと化していたというほかはない。

モンゴル世界帝国を構成した四つのウルスのうち、ジョチ・ウルスはもっとも長命であった。ゆっくりと弛緩しつつ、ゆるやかに解体しつつ、それでも長い時を生きつづけた。アレクサンドル・ネフスキーの後継者にして、モンゴルのパートナーたるモスクワが、モンゴルへと逆襲し、はっきりとあらたなるかたちへの階段を本格的に昇りだすのは、一六世紀なかば、イヴァン雷帝のときであった。ユーラシア国家としての浮上、「逆転」の構図は、まだまだ先であった。

第五章　モンゴルと中東

未完の中東作戦

なんのための西征か

一二四一年に第二代のオゴデイが他界した後、モンゴルの帝位はなんとグユクがひきついだ。キプチャク草原でバトゥと不和となり、モンゴル本土に召還されたことが幸運となった。そもそも、オゴデイの突然の他界、そしてほとんど同時のチャガタイの死、いずれも大いなる可能性としてともどもに毒殺の匂いが濃密に漂う。それも、オゴデイの近くにいながら、不遇感をつのらせていた耶律楚材《やりつそざい》が一服もったか。ただし、そそのかしたのは、帝国東方の実力者オッチギンとも、あるいはグユクの母后ドレゲネであったとも、いずれもありえる。

ともかく、オゴデイの他界後、第六カトン（皇后）にすぎなかったドレゲネが、遊牧宮廷たる大オルドの実権を握った。大カトンのボラクチン以下、他の后妃たちの動静は、記録からはうかがいしれない。このあたり、あきらかに作為がある。だが、ドレゲネ必死の多数派工作は、時間がかかった。グユクの即位には、オゴデイ第二子で、弟クチュの死後に「東宮皇太子の宝」をうけていた旧タングト（西夏）領の主人たるコデンも反対していた。だが、コデンは病身であった。かくて、オゴデイ崩御より四年八ヵ月、一二四六年八月にグユクが第三代の大カアンとして即位した。

しかし、グユクの政権は短命に終った。グユクは、バトゥを敵視した。元来の不仲にくわえ、西征の成功によりモンゴル帝国全体でも屈指の有力者となったバトゥは、大カアン権力の邪魔と見えた。グユクは、中東遠征を表明し、翌年八月、宿将のイルジギデイをイラン方面に出立させるいっぽう、翌春に自分も旧領エミルとコボクの地にもどると称して西へむかった。これに対し、バトゥもヴォルガ河畔の本営を発して、大軍をひきいて東進した。モンゴル帝国を二分する東西決戦がまぢかとなった。だが、それは突然に回避された。一二四八年四月、グユクは中央アジアのクム・センギルの地で急逝した。バトゥが放った刺客によるとされる。

局面は急旋回した。結局、一二五一年にバトゥの強力な後援により、トルイ家の総帥モンケが第四代の大カアンとして即位した。新帝モンケは、反対したオゴデイ系・チャガタイ系を弾圧するいっぽう、七歳下の次弟クビライを南宋をはじめとする東方へ、九歳下の三弟フレグをイラン以西の西征へ、末弟アリク・ブケを広大なトルイ領のとりまとめ役として、それぞれ配置し、みずからはその上に立って帝国と世界を眺めるかたちをとった。モンケ兄弟政権は、バトゥひきいるジョチ・ウルスとの密接な信頼関係のもと、強力な布陣で出発した。モンケは、まさにジュヴァイニーが語る「パードシャーへ・ジャハーン」、すなわち世界の帝王たらんとしたのである。

東西両面作戦は、二度目のことであった。オゴデイのときは、はじめて世界を意識した。しかし、今度はあきらかに、世界制覇を現実のものとして企てたのであった。東方を担当したクビライは、クチュの失敗を踏まえ、きわめて慎重な方針を採った。帝国左翼を代表する東方三王家と五投下の協力のもと、南宋を直撃せずに、まずは雲南・大理を攻略し、長期戦覚悟の構えをしいた。これが意気込む兄の不信を生み、対立と更迭、皇帝モンケの親征となり、その挙句、モンケは不慮の死をとげる。逆に、クビライは帝国紛乱のなかを駆けあがる。

フレグ　イランのミニアチュール。弓と鞭を握ったまま杯を口に運ぶ名将の姿を伝える。大英博物館蔵

かたや、フレグを主将とする西征は、帝国右翼勢力の協力を前提としていた。ただし、その目的地は、はたしてどこだったのか。かつてのバトゥの西征が「ロシア・東欧遠征」と呼ばれたのは、誤解もふくめた結果論であったのに対し、フレグのそれはふつうイラン制圧のためとか、バグダードのアッバース朝覆滅のためとか、あるいはエジプトまでの中東制圧をねらったものとかいわれる。これも、一種の結果論である。少なくとも、イラン・アナトリア方面には、すでにオゴ

デイ時代からチョルマグン、つづいてバイジュという武将のもとに、タマ軍（もしくはタンマ軍）と呼ばれる駐屯軍を派遣し、それなりにイラン方面はもとより、中東全体をも威圧していた。まして、フレグ・ウルスという「新国家」樹立が目的だったとするのは、あまりにも偶然から生まれた結果そのままである。

多分は、まちがいなくモンケは中東以西を考えていた。つまり、フレグ西征軍の最終目的は、現実に攻撃したエジプト以西にあったのではないか。つまり、ヨーロッパ制圧である。モンケの構想では、東のクビライ、西のフレグによって、文字どおり世界制覇をねらったのであった。そのさい、バトゥのジョチ・ウルス軍は、状況の展開次第では、フレグ軍に呼応して西進する手筈ではなかったか。

もとより、結果としては「なかったこと」であった。だが、当時のモンゴル帝国と世界のあり方、くわえてモンケ政権の周到な手配りを想うとき、そう考えざるをえない。そして、もしそれが実現したとき、その後の世界はどうなっていたのか。

イスマーイール教団の消滅

フレグは、一二五三年、モンゴル高原を出発した。フレグがひきいるのは、モンゴルの各部族軍から抽出

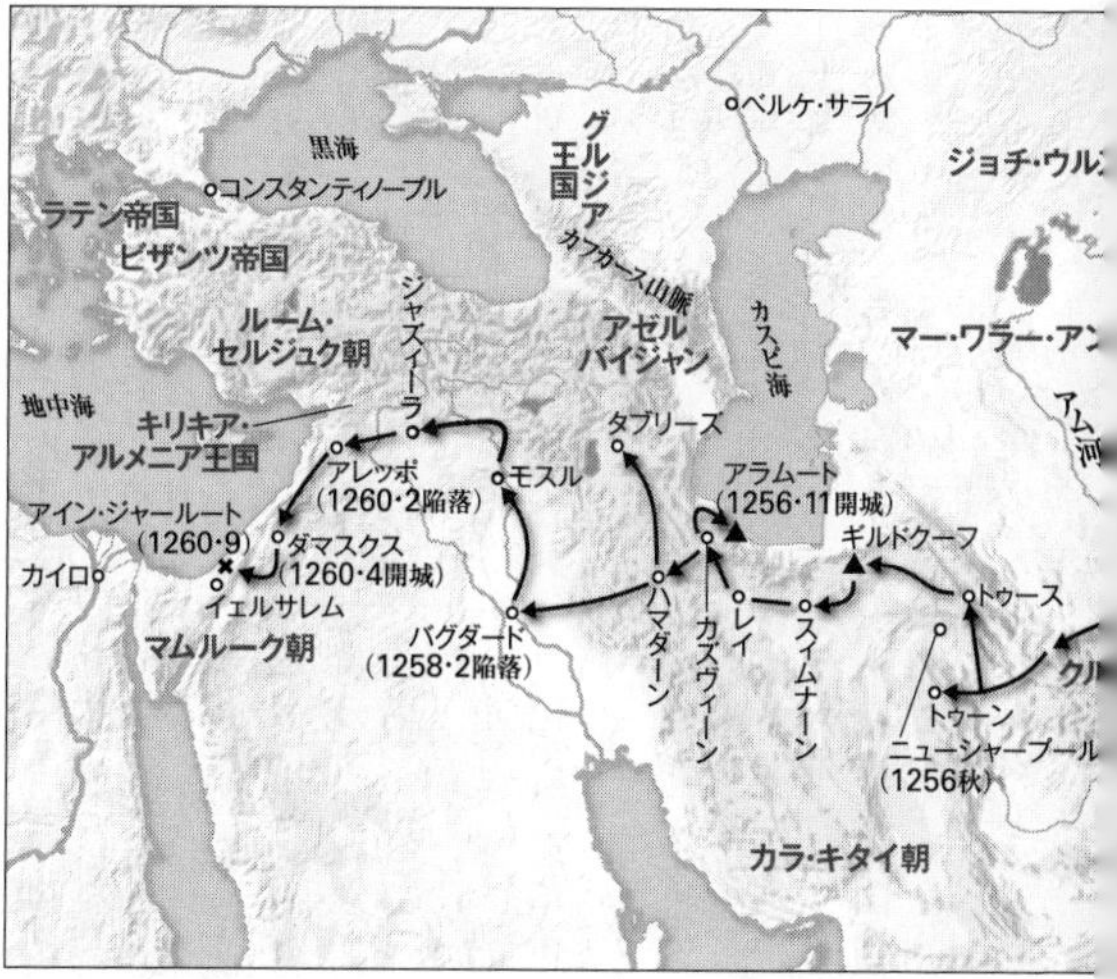

フレグの西征

された新軍団であった。いわば、モンゴル連合体を縮小したような陣容といえた。フレグ軍の足どりは、異常なほどゆっくりしていた。

おそらく、まずはオゴデイ諸系の所領地をとおり、ついで天山・イリ渓谷のチャガタイ家の本拠アルマリクに立ち寄り、かつその兵員を提供され、さらにジョチ家からの援兵もあわせ、次第に陣容・兵備・糧秣などをととのえつつ、一二五五年一一月、マー・ワラー・アンナフルのケシュにてイラン総督アルグン以下の出迎えをうけた。モンケによって弾圧されたばかりのオゴデイ一門やチャガタイ家の動向・忠誠を、道すがら逐一たしかめながら、中央アジア地域の安定化をまずは慎重にはかったのであった。そのこと自体が、兄モンケとの協議のうえのことだったのだろう。

くわえて、アム河を渡るに先立ち、これから進軍するイラン、アゼルバイジャン、グルジア、アナトリアなどの権力者たちに、モンゴルへの協力・参陣・供出を呼びかけた。「ヤギ」すなわち敵か、「イル」すなわち味方か、旗幟《きし》を鮮明にすることを求めたのである。かくて、フレグの陣営に各地の首長たちが続々とやってきた。その結果、イスマーイール教団王国をのぞき、ほとんどの勢力がモンゴルにつくことを確認した。足もとを固め、勝つべくして勝つ態勢をととのえたフレグの手腕と沈着・冷静さは、遠征のたちあがりから顕著であった。創祖チンギス以来、モンゴル得意の事前調査・根回しは、しっかりと生きていた。

当面の敵は、イスマーイール教団となった。もともと、イスラームのシーア派のわかれで、一〇世紀には北アフリカにファーティマ朝を樹立したが、そのうちのニザール派の指導者ハサン・サッバーフが、一一世紀のすえにイラン北部のアラムート山城を根拠地に、東はアフガニスタン方面から西はシリアにいたるまで教線をひろげた。とくに、刺客をもって政敵を倒すことで暗殺教団ともよばれ、「十字軍」戦士にもおそれられた。ハシーシュを使うという俗説から、アサシン（暗殺者）の語源になったともいわれる。ともすれば、まがまがしいイメージが強いものの、各地に構築した山城群とともに、ひろくイラン民衆の支持もあつめていたと考えられる。事実上の宗教王国を形成していたのであった。

西暦一二五六年一月一日、ことさらに象徴的な吉日をえらんで、フレグ西征軍はアム河を渡り、イランの地へと入った。アムの流れをもってさかいとし、その北・東を異族たる「トゥーラーン」の地と見なし、かたやその南・西、エジプトにいたるまでを文明の地たる「イーラーン・ザミーン」とする古代ペルシア以来の観念が生きていたのである。

すべては、計画ずくであった。完璧な備えと手配り、じりじりとじらすような進軍と有形・無形の圧力は、おもいがけない反応を生んだ。一二五五年一二月、当の敵であるはずのイスマーイール教団で政変がおこり、第七代教主のムハンマド三世が側近に殺害された。同教団を撃滅するとのフレグの総触れが発せられたときのことであり、モンゴルとの和平による生きのこりをはかる子のルクンゥッディーン・フルシャーによる暗殺とされる。

フルシャーのもとで、イスマーイール教団の反モンゴル姿勢はやわらいだ。交渉で条件を

イスマーイール教団の山城　11世紀末、イスマーイール教団は、カスピ海に近いイランのアルボルス山脈中に、天然の要害アラムート城をはじめとして山城をいくつも築き本拠とした。上はそれらのうちのマンスールクー城。下はサールー城の内部。いずれも、1960年代にイラン各地の本格的調査を行った、故・本田實信氏が撮影した写真

小出しにしつつ、モンゴルの鋭鋒をやりすごそうとしたフルシャーに対し、フレグは交渉と見せかけつつ、包囲網をせばめて追いつめていった。なんといっても、要害堅固な山城を鎖状に展開させるイスマーイール教団を、ひとつずつ力ずくで攻略することは誰の目にも困難と見えた。

しかし結局、本拠のアラムート方面は完全に封鎖され、個々の山城に立て籠る教団の結束はくずれた。フルシャーが待っていた雪はふらず、一二五六年一一月一九日、居城マイムン・ディズは開城した。フルシャーの呼びかけで、諸城は次々と門を開き、破却された。イランを中心に、一六六年にわたり、中東と「十字軍」をふるえあがらせた最強勢力は、一年にみたずに消滅した。ほとんど無傷のモンゴル軍は、おそるべき軍団として、その知らせは恐怖とともに広まった。

なお、フルシャーは、はるばるカラ・コルムの宮廷に参内したが、かつて教団が自分の命をねらったと怒るモンケに拒まれ、帰途に殺害された。ちなみに、イスマーイール派は、現在もなお、インド亜大陸などに信徒をもつ。とりわけ、その精神的な指導者で、多面の国際活動をくりひろげているアーガー・ハーンは、モンゴルに滅ぼされた教主の血脈の末裔だという。

バグダード開城

フレグは、戦後処理と諸軍の休息をはかったのち、陣立てを再編して西へむかい、ハマダ

モンゴル軍のバグダード攻略　イランのミニアチュール

ーン街道から一気にバグダードへ進攻して、一二五八年、北から大きく同市をつつみこむように軍を配置した。重囲におちたバグダードのアッバース朝カリフ政権を救援するものはいなかった。モンゴルの調査・下工作は徹底していた。それでも、フレグは慎重であった。交渉と駆け引き、さらにカリフ陣営への調略・切り崩しをかさねた。自軍が血を流すことを、やはり徹底して避けたのである。

アッバース朝の第三七代カリフ、ムスターイムの政権は、内部分裂をおこした。宰相はシーア派の人物で、武力での抗戦を不可能と見たが、それを地上すべての「信者の長」として異常なほど自信満々のカリフに納得させることはむずかしく、そこで逆に守備兵を減らした。フレグの調略の成果であり、開城後にこの人物は旧職に再任された。

カリフが頼みとするのは、アラビア語で「ルーティー」（ごろつき）、もしくは「アイヤール」（無頼）、ペルシア語では「ジャヴァーン・マルド」（若い男の意から、男気のある人間、任俠をいう）などと呼ばれる中東の町々にたむろする無頼漢・ならずもの・やくざたちであったが、彼らは威勢はよかったが実戦力とはならなかった。戦闘を仕掛けることなく、ひたすら圧力をくわえるモンゴルに、万策つきたカリフは一二五八年二月、無血開城した。カリフは降伏後、財宝とともに塔に幽閉され餓死させられたとも、モンゴルが貴人を処刑するときの仕方で絨毯に巻かれて馬蹄に踏みしだかれたともいう。

ここに、三七代・五〇〇年にわたるアッバース朝は、幕を閉じた。カリフの一族はエジプトに逃れ、すこしのち、マムルーク朝のスルターン、バイバルスによって正統なカリフとして擁立された。しかし、このカリフはマムルーク権力の正当化には役立ったが、デリー・スルターン政権など、ごく一部をのぞくと承認されなかった。カリフの消滅を、誰もが悲しんだわけではなかった。喜んだシーア派ムスリムやキリスト教徒のみならず、スンナ派の社会も「カリフなし」の状況を、そのまま受け入れることになる。

バグダード開城後、略奪と殺害が横行したという。あるイランの歴史記録者は、死者は八〇万という。だが、アッバース朝の最盛時でも、バグダードの人口は最大五〇万ほどであった。また、よく引かれるのはフレグ自身が一二六二年フランス王ルイ九世にあてた書簡のなかで、二〇万以上が殺されたと述べていることである。だが、これも当時それだけの人口があったとはおもえず、むしろモンゴルがよくやる恐怖のいいふらし作戦のひとつであった可能性が高い。

むしろモンゴル軍は、一八年後の一二七六年に南宋首都の杭州が、無血開城したときと同様、城内にはほとんど立ち入らなかった。フレグは、バグダードという街市《まち》と城堡の管理をキリスト教徒にゆだねたのであった。略奪と殺害は、既述の「ルーティー」たちと、ネストリウス派キリスト教徒によるものがほとんどであった。バグダードは、実はネストリウス派キリスト教のカトリコス（法主）の座所でもあった。

調べるモンゴル、調べないアメリカ

フレグのバグダード作戦よりおよそ七五〇年後、アメリカ主導のイラク作戦がおこなわれ、二〇〇八年現在、なお継続している。とりわけ、バグダード制圧後、ひとしきり略奪がつづいた。まさに、「ルーティー」たちの仕業であった。状況は、ある部分、率直にいってモンゴル時代とそう変わりない。

そもそも、アメリカは力ずくでバグダード、そしてイラクを制圧せんとした。だが、イラク地域には、バグダードなどの近代化した都市社会があるいっぽう、「中世」以来の部族単位の生活が脈々と息づいていることも、まぎれもない現実なのである。バグダードなどでは、都市住民たちに「職」をつくることが肝要であった。かたや、地域社会においては、部族原理を熟知する必要があった。

中東の多くの地域で、もっとも大きな問題は貧富の差である。イスラームそれ自体は、ユダヤ教・キリスト教の脈絡のもとに生まれた融合物であり、宗教という以上に生活の体系に近い。つまり、ごくふつうのものである。教義のちがいで対立が生まれるのではなく、組織・団体としての利害・利権の対立・相克が、衝突の底にある。

アメリカは、イスラーム・中東・イラクについて、もっとよく調べ、知るべきであった。古くから、中東中央域のまさに中心地であったバグダードは、ペルシア語で「バグ」(神)が「ダード」(与えた)地であるいっぽう、アラビア語で「マディーナト・アッサラーム」(平安の都)であり、この地を徹底的に固めて現代生活の良さを味わうことができる実例とせしめれば、状況は根本から変わっただろう。だが、アメリカはみずからのために「職」をつくったが、イラクの人たちにはそうしなかった。また、在地においては、部族社会の伝統を尊重する間接統治をめざすほうが無理がなく、現実にも妥当だったろう。

ひるがえって、モンゴルのもとで、バグダードが没落したというのは、全くの虚構である。のち、フレグ・ウルスが成立したとき、同市はフレグ・ウルス域内でもっとも豊かな税収が期待される屈指の重要都市でありつづけた。モンゴルのバグダード・イラク統治は、基本的に間接支配をつらぬいた。調べるモンゴル、調べないアメリカのちがいは、歴史における知慧というものを想わせずにはおかない。

イスマーイール教団作戦・バグダード包囲作戦をふたつの焦点とするフレグの西征において、モンゴル軍の自損はもとより、イラン・イラク地域における流血もきわめて少なかった。ようするに、モンゴルは実はそれほど強くもなく、自分たちでもそのことをよく知っていた。かたや、アメリカは、人類史上で突出した軍事力をもち、それに自信をもっているのだろう。戦うアメリカ、戦わないモンゴルといってしまえば、それまでなのだが。

大カアン・モンケの急逝

フレグは、麾下のモンゴル軍をいったん西北イラン、いわゆるアゼルバイジャン高原に北上させ、将兵に休息、軍馬には牧養のゆとりをあたえた。大小の湖や清冽な河川が流れる高燥なアゼルバイジャンは、モンゴル高原や天山一帯によく似た緑草におおわれた絶好の天地であり、かつはユーラシア東西南北をおさえる要衝の地でもあった。チンギスの西征に抗したホラズム・シャー王国の後継者ジャラールッディーンがこの地を根拠として国家再建を夢みたように、モンゴルもかねてより、ここを握ることで中東経略を構想していた。フレグの行動は、それをあきらかに示すものでもあった。

ほとんど、自損も消耗もしていないモンゴル西征軍は、いこいの時をすごしたのち、あらたに陣容をととのえなおして南下の態勢に入った。フレグは、イーラーン・ザミーンの地に総触れを発した。もはや、フレグの軍団は中東において無敵の存在と見えた。キリキア・アルメニアのキリスト教軍団、中東各地のムスリム勢力など、人種・信仰・出身を問わない「多種族部隊」が、フレグの旗のもとにくわわった。フレグ指揮下の大軍は、続々と現在のシリア、当時のシャームにすすんだ。おそらく、フレグの視線には、洋々たる未来が見えていたのだろう。

現実は、いつの時代にあっても、しばしば不可思議である。よもや、大カアンのモンケが他界するとは、フレグの計算のなかに入っていたとはおもえない。モンゴル帝国の東と西は、はるかにへだたっていた。それを、あたかも見てきたかのように、「同時」という時の尺度をもって物語ること自体、どこかうすら寒い想いさえする。歴史研究者の名のもとに、後知恵めいた「もっともらしいこと」を得々と述べることは、あらためていかに空しく、時として人間たる分際をこえて浅ましいことでさえあることかを、今更ながらに痛感する。

ときに、西暦一二六〇年。世界史を旋回させる年となった。圧倒的なフレグ軍のまえに、シリアにのこるアイユーブ朝という名のクルド権力のかたわれには、抵抗する力はほとんどなかった。ディマシュク、すなわちダマスクスの君主アル・ナースィル・ユースフは、あえて出撃したが、一戦して俘虜となった。二月、鉄壁の堅城で知られたハラブ、すなわちアレッポが、ついで四月にはシリアの中心地たる当のダマスクスが、たてつづけに陥落した。

この情勢を見て、アンティオキアとトリポリ（タラーブルス）のささやかな「十字軍」権力は、あわててモンゴル軍にくわわった。教会は破門したが、彼らに宗教のちがいにこだわるゆとりはなかった。逆に、モンゴルのほうは、宗教のちがいにこだわりはなく、兵を供出して忠誠のあかしとすれば、それで十分であった。

欧米を代表するモンゴル帝国史研究者のデイヴィド・モーガンは、フレグひきいるモンゴル軍とその同盟軍のダマスクス入城という名高い場面について、三人のキリスト教徒が先導をつとめたことを、ことさらに注意している。すなわち、アンティオキアのボヘモンド、キリキア・アルメニア王のヘトゥム、そしてネストリウス派の信仰を奉じるフレグの先鋒部隊長、ナイマン族のケド・ブカ（アラビア文字表記ではキト・ブカ）である。キリスト教が生まれた地において、キリスト教の新時代が訪れんとしているかに見えた。「十字軍」の陣営、そしてヨーロッパ側では、当時も後世も、聖地回復とイスラーム撃滅の天与の好機であったとする意見がある。モンゴルへの期待論、もしくはモンゴルとの同盟論である。

一一世紀末以来、イスラーム側からすれば、「十字軍」という名のフランク族の襲来がつづいていた。しかし、どちらも結局は決定力を欠き、なんとはなしの奇妙な共存状態が、東地中海の沿岸一帯をおおっていた。だが、すべてを呑み込み、すべてを押し流す巨大な力が出現し、新時代が一気に開かれるかに見えた。圧倒的な軍事力・組織力のみならず、宗教にこだわらない政治権力であることも、かつてないことであった。だが、フレグ軍が怒濤の大波となって、旧主アイユーブ朝より権力を奪ったばかりのマムルーク軍団のエジプトへと進撃せんとしたとき、アレッポのフレグ本営に大カアン・モンケ急逝の報がもたらされた。一二六〇年四月のことであった。

ひるがえって、皇帝モンケは、周到・慎重すぎるほどの構えを見せる次弟クビライにあきたらず、対南宋親征へと乗り出して四川《しせん》に討ち入っていたが、炎暑のなかをあえてとどまって、一二五九年八月、現在の重慶市の北方、釣魚山《ちょうぎょさん》を攻囲中に他界した。『集史』は、ペルシア語・アラビア語で「ヴァバー」、すなわち伝染病のためといい、またある漢文記録では敵からうけた矢傷のためともいう。ともかく、世界の帝王たらんとしていた人物が、南中国の最前線でみまかったのである。

この結果、南宋の鄂州《がくしゅう》（現・武漢）にむけて南下中のクビライと、モンゴル高原に留守役としてとどまっていたアリク・ブケとの間に、帝位継承戦争がくりひろげられることとなった。結局は、四年後、クビライの全面勝利となって、第五代皇帝として確立した。かくて、これ以後、モンゴル帝国なる巨大なかたまりは、クビライとその血脈が大カアンとなる宗主国の大元大モンゴル国、略称で大元ウルスを中心に、その他のそれぞれ「帝国」の名に値するほどの三個のウルスからなる多元複合の世界連邦の状態へと、ゆっくり移りゆく。モンゴル帝国とユーラシア世界は、別の段階への扉をおしあけることになる。

フレグの旋回と帝国動乱

ともかく、モンケの他界のあと、その報がシリアにいるフレグのもとに届くまで、少なくとも七ヵ月から八ヵ月ほどは要したことになる。これをどう見るか。

この場合、「客観的には」といったいい方が、はたしてふさわしいかどうか。なによりまず、アレッポは、当時のモンゴル帝国の首都であるカラ・コルムから直線距離でおよそ一万キロメートル以上も離れている。とはいうものの、これではいかにも遅すぎる。すくなくとも、モンゴル高原の留守役として、首都カラ・コルムとそこに集まる情報を握っていたアリク・ブケは、すぐにはフレグに通知しなかったことになる。

よく知られているように、モンゴルはユーラシア東西をつなぐ駅伝網を敷設・整備していた。テュルク語で「ヤム」、モンゴル語で「ジャム」と呼ばれた交通運輸体系は、実際には万人が利用できる通常の路線から、特定の人間だけに許される別種のいくつかの方式・ルート・設備があった。とりわけ、モンゴル語で「ナリン・ジャム」、漢語文献でもそのまま音訳して「納憐站」と呼ばれる特急便こそ、モンゴル帝国の広域支配をささえる切札といってよかった。

すなわち、「秘密の駅站」を意味するこのシステムは、沙漠や荒野をもつらぬいてまっすぐに伸びる弾丸ルートで、大カアンや中央政府からの秘匿すべき重大指令や緊急の軍事・政治情報は、「イルチ」と呼ばれた使者を二、三十騎の護衛部隊つきで次々と馬を乗りかえつつ急派するものであった。しかも、それは遠征先の最前線まで伸びていた。つまり、その気さえあれば、モンケ逝去の報はせいぜい二ヵ月もかからずに届けられたはずなのであった。

もとより、皇帝モンケの死は厳重に秘匿された。また、当のアリク・ブケ本人のみならず、その彼を次の大カアンにかつぎあげようとする旧モンケ政府要人たちにとって、中華方面にいるクビライはいうまでもなく、はるか遠方にいるとはいえ、フレグについても有力な後継候補のひとりとして、警戒しなければならなかった。問題の西暦一二六〇年四月といえば、帝国東方ではクビライ派のクリルタイがその根拠地・開平府（のちの上都）でひらかれている。その動きに対応して、翌月、アリク・ブケ陣営もカラ・コルム西郊のアルタン河畔でクリルタイを開催した。こちらには、帝国の有力者たちが、参集ないしは間接的に支援した。事態は、両派の武力対決へと急速に展開した。

であれば、モンケ死後をあずかるアリク・ブケ暫定政府としては、クビライ派の動向が鮮明となった同年の一月ないしは二月の時点で、もはややむなくというか、ようやくにしてシリアのフレグのもとへ「イルチ」を送らざるをえなくなったとも考えられる。だが、そうはいいながら、そもそもフレグに届いた通知そのものが、実は誰からもたらされたものであったかも定かでない。少なくとも、中央アジア方面のオゴデイ諸派やチャガタイ一門は、フレグに伝達することはなかったのだろう。また、モンゴル高原の西部、フレグ家の遊牧所領地に残留していたフレグの次子ジュムクルやその母クトゥイ・カトン、さらに長子アバカの母イスンジン・カトンたちは、中東のフレグにむけてすぐさま急使を送ることはできなかったのであった。アリク・ブケ陣営に、監視を兼ねてとりこまれ、動きを封じられていたことを示している。

報知をうけたフレグは、決断せざるをえなかった。モンケの死、および帝位継承をめぐる動乱は、そう時をおかず、中東にも知れわたることになる。フレグ軍の絶対優位は、もはや崩れたといっていい。フレグは、旋回を決意した。

シリアには、おさえとして、ケド・ブカひきいる先鋒部隊をとどめ、その他の「多種族部隊」には協力を要請しつつ、みずからはアゼルバイジャンをめざし引きかえした。まずは、同地を確保して、帝国動乱の推移を眺める。状況によっては、モンゴル高原にむかうこともありえた。そのためにも、麾下の西征軍とイラン方面とを、手中に握りつづけていることが、フレグにとって肝心なことであった。ともかく、西征は、いよいよこれからという時に、突如、終止符が打たれたのであった。

フレグ・ウルスはイスラーム王朝か

デ・ファクトの政権としてのフレグ・ウルス

フレグ・ウルスという権力体は、あるときから、なんとはなくあることになってしまった政権であった。結果として、もしくは事実として、存在することになってしまった。ようするに、デ・ファクトの政権であった。

だが、ではいつから存在したかというと、はっきりした境目は引きがたい。たとえば、一二五八年、バグダードのアッバース朝を滅ぼしたときからとする見方がある。しかし、それはおかしい。翌一二五九年も六〇年も、あくまでモンゴル西征軍であったにすぎない。

アッバース朝の存在を誇大視し、それに代わったのだから新政権の誕生だとするのは、どこか中華風の王朝交替史観にも似て、ある種の大義名分論めいている。実際のアッバース朝は、すでにほとんど意味をなくしていた。権力としてみれば、よほどイスマーイール教団王国のほうが、実体としてのパワーと広域の支配力をもっていた。その点を重視したのか、フレグ西征軍がアム河を渡り、「イーラーン・ザミーン」に入った一二五六年をもって、フレグ・ウルスの成立と見なす人もいる。これは、気持はわかるが、極論といわねばならない。もし、そうであるならば、古今東西の外来者による権力・政権は、「侵入」したときから存在したことになってしまう。いずれも、妥当さを欠くといっていい。

ごく常識的な考えとしては、フレグが一二六〇年四月に旋回し、アゼルバイジャン高原に本格的に腰をすえてからといったところではないか。これ以後、歴代のフレグ・ウルス君主はずっと一貫してこの高原を国家の中核地、すなわちモンゴル式には左・中・右の三極構造の「コルン・ウルス」（中央のウルス）としたのであった。ちなみに、フレグ・ウルスの左翼は、東部イランのホラーサーン、右翼は北のアッラーン地方・デルベント方面であった。

つまり、一二六〇年のフレグのアゼルバイジャン入りより、フレグ・ウルスという基本骨格は定まった。いいかえれば、当面のあいだ帰還がむずかしくなってしまった西征軍が、仕方なくそのまま主将たるフレグを主人と仰いで、自分たち独自の天地を中東の東半に形成することになったのであった。

フレグ・ウルスは、なりゆきで出現した。逆に、シリア以西の中東、そしておそらくヨーロッパは幸運であった。オゴデイの他界によるバトゥの撤兵が西欧を救ったのかどうかは別として、モンケの死がフレグ軍の怒濤の進撃を突然に止めたのは、まぎれもない真実である。

エジプト進攻の失敗

シリアをまかされたはずのケド・ブカは、エジプトのマムルーク政権に降伏をすすめる使節団を送った。ところが、その使節団が死刑に処せられ、マムルーク軍が北上の構えをとると、ただちに南下の態勢に入った。ケド・ブカひきいるモンゴル騎馬軍は、総勢一万二〇〇〇。もともと、フレグ本隊に先立つ一二五二年に進発し、以後は対イスマーイール教団作戦・バグダード進攻・シリア制圧、いずれも先陣にたちつづけた。

ほとんど実戦することのなかったフレグ本隊にくらべ、ケド・ブカ先鋒軍は相当に傷つき、いたみ、疲れていたと見るべきだろう。にもかかわらず、なぜケド・ブカは孤軍をもって南下したのか。無理に突出することなく、周辺の「多種族部隊」をとりまとめつつ、シリア確保につとめるほうが賢明であった。少なくとも、現在のこされているデータからは、エジプトへの単独進攻の理由は、よくわからない。

かたや、スルターン・クトゥズひきいるマムルーク軍団もエジプトを出撃した。首都のアル・カーヒラ、すなわちカイロの町は、避難民などで混乱していたとされる。一二六〇年九月三日、両軍はパレスティナで遭遇した。戦場となったのは、アラビア語で「アイン・ジャールート」、すなわちゴリアテの泉という。『旧約聖書』において、ユダヤの民とペリシテ人が戦ったとき、少年ダヴィデが敵方の勇将である巨人ゴリアテを投石器で倒し、勝利をもたらしたとの話にちなむ。なお、パレスティナとは、ペリシテ人の地を意味する。

マムルークの史書によれば、モンゴル軍は一〇万、マムルーク軍は一二万という。当時、兵数をほぼ一〇倍くらいに水増ししてしるすのは常道である。モンゴルだけが、異常にオーヴァーではない。現実は、この一〇分の一ほど、ややマムルーク軍のほうが多勢であったのはうなずける。結果は、マムルーク軍の圧勝に終った。ケド・ブカ軍は、潜在的な疲労のうえに、無理矢理に南下をつづけ、敵方の土俵に踏み込んで、しかも真正面から戦いあった。逆に、国土防衛の気概に燃え、士気も高く、疲れてもいないマムルーク軍が押しまくるのは当然のことであった。

マムルーク戦士の多くは、キプチャク草原とその周辺から売られてきた人びとであった。生得の遊牧武人であり、マムルーク軍団とモンゴル軍は、実は似たものどうしなのであった。遊牧系の騎馬軍団がともに戦えば、どちらが勝つか、所詮は兵数と疲労度、あとは多分に天運であった。小手先の戦術などは、双方が遊牧民出身ならば、そう変わりばえはしなかったのである。主将のケド・ブカは、戦死したとも、捕虜となってのち悪態をついて処刑されたともいわれる。東地中海沿岸にあったモンゴル側の拠点は、次々とうばわれ、ついにシリアからも追い出される。無敵だとおもわれたモンゴルの威信は、一挙にして地に墜ちた。

反対に、長つづきするとはおもわれなかったマムルーク権力は、エジプトとシリアに強固な地盤を築いて、長期政権と化す。モンゴルへの大勝利ののち、クトゥズは喜びも束の間、将官たちに暗殺され、アイン・ジャールートの英雄バイバルスがスルターンとなる。結局、クマン族、すなわちキプチャク族の出身の彼が、マムルーク政権の事実上の定礎者となりゆくのである。とはいえ、アラビア語で「ダウラト・アル・トゥルキーヤ」、すなわちテュルク人の王朝とアラブ人たちが呼んだように、その実態は中東に出現した「異族たちの軍事権力」であり、ほとんどモンゴルと瓜ふたつといっていいものであった。

かくて、モンゴルの西進は止まった。中東地域は、フレグ軍のアム渡河からわずか五年ならずして、東のモンゴルと西のマムルークというふたつの外来権力に二大別されることとなった。そして、モンゴル帝国は、やはり足かけ五年の帝位継承戦争のなかで、東のクビライ中央政権、西のフレグ・ウルスという大小ふたつの核を、おもいがけなくも生みだすことになった。時代は、世界と帝国は、一三世紀なかばの一〇年間で、まったく別の大変貌を遂げたのであった。時代は、大きく旋回した。

ジョチ・ウルスとの対抗

アゼルバイジャンの夏営地と冬営地を季節移動しつつ、マラーガ市とタブリーズ市を首邑《しゆゆう》とする方式を急速に組みあげたフレグにとって、東方における帝位の行方とともに、北方ジョチ・ウルスとのかかわりが浮上した。かねてより、ジョチ家は、カフカース以南の緑野、ことにアゼルバイジャンの草原を欲していた。であればこそ、フレグ西征軍に協力し、ジョチ家の影響下にあったイラン総督府の接収も了承し、さらに一万もの大部隊も援軍として供出したのであった。

ところがなんと、フレグがそこを本拠地として新しい権力体をつくる事態となった。一二五五年、兄バトゥの没後、その子とその孫が次々と他界したため、本来は後見役であった庶出のベルケが当主となっていたが、フレグのイラン占拠の姿勢が見えると、一二六一年から六二年、軍を南下させデルベンドをこえて攻撃をしかけた。フレグ軍も反撃し、たがいに勝敗あって決着はつかなかった。

デルベンドとカフカースをはさむジョチ・ウルスとフレグ・ウルスの対抗関係は、両者にとって足枷《あしかせ》となった。フレグが東方情勢に介入したくとも、北からの圧力が邪魔となった。おなじことが、ベルケにもいえた。アゼルバイジャンとヴォルガ下流域という両者の本拠地は、その間およそ一一〇〇キロメートル。広大な領域をもつ両ウルスからすれば、意外にそう遠からぬところにあった。なお、いにしえのスキタイとハカーマニシュ帝国をはじめ、近代・現代のロシアとイランなど、ユーラシア西半に際立つ南北対立の構図は、まさに地政学的なアプローチにふさわしいテーマであり、現在・今後もふくめて、歴史をつらぬく宿命めいている。

この事態は、エジプトのバイバルスにとって好機となった。ベルケは当時のモンゴルとしてはめずらしく、ムスリムとなっていた。かたや、キプチャク草原は新たなるマムルークたちの供給源であった。共通の敵フレグに対する同盟は、水路と海路を通じて可能となった。

ニカエアに退いていたビザンツ帝国が一二六一年、コンスタンティノープルを奪回した結果、北のジョチ・ウルスと南のマムルークによる「ヴォルガ・ナイル同盟」の道がひらかれた。この同盟は、両者にとって実質をともなった。反対に、おのずから、それに対抗するかたちで、フレグ・ウルスのほうは、ヨーロッパとの提携を模索することになる。今もヨーロッパ各地にのこるフレグ・ウルスの国書や文書は、結局は実現しなかった「東西同盟」の夢を語る。

フレグの早すぎる死

フレグが旋回後、そう時をへずに、それなりの支配体制をとりあえずひととおりつくりあげたことは、驚くべきことだといっていい。もとより、すでに、ホラーサーンのイラン総督府などを中心として、チョルマグン、バイジュのタマ軍のもとでも、軍政・統治・財務の経験が三〇年ちかく積み重ねられてきていた。そこでは、チン・テムルという第二次キタイ帝国治下のキタイ人や、コルグズというウイグル人、そしてホラズム系の行政財務官僚たちが目につく。くわえて、財務部門では、ジュヴァイニー家をはじめとするイラン人たちも登用されている。多人種による実務機関が、フレグ西方進撃のみならず、イラン定居によるウルス形成においても、下ざさえをなしていたのだろう。

イスマーイール教団覆滅、バグダード制圧といった局面ごとに、徴税・財務機構も西方拡大していったにちがいない。そして、もうひとつ、おそらくは大いなる可能性として、フレグの本営にはモンゴル高原出立より帯同してきたさまざまなブレイン・知識人・技術者・学者などの群れがいたのではないか。つまり、西征しつづけるはずのフレグ本営こそは、動く「知の集団」ではなかったか。遠征がつづく限り、文化・文明をこえた「知の統合」がすすみゆく仕掛けである。

これについて、ひとつの手掛かりは、名高いナスィールッディーン・トゥースィーと彼をとりまく人びとである。イスマーイール教団のもとにあったトゥースィーは、ふつう天文学者として知られている。だが、彼は財政・外交もふくめ、総合力の巨人であった。皇帝モンケは、西征に旅立つフレグにイスマーイール教団をくだしたとき、名高いトゥースィーを自分のもとにつかわすよう指令していた。天文台建設のためとされるが、たしかに世界支配を考えるものには、東西の「時の統合」は当然のことではあったものの、それにとどまるものではなかったのだろう。

「知の統合」は、大カアンのモンケ以下、クビライやフレグにとっても、共通のテーマのひとつだったと考える。結局のところは、モンケの死後、大カアンとなったクビライは新帝都の大都と中華中央部の洛陽の南に、かたやフレグのほうは当面の首邑としたマラーガに、それぞれ天文台とそれにともなう東西の知見・人材をあつめた図書館を建設する。

フレグは、バグダード作戦をはじめ、トゥースィーを帯同させた。カリフからの天変地異の予告におびえるスンナ派の不安を退け、カリフ側との駆け引きや問答においてもフレグのささえとなり、絶大な信頼をえた。マラーガにつくられていった天文台には、著名なムスリム天文学者やさまざまな観測器、バグダードからの書籍などを集中した。

そこで注目されるのは、フレグは中華地域から学者・天文学者を連れてきており、とくに道士らしき高名な暦学・天文学者と、トゥースィーはまさに東西学術交流をおこなっていることである。当時、華中・華南はまだ南宋のもとにあったので、この道士以下の学者たちは華北出身であった。すでに、暦学・数学を筆頭に、一二二〇年代からは西学が東漸し、華北にはそれなりの学派が成立していたと見られる。とりわけ、モンゴルの華北統治の下請け機関めいた全真教、そして幾つかの多人種の実学グループが注意される。

ようするに、フレグは華北から各種の人材・才能を帯同したのではないか。であれば、太行山脈の東側に大きくつらなるトルイ一門の華北分領、ないしはさらにそのうちのフレグ個人領の彰徳あたり（正式には西征中の一二五七年に分与が決定される）が大いに気になる。行政関係者でいえば、第一次・第二次キタイ帝国や大金国およびモンゴル帝国における通算三五〇年あまりの豊富な行政経験をもつキタイ系、そして多言語・多文化・多地域に通じたウイグル系などは、イラン方面においても大いに役に立ったことだろう。なお、マー・ワラー・アンナフルのサマルカンドなどには、キタイ将軍・耶律阿《やりつあ》海《かい》の子孫が「トーシャー・バスカーク」の名のもとにひきつづき鎮守しており、また南西イランのキルマーンにはキタイ人の地方政権が存在したことも、ひとつの鍵となる。こうした面々と、旧ホラズム系や現地のイラン人たちを組みあわせ、フレグは権力機構を組織しつつ西征をすすめ、その結果、緊急の旋回後も、すみやかに独自のウルスをたちあげることが可能だったのだろう。

　軍事・政治・行政ともに手腕にあふれたフレグが、もう少し生きていれば、フレグ・ウルスもモンゴル帝国も別の歩みをしたかもしれない。帝国東半をおさえたクビライが、フレグやベルケに統一クリルタイ開催を呼びかけ、結局のところ両人ともに了承した矢先、一二六五年二月八日、冬営地のジャガトゥ河畔でフレグは突然に逝去した。四八歳であった。そして、それから四ヵ月あまりのち、フレグの正后ドクズ・カトンもみまかった。『集史』は、ともに死因をしるさない。ヤコブ派の高僧バール・ヘブラエウスは、ともに財務責任者のひとりシャムスウッディーン・ムハンマド・ジュヴァイニーによる毒殺という。もうひとりの財務担当者こそ、その兄で、チンギスからモンケにいたるモンゴル史を「世界を開くものの歴史」として描いたアッター・マリク・ジュヴァイニーであった。

バール・ヘブラエウスは、キリスト信仰の擁護者としてのフレグとドクズ・カトンを至上の存在とし、ムスリム官僚たちを憎悪していた。真相は定かでない。ただし、フレグの死の報に、その混乱をつくべく南下したベルケも、翌年、陣中で突然に病没する。さらに、帝国動乱のなかで、中央アジアをおさえたチャガタイ家のアルグも、この前後に逝去する。フレグ・ベルケ・アルグ三人の巨頭のあいつぐ死は、あまりにも不自然であった。

ただひとりのこったクビライは、こののち足かけ三〇年の人生を享《う》け、大元ウルスを中心とするモンゴル世界連邦のかたちをととのえる。その間、フレグ・ウルスでは五人もの当主がみまかり、第七代のガザンにいたる。二歳ちがいの兄弟クビライとフレグの段差は、あまりにも大きい。フレグの早すぎる死は、生まれたばかりのフレグ・ウルスを不成熟・不十分なものにした。おそらく、フレグが胸中に抱いていたプランのほとんどは、西征とおなじく未完のままに終った。

カアンのダルガと絶えざる政変

フレグ・ウルスは、寄り合い所帯のようなものであった。それをひとつにしていたのは、ほかならぬフレグの存在であった。そのフレグがいなくなった今、一気に解体することもありえた。ともかく、緊急にフレグに代わる盟主を立てる必要があった。

フレグの正后ドクズ・カトンは、ケレイト王族の出で、賢明さをもって鳴りひびいていたが、子がなかった。第三カトンのクトゥイは、有名な「后族」たるコンギラト族の出身で、彼女から第二子ジュムクルをはじめ、テクシ、テクデルの三人がいた。しかし、モンゴル本土のフレグの幕営をゆだねられていたジュムクル以下が、イランへとむかってくるのは二年後のことであった。フレグの西征には、スルドゥス族の第五カトン、イスンジン所生の長子アバカと第三子ヨシュムトなどが従っていた。フレグは生前、アバカを左翼にあたる東イランのホラーサーンとマーザンダラーン方面に、ヨシュムトを右翼にあたるデルベンド方面に、それぞれ配置していた。

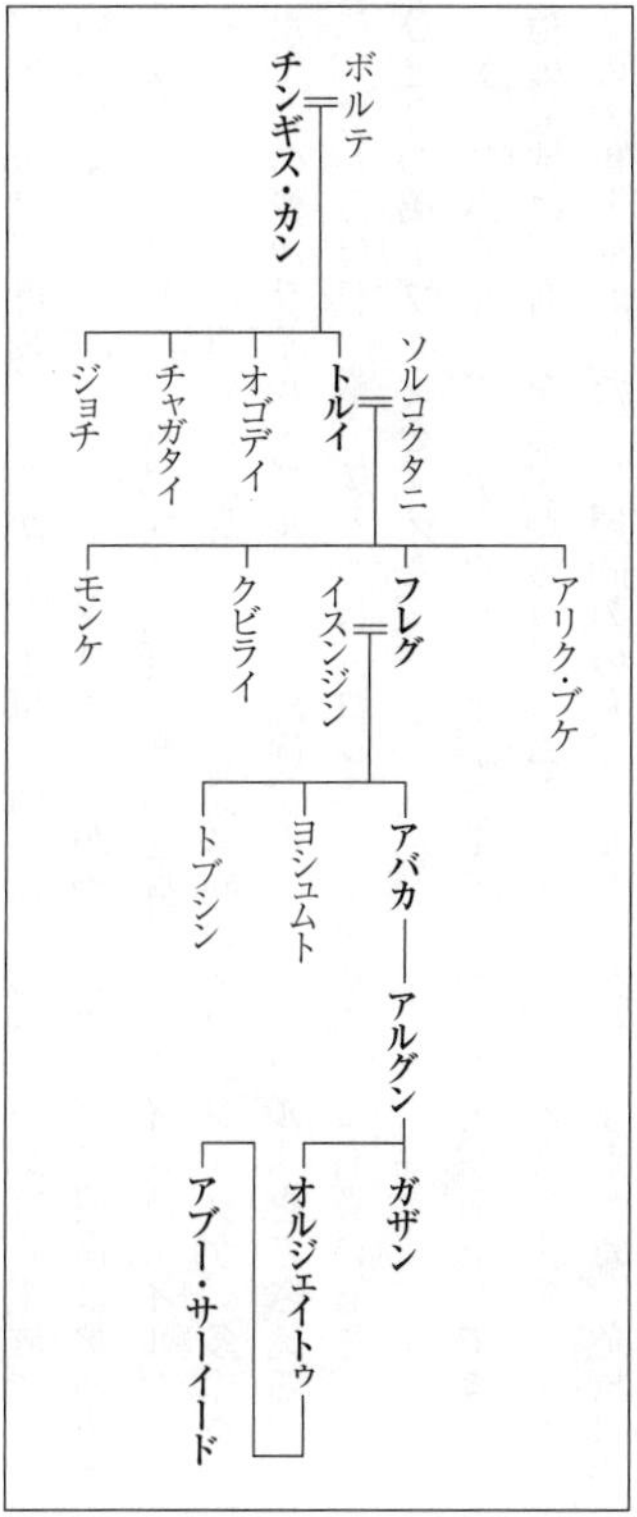

フレグ関連系図

アバカは、庶長子にちかく、生母の血筋にうるさいモンゴル王族では、無条件の貴種とはいいにくかったが、もはや迷うひまはなかった。フレグの遺命はアバカにあったとして衆議一決した。フレグの移動する宮廷・政府を握るジャライル族のイルゲイとシクトルの父子、そしてアバカの母后の出身したスルドゥス族のスウンジャクが、多くを演出し、取りしきった。このジャライル・スルドゥス両族が、フレグ・ウルスをささえる二本柱であった。ときに、アバカは三一歳。アバカは、ヨシュムトをそのまま右翼に置き、東方たる左翼にはもうひとりの弟トブシンをすえた。

翌一二六六年、ジョチ・ウルス軍がデルベントをこえ、南下してきた。ウルス成立後の屈指の危機に、右翼をあずかるヨシュムトは奮戦し、アバカも出撃してクラ河をはさんでベルケの大軍と対峙した。二週間ののち、ベルケは突如みまかった。危機は去り、アバカの権威は確立した。アバカは、クラ河の北岸地区に「スベ」と呼ばれる城濠による長城線を構築し、一種の国境線とするとともに、北からの脅威を遮断する備えとした。以後、フレグ・ウルス君主が交替するたびごとに、ジョチ・ウルス軍は南下のかたちをとったが、次第にそれは慣例化していった。とはいえ、北と南のふたつのモンゴル・ウルスの力関係は、北の優位のままに推移した。

四年後、フレグ・ウルスに東から危機が迫った。チャガタイ家の権力をアルグの遺児たちから奪ったバラクが、オゴデイ家の有力者カイドゥにそそのかされたこともあって、中央アジアの遊牧諸勢力をつのり、アム河を西へ渡った。フレグ・ウルスは、北のジョチ・ウル

ジョチ・ウルスとフレグ・ウルスの対立

ス、西のマムルークという「キプチャク・イスラーム同盟」に挟撃されるのが構造化していたうえに、遊牧民の大軍が東から来襲するという事態に、悲愴感がつのった。モンゴル軍人もイラン在地勢力も、バラク軍に降れば歓迎される。

だが、アバカは、断固迎撃に決した。ホラーサーンの要衝ヘラートの近郊、カラ・スウ（黒い水）の平原での一戦は、モンゴル同士によるきわめてめずらしい正面からの会戦となった。あきらかに寡勢のアバカ軍は、死闘のすえにバラク軍を撃破した。烏合の衆にもどったバラク陣営は、悲惨な潰走となった。かくて、フレグ・ウルスはゆるぎなくなり、逆にチャガタイ・ウルスは没落し、オゴデイ家のカイドゥにのっとられてゆく。

フレグ・ウルスにおいて、初代のフレグ

と二代目のアバカは、別格の存在となった。歴代の君主は、「カアンのダルガ」をもって自任した。あくまで、大カアンの代官というスタンスである。皇帝モンケがさずけた印璽《いんじ》を使いっぽう、クビライの封冊《ほうさく》をうけ、その権威による即位式を挙行し、その玉璽《ぎょくじ》をもって国書や公文書に押印した。ただし、アバカ以後、血脈のよさと年長のゆえに第三代となったテクデル、あらためアフマドを皮切りに、君主位をめぐり絶えざる政変がくりかえされた。

経験にとんだ年嵩のものを指導者に選ぶ、というモンゴル本来の伝統に立ち戻った方式は、一見すると当然のようであったが、君主位の権威が確立せず、その都度、年長のものが野心を燃やし、前君主の嫡男と争うことになった。それだけ、できあいの政権であるために、部衆の発言力が強かったのである。フレグ・ウルスという枠組みはゆらがなかったが、歴代の政権は内紛と裏切り・暗闘がつづき、前政権の追い落としと新君主即位のたびごとに、厖大な金品が浪費された。財務機構の整備が徹底しなかったこと、そしてあいつぐ構造的なクー・デタが、フレグ・ウルスの弱点となった。

初代フレグの早すぎる死、さらにもうひとりの権威者アバカも、父とおなじ四八歳で他界したことが、結局はフレグ・ウルスの権力基盤づくりを不十分にしたといっていい。くわえて、ヤコブ派・ネストリウス派のキリスト教徒とイスラーム諸派との間で、政権も民衆も振子のように大きくゆれつづけたことも無視できない。モンゴルたちは、たいてい素朴なテングリ（上天）信仰を基本とし、仏教とりわけティベット仏教の影響もそれなりにはあったが、政治上ではあらゆる信教の自由が認められていた。ただし、人口の多くを占めるイスラームにはかつての特権はなく、逆にムスリムならざるものたちは、ジズヤ（人頭税）を支払う必要はなくなっていた。

ほぼ旧来のまま温存された在地の中小勢力もふくめ、フレグ・ウルスというまだら模様の全体が、さまざまな不安定要因という薄暗い靄につつまれて、自壊にむかっているかのような状況にあった。それが、ガザン登極直前のありさまであった。

ガザンのイスラーム改宗

ガザンが、紛乱のはてに第七代君主として、一二九五年一一月三日に即位したとき、フレグ・ウルスは危機的状況にあった。従来、ガザン時代こそがフレグ・ウルスの最盛期、ないしは安定期だといいがちだったのは、まったくの誤りである。

誤解のもとは、ガザンのときに、かの『集史』のもととなる『ガザンの幸いなるモンゴル史』が編述され、とくに完全同時代であるガザン自身の治世における改革政治について、蜒《えん》蜒《えん》と前代までの出鱈目への非難・攻撃、そしてそれに対する自己の正当化が語られているからである。フレグ・ウルスの混乱と危機は、まぎれもない事実であった。だが、ガザンの改革が実をむすぶのは、弟で次の君主となったオルジェイトゥの時代、さらにはその子で第九代君主のアブー・サーイードのころであった。

ガザンは、必死にならざるをえなかった。度重なる政変・内紛で、まったく統合を失ったかに見えるモンゴル将兵たちを、ガザンのもとに再結集させ、国家をたて直すこと、それがすべてであった。そのための『モンゴル史』編述でもあった。日本を代表するフレグ・ウルス研究者の志茂碩敏《しもひろとし》が、ガザンは苦難を切り開いた創業の英主チンギス・カンの姿に、みずからの決意を重ね合わせ、投影したのであるとするのは、まことにただしい。であればこそ、ガザン本人がかなりな部分を口述したという『モンゴル史』の史料価値は、自己正当化の側面もふくめて、きわめて貴重な証言となる。

ガザンは、即位以前、父の第四代君主アルグンの治世においては、ウルスの左翼にあたるホラーサーン太守として東方にいた。フレグ時代のアバカ、アバカ時代のその子アルグンも同様であって、現君主の「皇太子」と目される人間がホラーサーン方面に鎮守するならわしとなっていた。だが、逆にそのため、アルグンもガザンも、中央ウルスたる本拠のアゼルバイジャンから遥か遠方に離れる結果となり、それぞれの父が他界するという緊急時にはきわめて不利となった。打算と談合で多数派工作をおこない、中央政局をうまくとりまとめたテクデル、ついでガイハトゥにおさえられたのである。

とくに、第五代ガイハトゥは、人気取りのため異常なまでの賞賜・賜与をばらまき、国庫は完全に破綻した。ガイハトゥが急速に失墜するなか、混乱をついて傍系のバイドゥが君主位を掌握した。ガザンは、軍事上も不利となった。かつてホラーサーンのイラン総督府を牛耳っていたアルグン・アカの子ナウルーズは、野心満々の人物であったが、ガザンにイスラーム改宗を進言した。当時モンゴルたちのなかにもムスリムとなるものが次第にふえつつあり、くわえてイランの在地勢力からの支援も期待したのである。賭けは、見事にあたった。

形勢は、一気に逆転した。

フレグ自身は、仏教徒であった。幼いころから、テュルク語・モンゴル語でバクシと呼ばれる僧侶の教師・顧問たちからウイグル文字や学問をさずけられた。彼はその後、多言語と諸学に通じる人間となりゆくが、ホラーサーンにあっても、仏寺を建立するなど、おそらく大カアンのクビライとその系統とおなじく、基本的にはティベット仏教を奉じていたと見られる。権力獲得のための手段だったとはいえ、ガザンのイスラーム改宗は大きな政治選択となった。

これ以後、フレグ・ウルスは、イスラームを少なくとも表面上は尊重する構え・施策を採りつづけることになる。そして、ガザンの敷いた路線は、無二の友にして、いわば「皇太弟」といっていい立場にあったオルジェイトゥ、さらにその子アブー・サーイードに継承されるのである。フレグ・ウルスなるものは、フレグからの三五年間の疾風怒濤時代と、ともかくもガザン以後、イスラーム政権としての外被をまといつづけた時代と、ふたつの時期に分けられるといっていい。

オルジェイトゥと東西和合

幼名をオルジェイ・ブカといい、ついでペルシア語でハルバンダ、すなわちロバ引きといい、また同じくペルシア語でホダー・バンダ、「神のしもべ」とも名乗り、さらには父アルグンの親ヨーロッパ、親キリスト教方針から教皇ニコラウス四世とおなじ洗礼名を名乗ったことあるオルジェイトゥは、モンゴル語で「幸いあるもの」の名のとおり、足かけ一〇年の苦闘のすえ若くして他界した兄ガザンにくらべて幸運な治世を送った。なによりも、フレグ・ウルスの国力が回復したこと、そしてモンゴル帝国全体が久方ぶりに東西和合を遂げ、ユーラシア全体もかつてない平和状態になったことである。

東西に大きくひろがるモンゴル帝国の課題は、オゴデイ系・チャガタイ系が入り乱れてまとまらぬ中央アジアであった。それを、ひとまずオゴデイ一門のカイドゥがチャガタイ諸系を従えるかたちで、まことにゆるやかな「かたまり」をそれなりにつくったのは、一二八〇年代の末頃であった。それを、ペルシア語史書は「マムラカテ・カーイードゥーイー」、すなわちカイドゥの国と表現する。ただし、従来ややもすればカイドゥを巨大視しがちだったが、実際はカイドゥは大カアンのクビライに直接に反抗したことは一度もなかった。盟主としてのカイドゥは、西のエミル―コボク（現在の新疆ウイグル自治区ホボク・サリ）の一帯、および東の甘粛・タングト地方に大きくふたつに分かれるオゴデイ系と、幾つか複数の核が並立するチャガタイ系のうえに立って、天山北麓のカヤリクとサイラムの間を根拠地に、国家とはいえぬきわめてゆるやかな牧民連合を形成した。そして、チャガタイ一門のとりまとめ役として、結局はドゥアをパートナーに選んだ。

ところが、一二九四年に老帝クビライが八〇歳をもって長逝し、その孫テムルが第六代大カアンとなると、次第にカイドゥの動きは活潑となった。翌九五年に、ガザンがフレグ・ウルス当主につき、イラン方面が安定化にむかいだすのと明らかに連動して、カイドゥとド

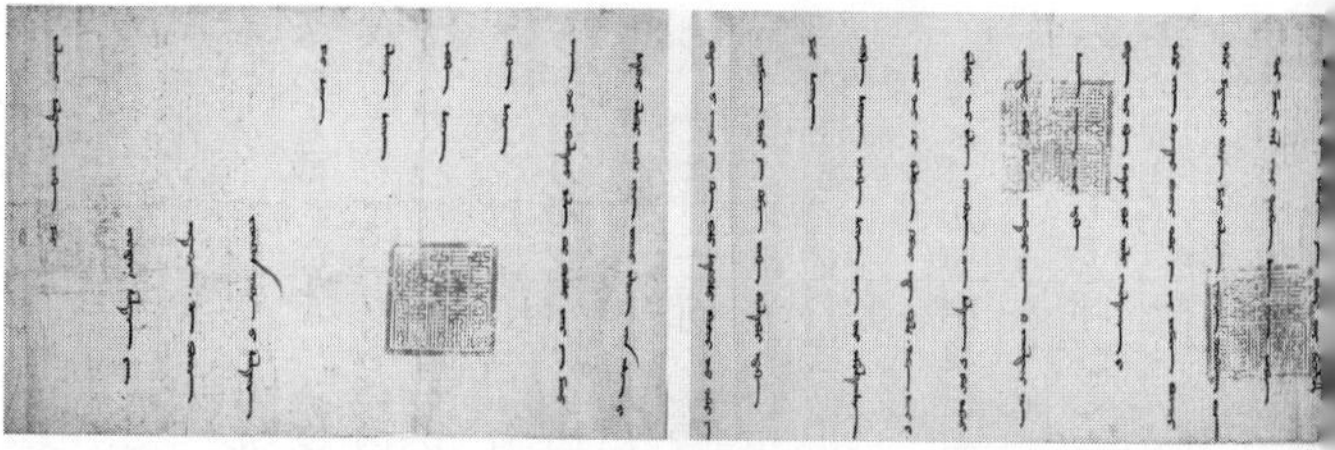
オルジェイトゥのフィリップ4世あて書簡　1305年、フランス王にあてたもの。天地36㎝、左右117㎝。フランス国立公文書館蔵

ゥアは大元ウルス西辺へ兵を動かすようになった。くわえて、成宗テムル即位の三年後、一二九七年に、かねてよりカイドゥ側に寄り添う姿勢をみせていたアリク・ブケの遺児などが、テムルのもとへ東帰した。老境に達していたカイドゥは、自分の中央アジア支配が地崩れをおこすことに恐怖して、モンゴル本土へ生涯ただ一度の乾坤一擲の勝負をかけた。一三〇〇年から翌年、アルタイ山一帯でモンゴル同士の会戦がくりひろげられ、カイドゥ側は一敗地にまみれ、カイドゥ自身も、一三〇一年、そのときの傷がもとで他界した。

情勢は、急転回した。カイドゥにおさえられてきたドゥアは、中央アジアを制圧するいっぽう、同方面の王族・諸将こぞって大カアンのテムルにあらためて臣従を誓った。かくて、一三〇四年、全モンゴルの完全和平を知らせる大カアンの使節団が、各ウルスを順次おとずれた。フレグ・ウルス君主のオルジェイトゥは、時のフランス王フィリップ美王（四世）にあて、ウイグル文字モンゴル語の国書を送った。今もパリの国立公文書館にのこるその文面には、自分たちモンゴル全体が、ふたたびまったき協調と融和を回復したことを高

らかに述べている。

オルジェイトゥは、急逝した兄ガザンの地位をひきついだ途端に、モンゴルの東西和合となった。フレグ・ウルスをおびやかす北からの脅威も消え、おのずからマムルーク政権との争いも薄らいだ。フレグ・ウルスは、これまでの従来から内紛とは別にきちんと保持されていたものの、モンゴル帝国を陸上でつらぬく交通路も、今やより活潑な交流・交易の道となった。くわえて、宗主国の大元ウルスとの間を海上でむすぶインド洋上ルートも、ますます活性化した。とくに、第四代アルグン以降、ヨーロッパとのかかわりを重ねてきたフレグ・ウルスは、これを境に、陸路と海路の両方で堰を切ったようにむすびつきを深めてゆく。

アフロ・ユーラシアの各地は、かつてない巨大な地平と平和状態につつまれてゆく。世界は、まさに旋回した。幸いなるオルジェイトゥは、兄ガザンの『モンゴル史』を踏まえつつ、まさに世界総合史たる『集史』を国家編纂する。それは、モンゴル帝国の各ウルスとの一体性と、文字どおりの世界なるものの出現とを、ともどもに謳歌するものであった。

モンゴルが中東にもたらしたもの

フレグ・ウルスは、これまでイル・カン国、もしくはイスラーム王朝風ないい方でイル・ハン朝などと呼びならわされてきた。だが、『集史』をはじめとするフレグ・ウルス自身や、その周辺がつくった歴史書・記録では、たとえばペルシア語で「ウールース・フーラーグー」、すなわち「フレグのウルス」という。モンゴル原語をそのまま翻訳したかたちである。

名称など、どうでもいいとするむきもあるかもしれない。しかし、実は奇妙な従来の呼び名そのものに、誤解の構造がひそんでいる。

テュルク語・モンゴル語で「イル・カン」とは、「部衆の君長」くらいの意味である。「イル・カン」という称号は、フレグ・ウルスの君主のいくらかだけが使用したわけではなく、ジョチ・ウルス系でもあり、また「ウルシュ・イディ」すなわち「ウルスの主」という表現も、ほとんど同義である。それを、フレグ・ウルスの通称・俗称とせしめたのは、一八二四年という学術上きわめて早い時期に、しかもフランスが生んだ名高い東洋学者のアベル・レミュザが、一二八九年、第四代フレグ・ウルス君主アルグンがフランス王フィリップ美王にあてたウイグル文字モンゴル語の国書を研究し、そのなかにアルグンのことをさす他称として「イル・カン」なる称号が使われていることから、それが普及してしまった。その内容も、フレグ・ウルスとフランスとの共同作戦によるエジプト・シリア出兵、そしてイェルサレムのフランスへの譲渡というヨーロッパにとっては心おどらせることがらを約するものだっただけに、そのインパクトも強烈だった。

ちなみに、一八二〇年代といえば、かのドーソンの『モンゴル史』が刊行されて評判をとった時期であり、フランスをふくめた西欧列強が、いよいよ東方への本格的な拡大・侵略・植民に乗り出す矢先のことであった。このころのヨーロッパは学者も気宇壮大で、たとえばドイツの歴史学者ドロイゼンが一八三六年にいいだした「ヘレニズム」なる用語・着想は、哲学者の内山勝利によれば、ただ正統的なギリシア語あるいはそれを尊重することを意味していたが、はるかにそれを超越する歴史概念として巨大化した。だが、本来は、特殊な用例にもとづいた「誤用」に近いものだという。

この手のことは、しばしばある。いったん、ある考え方やことばが普及・定着すると、当否をこえて、それを前提に話やイメージがつくられ、さらにしばしばより肥大化してゆく。この場合、とくにイル・ハン朝などというい い方は、イスラーム王朝史の脈絡にある王朝のひとつだとする思い込みがそこにある。だが、フレグ・ウルスはイスラーム王朝だったのか。

すでに述べたように、フレグ・ウルス治下には、ネストリウス派やヤコブ派のキリスト教徒も、かなり広汎に存在した。そもそも、当時のイラン地域やさらには中東が、見渡す限り一面の純然たるイスラーム世界であったなどということは、全くない。中東とイスラームとをそのまま重ね合わせるのは、近代主義といっていいが、近年ではそれも否定する考えさえ提出されている。まして、フレグ・ウルス君主をはじめ、この権力体の中核・主力をなす人たちのなかに、はたして真正のムスリムはどれほどいたのか。

オルジェイトゥの宮廷において、スンナ派イスラームの論争がなされたさい、モンゴル軍の主帥たるクトルグ・シャーは、アラブ人の古い宗教を信じるよりは、チンギス・カンのヤサ（軍律）とヨスン（道理、きまり）にもどろうと呼びかけた。だいいち、オルジェイトゥ自身が、もともと仏教徒にしてキリスト教徒ともなり、さらにイスラームのスンナとシーアの間をゆれた。ようするに、大元ウルス以下のモンゴル・ウルスでは、どこでもモンゴルた

イランのタフテ・スレイマーン遺跡　フレグ・ウルスの重要な駐営地で、ローマ帝国、サーサーン朝などの重層遺構でもある。*DSCHINGIS KHAN UND SEINE ERBEN, 2005.*より

ちは所詮はほとんど素朴なテングリ（上天）信仰を本質とする「多神教徒」であり、宗教も政治・支配の手段として眺めたにすぎない。

　ガザンのイスラーム改宗が、クー・デタのための方便であったとはいえ、それなりにイスラーム国家風の粧いと体裁をとるのは、国家・政権の運営上、いずれは当然のことではあった。ガザンがみずからペルシア語で「パードシャーヘ・イスラーム」、すなわち「イスラームの帝王」と称するのは、そうした文脈においてよく理解できる。「世界の帝王」は、まぎれもなくモンゴル大カアンであった。その代官たるガザンは、「イスラームの帝王」と名乗ることで、みずからがイスラームの擁護者にして、イラン・中東方面の「帝王」であることを誇ったのである。

では、ひるがえってモンゴル・ウルスのひとつたるフレグ・ウルスは、中東になにをもたらしたのか。それは、ひとことでいえば、テュルク・モンゴル式の軍事権力とそのシステムであった。つまり、「国家」を中東にもち込んだのである。

モンゴル以前、たとえばセルジュクという名のいくつかの群れからなる外来者は、きちんとした組織体・権力体をなしておらず、またついに確たる国家・社会システムをまとめあげることもなかった。だが、モンゴルは、あらかじめ国家ないしは帝国としての歴史と経験を五〇年あまりへたうえで、それらのシステムごと、まとまって到来した。権力の中核には、君主を中心とする軍事集中体制を常備し、左・中・右の三翼編制を基本とする展開と、モンゴル語でジャルリク、テュルク語・ペルシア語でヤルリクという勅令を至高のものとする文書体系をしいた。本来、ジャルリクなるものは、大カアンの命令だけをいったが、フレグ・ウルスなどでは、モンゴル帝国全体にかかわる場合は、「諸王のことば」を意味する「ウゲ」と称し、直接の領域内については「ヤルリク」と自尊した。つまり、二重体制の権力であることを示すとともに、対外・対内を使いわけたのである。

ようするに、ガザン以降にあっては、モンゴル帝国でほぼ完成の域に達した軍事機構を無条件の国権の中心にすえたうえで、ユダヤ人・イラン人などをはじめとする多人種の官僚群による財務・行政、そして人口の多くを占めるイスラームを主体として各宗教・宗派ごとの聖職者組織――、以上の三つを国家・社会の柱とした。この方式は、同時期のマムルーク朝

廃墟となった帝都・スルターニーヤ(上)　17世紀のフランス人、シャルダンの旅行記より

オルジェイトゥ廟(左)　フレグ・ウルス第８代君主のオルジェイトゥは、懸案であった新帝都スルターニーヤを、美しい川が幾筋も流れる豊かな草原に営んだ。東方の宗主国・大元ウルス皇帝のカイシャンが新造した中都に刺激されたとの記録もある。さまざまな建造物のなかでも、彼自身の墓廟となるモスクは、紺青を基調とする色タイルで壁面をおおい尽くされ、まことに壮麗きわまりない佇いで衝撃をあたえ、イスラーム建築を大きく変えることになる。のち、そこからはぎとられた色タイルのひとつひとつが貴重な美術品として、世界各地に収蔵されている。1968年撮影

のみならず、その後の中央アジア・インド以西の国家にもひきつがれた。その意味でも、時代を変えたのである。

フレグ・ウルスは、オルジェイトゥのときにスルターニーヤという帝都を新造した。その壮麗さは、中東はもとより、世界に喧伝された。本来、「コンクル・オルン」すなわち黄金色の草原を意味する駐営地のひとつであった。その場所は、アゼルバイジャンの東南側、イランの東西南北の交通をおさえる要衝であった。その帝都構想は、アルグン時代には確認されるが、おそらくはフレグのときからあったのではないか。ただ、その余裕がないままに、時をすごしたのである。モンゴルは、大カアンの帝都としてのカラ・コルム、大都、上都、中都（カイシャンのとき）、ジョチ・ウルスのふたつのサライ、そしてフレグ・ウルスのスルターニーヤと、新しい権力の象徴・政治装置を営むのを常とした。セルジュク、オスマンなどでは見られず、モンゴル以来の伝統として建築を好んだティムール、ムガルでも、まったくのさら地に帝都を零から新造することはなかった。

第六章　地中海・ヨーロッパ、そしてむすばれる東西

聖王ルイの夢

壮大な艦隊、聖地回復の企て

フレグの西征開始に五年ほど先立つ一二四八年八月二五日、ヨーロッパではフランス王ルイ九世が、あらたに築造したエーグ・モルトの港にて乗船し、三日後ついに出航した。めざすは、地中海の東、エジプトの地であり、上陸地としてはダミエッタであった。聖地回復のためには、エジプトの制圧こそが肝心と見たのである。いわゆる十字軍としては、第七回目のことであった。

ルイ九世は、一家眷属《けんぞく》も連れていた。麾下《きか》の将兵について、フランスを代表する歴史家ジャック・ル・ゴフは、大著『聖《サン》王ルイ』のなかで、二五〇〇をやや上回る騎士、同程度の楯もちと武装した従士、およそ一万の歩兵、五〇〇〇の弩弓《どきゆう》射手からなり、総勢二万五〇〇〇に近い人間と約八〇〇〇頭の馬であったと推測する。そして、それらと食糧などを載せる船は、三八隻の大型船と数百隻のやや小型の船からなっていたとされる。ちなみに、大型船の多くは、当時の地中海・エーゲ海・黒海で活躍するふたつのイタリア商業都市国家、ヴェネ

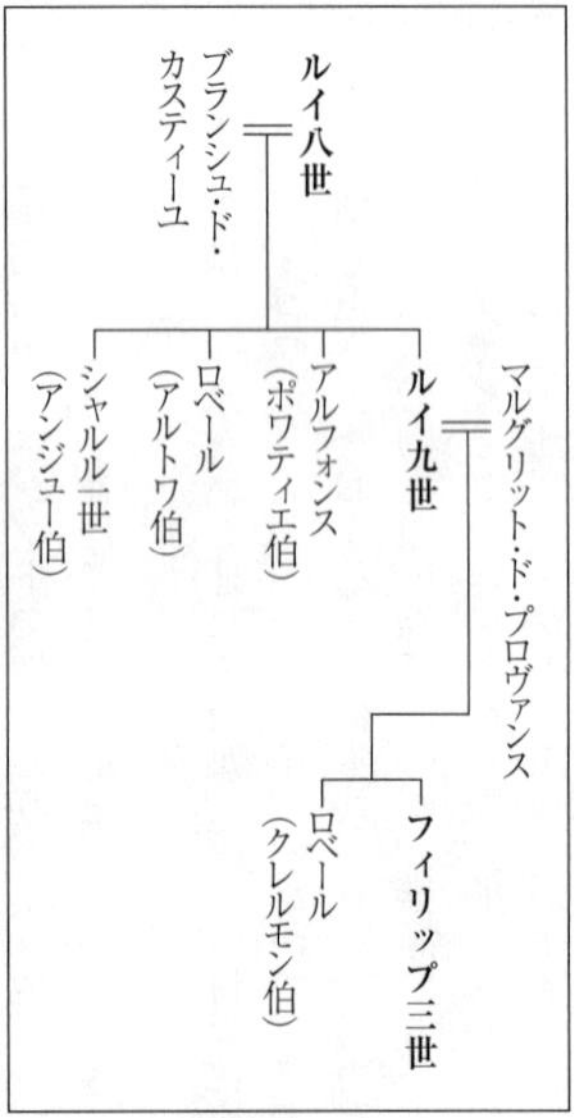

ルイ９世の略系図

ツイアとジェノヴァから借りあげたものであった。商業船と軍用船に、区別はなかった。ともかく、ヨーロッパにあって、最大規模の驚くべき陣容にして大艦隊であったといっていい。

かえりみて、一二二六年、わずか一二歳で父ルイ八世（獅子王）の逝去により王位についたルイ九世は、すでに二二年の治世をへて、このとき三四歳。そして、それからさらに二二年後の一二七〇年、ルイ自身としては二度目の十字軍、通算では八回目を企て、今度はなんとテュニスをめざした。聖地イエルサレムを回復するためには、エジプトをおさえる必要があり、そのエジプト制圧のために、「後背地」たるテュニジアをおさえるという迂遠《うえん》な計画であった。ルイ九世とその周辺は、アフリカの地理を根本的にはわかっていなかったのだという考えは、それなりにうなずかされるところがある。

だが、二度目の十字軍も、うまくゆかなかった。それどころか、目的地に着いて七日後、八月二五日、ルイは弟シャルル・ダンジューの来着と同時に逝去する。それは、十字軍なる運動が終ったときでもあった。ちょうど、二二年ずつの治世の折り返し、そしていずれも八月二五日という暗合は、いささか因縁めいてもいる。

ルイ九世の四四年にわたる王位は、フランスが輝いたときのひとつとされる。敬虔なキリスト教信仰に生き、聖地回復の情熱を燃やしつづけた彼は、その死後に列聖されて「サン・ルイ」となり、理想の君主像としてもてはやされることになる。しかし、彼の人生は、まさにモンゴルが世界を席捲した時代の前半期にあたる。そして、モンゴルもまた、一貫してフランス王をヨーロッパ最強の王と見なした。モンゴルたちが呼んだ「ライダー・フランス」とは、フランス王（ロワ・ド・フランス）のことである。サン・ルイは、疾風怒濤の時代に生きたのであった。

エーグ・モルトの城壁　地中海に面した港町。ル・ゴフ『聖王ルイ』(新評論、2001年)より

地中海というと、平和な航海を想うむきもあるかもしれない。だが、地中海は、危険な海であったことはまぎれもない。深さは四〇〇〇メートルに達し、地中海中央に浮かぶシチリア島のエトナ火山が三三二三メートルであることでいえば、高低差というか七〇〇〇メートルをこえる地殻上の段差がある。たとえば、ナポレオンの故郷であるコルシカ島は、大きからず小さからず、独特の風情にあふれた土地柄だが、峨峨《がが》たる山々と切れ込む渓谷は心をおどろかす。歴史上でのアナロジーから、ともすれば地中海と瀬戸内海を似たものとして論じるむきが

あるが、事実はまったく異なる。深度二〇〇メートルをこえることも少ない平底の浅い海である瀬戸内海と、荒れ狂うことの多い地中海とは似て非なるものである。激しい高波、すさまじい突風など、地中海をゆくことは危険にみちている。

ルイ九世の艦船も、それを承知で乗り出した。だが、当然のこととして、所詮は多くが風まかせとなる帆船時代においては、そもそもきちんとした艦隊行動など、まさに机上の空論であった。地中海においては、古くから帆と櫂《かい》とを併用するガレー船が使われ、とくに中世になると、三角帆が導入され、細い船体による動きのよさも好まれた。だが、ルイ艦隊のころはまださほどでもなく、大型のガレー船が登場する一四世紀とは事情を異にした。海図のみならず、現実の航海でも、一三世紀と一四世紀の間に大きな段差がある。出入港や、よほど波がないときは櫂は有益だったが、地中海上の航行では計算どおりにゆくことは稀であった。

ともかく、わたくしたちは、自力航行できる動力船が出現する一九世紀なかば以前と以後とを、明確に「別世界」として考えなければならない。その意味でも、一八五三年におけるペリー艦隊なるものが、四隻のうち、二隻が自力航行できる蒸気船であったことを、もう一度かみしめたい。日本史にとって特別視されるかの時は、実は世界史においても大きな転換の時代の突端に位置していたのである。

地中海艦隊の現実

ルイは、東方へと旅立った。多くの人がおそれる海をゆくこと自体、すでに壮挙であっ

第７回・第８回十字軍の遠征ルート

た。だが、なににつけ、彼の思惑どおりにはいかなかった。ルイの艦船は、まずキプロスへとむかった。当時、この島はリュジニャン家のラテン王朝が一一九一年のリチャード獅子心王の占領以後つづいており、地中海東岸のラテン系の諸国家にとって鍵となる存在であった。ルイの一行は、九月一七日に同島に上陸したものの、翌五月末まで長期の滞留をすることになってしまった。

ルイ九世の十字軍遠征には、若き武将ジャン・ド・ジョワンヴィルが、シャンパーニュ伯の将兵たちをひきいて参加していた。彼が、ルイの没後、三〇年以上ものちに綴った証言は、ルイ九世と第七回十字軍の実像を臨場感あふれた生々しい語り口で述べたものとして、きわめて名高い。それによれば、ルイ本人は、すぐにでもエジプトに赴きたかったのだが、未到着の艦船・兵団をすべて待つよう、従軍の諸侯たちから進言されたのだという。

ようするに、ルイの船団は「かたまり」で行動はできず、三々五々、ばらばらに来着したのであった。このあたり、事情は北九州におしよせたいわゆる元寇《げんこう》のとき、とくに二度目のおりの江南軍とよく似ている。それはそれで当然のことであり、仕方がなかった。これが、当時の現実にほかならない。

すでに、二年まえから十字軍の作戦基地とすべく、ルイ九世はキプロス島にぶどう酒・小麦・大麦をはじめ、大量の物資を集めていた。それでもなお、増援物資や艦船建造など、さまざまな準備があらためて必要となり、また日ごと軍兵の宿営経費もかさんでいった。そのため、以前にフランス本国で聖職者たちに強制したり、利子つきで掻きあつめた軍資金とは別に、ルイはイタリアの銀行業者に借金を申し込まねばならなかった。

キプロスでは、当地の王・諸侯・住民が参加を表明し、東地中海方面に居留していた騎士団やラテン系の諸勢力もくわわることになった。ルイ以下の首脳部としては、できる限りの大兵団で、かつは万全の構えでもって押し出そうとしていたのではあったが、フランス勢とジェノヴァ人の騒動やその他のもめごともおき、さらにはなんと、モンゴルからの使節がルイのもとを訪れるという全く予想外の事態もあった。後述のように、それはルイにとって、大いなるなにかを期待させるものであった。

そのいっぽう、冬の航海はあまりに危険で、これは断じて避けねばならなかった。結局は、八ヵ月を上回る異様な長逗留となってしまった。だが、ともかくも秋・冬・春をすごして、ようやくエジプトめざして出帆する次第となった。

上陸作戦の幸運

ところが、立ちあがりから不本意な事態がおきた。ジョワンヴィルによれば、一二四九年五月二二日、キプロス南岸の首邑《しゆゆう》リマソールの海上には、ルイの乗艦をはじめ、大小なんと一八〇〇隻が結集し、まことに壮観をきわめたという。そして翌二三日、リマソール岬の先端にて、いったん全艦船が停止し、ルイ以下は下艦してミサをおこなったその直後に、激烈な風がエジプト方面から吹きつのり、荒れ狂った。

そのため、ルイ麾下の騎士は、総勢二八〇〇のうち、わずか七〇〇騎をのこして、その他はことごとく地中海東岸の各地へ流されて、久しくもどってこれないことになってしまった。戦力の中核の中核たる騎士は、四分の一になってしまったわけである。その他の各種兵員が、その割合で減少したのかどうかは不明だが、ともかくダメージは大きかった。地中海域のこわさ、そして帆船時代というものの現実、いずれも雄弁に物語っている。

ルイは、やむなくのこりをひきいて、風のないだ翌日にふたたび帆をあげて、エジプトへと南下した。途中、かの悪名高い第四回十字軍にて出現した「ラテン帝国」治下のモレア（ギリシアのペロポネソス地方）より、大公ギョーム五世とブルゴーニュ公の兵船がやってくるのに出会った。かくて、風まかせにすすんで、六月四日、ナイル河口の交通・交易の要衝ダミエッタ附近に到着した。アイユーブ朝のスルターン権力をいただくエジプト側も、ダミエッタへの来襲を予想し、海岸に大兵団をずらりとならべて待ちかまえていた。

翌五日、ルイ軍は、もっとも危険で困難な敵前上陸を敢行した。大船から上陸用のガレー

ダミエッタ上陸　ルイ９世の軍は、エジプト側が撤退した城郭都市をやすやすと占領した

船や小船に乗りかえ、馬をもおろして、なんとか陸に立とうとした。だが、完全重武装の騎士たちにとって、海中に没すれば、死を意味した。激戦が展開し、当然のことながら、フランス軍の将兵に損害が続出しだした。

ところが、ここで思いがけないことがおきた。戦況を伝書鳩で報じていたエジプト軍は、スルターンからの指令が返ってこないことを危惧し、あるいは重病のスルターン・サーリフが他界したのではと錯覚した。スルターンの逝去は、政権構造の変化どころか、政変やクー・デタも十分にありえることを意味した。それくらい、アイユーブ権力は不安定であった。エジプト軍の将帥たちは、自分の命運の浮沈もかけて、ただちに戻らねばならなかった。騎馬を中心とするエジプト軍は、突然にダミエッタの戦場から撤退した。

反対に、エジプト軍の攻撃がなくなったルイ軍は、まことにあやうかった上陸作戦を無事に乗りきった。それどころか、攻略には相当に手間どるはずの堅固な城郭都市ダミエッタをも、ほとんど無抵抗のうちに、やすやすと占領した。これも、エジプト軍のおくりものであった。六月六日のことである。

フランス軍は、ダミエッタに入城し、そこを本営とした。ルイ軍の将兵が、戦利品の分配をはじめ、なんであれひどく沸き立ったのは、当然のことではあった。だが、上陸作戦へのおそれや恐怖が杞憂におわり、ダミエッタ攻略もあまりに簡単に実現したため、逆にエジプト側をなめ、自分たちの実寸と足許を忘れた。あきらかにおごり、浮き足だった。

この時点では、いろいろあったけれども、ルイ軍は基本的に幸運であった。だが、ようは、エジプト軍の失策にたまたま恵まれたにすぎない。そのことも、わかっていなかった。問題は、それからであった。

野望と災厄、悲惨な壊滅

ジョワンヴィルが率直に語るように、ダミエッタ掌握は神があたえた大いなる恩寵《おんちょう》であった。エジプトの喉元をおさえる戦略拠点を手に入れ、これだけでもすでに立派な戦果であった。ダミエッタとひきかえに、パレスティナでの割譲や安全を交渉ではかることも、十分にありえることとなった。

ヨーロッパ側が、バビロンと呼ぶ敵の首都アル・カーヒラ（現カイロ）や、そこに至る途上の要衝マンスーラに対して、あえて直接に進攻しなくても、王権そのものが弱体化しているエジプト側が、折れてくる可能性は大いにありえた。「条件闘争」は、十分すぎるほどあった。ただし、おもいがけない幸運をそのまま幸運とすることができるのは、ひとつの能力である。幸運は、ときに、さらなる反動をおこす。自他の輪郭を見切ることは、いつの時代もきわめてむずかしい。

ルイとして、採るべき道は、一気呵成の短期決戦か、あるいはダミエッタとその周辺を固守しつつ、なるべく実戦を避けながら圧力をくわえつづけるか、いずれかであった。かたや、エジプト軍は、上陸時をたたくという無二の機会を逸し、ダミエッタをむざむざと手渡し、政権としての弱味も見せてしまっていた。くわえて、イスラーム側は、この時点では海軍力を根本的に欠いていた。艦船については、キリスト教側が圧倒的に優勢なのであった。ルイ側としては、他のヨーロッパ勢力の船舶も動かして、エジプト海上を封鎖したうえで、ダミエッタ一帯を重武装地帯としつつ海からたえず補給しつづければ、エジプト軍は手も足もでなかったはずであった。もっとも、こうしたことは、やはり後知恵のたぐいかもしれないが。

ダミエッタ占領後、数ヵ月もの間、ルイ軍は動かなかった。各所の陣地構築と、そこへの諸軍の配置に日をすごし、とにかく待機する作戦をとりつづけた。これは、多くの従軍戦士たちの不評を買ったという。だが、ルイとしては、持久戦の方針を採ったわけであり、十分にうなずけるものであった。アイユーブ権力のゆらぎや崩壊は、おそらく予想していただろうし、また結局はそうなった。

ところが、一〇月末の協議にて、海軍力を前提とするアレクサンドリア包囲、すなわち海上封鎖策を大多数が主張するなか、ルイは弟アルトワ伯ロベールのカイロ進攻策をあえて採用し、真正面からの武力対決に出ることとなった。賢明とおもわれた耐久作戦を捨て、ルイが、騎馬を主力とする敵優位の危険な平原戦へとあえて大きく方針を転換した背景には、ロベールをエジプト王へ擁立する話があった。カイロ側も、この動きに、全エジプトの領有をねらうものと見て、本気にならざるをえなかった。ルイは、安全で確実な成功を捨て、エジプトをフランス王国の分領とする大いなる野望に賭けたのである。つまずきの石は、まずここにあった。

もうひとつ、災厄がルイ軍を襲った。壊血病《かいけつ》と赤痢《せきり》であった。南進したルイ軍は、マンスーラに至るまえに悪戦苦闘して立往生した。そのうえ、将兵ひとりひとりが、伝染病で内から崩れた。ダミエッタとの連絡もたちきられ、補給もままならず、悲惨な退却となった。フランス軍は、急速にぼろぼろとなった。外と内、これほどまでの壊滅は、稀に見ることであった。

エジプト軍の主力は、はるか彼方、キプチャク草原や東方などからやってきたものたちであった。ようするに、のちのマムルーク軍団の原型がそこにあった。遊牧民ならではの機動力と展開力は、フランス軍とはくらべものにならなかった。いまや、バイバルスひきいるエジプト軍のしたい放題となった。

フランス軍が得意とする肉弾戦は、所詮、遊撃戦を本分とする戦術的な方式にはついていけなかった。つまりは、時代遅れなのであった。ヨーロッパの騎士たちは、あまりにも体力まかせでありすぎた。実のところ、負けるべくして負けたといっていい。悲劇というほかはない破局についてのジョワンヴィルの体験談は、ヨーロッパ中世の騎士道風の世界が、あまりにも自己賛美の現実離れしたカリカチュアめいたものだったことを今に伝えている。

捕虜の王、帰らぬルイ

進退きわまったルイ以下の将兵は、エジプト軍に投降して捕虜となった。その数、一万二千余というから、実のところ、生存したほとんどが捕囚となったといっていいのだろう。一二五〇年四月一〇日、ないしその前後のことである。このあたり、記録はおそらくわざと曖昧にボカしている。ちなみに、ジョワンヴィルも、捕囚のひとりとなった。

ルイ九世以下は、一ヵ月の俘囚生活をすごし、ダミエッタの引き渡しと二〇万リーヴルという巨額の身代金によって釈放された。さらに、アクレ（もしくはアッコ）に撤退したさいに、もう一度、二〇万リーヴルを支払う約束もさせられた。ところが、捕虜生活の間に、ルイたちはアイユーブ権力が目のまえで転覆する現場を見ることになった。

ひるがえって、ダミエッタ上陸作戦の時点で容体が悪化していたスルターン・サーリフは、結局のところ一二四九年一一月、マンスーラ城にて他界した。その一子トゥーラーン・シャーが、メソポタミア方面の飛び地たるジャズィーラ地方のヒフス・カイファー城よりひそかに呼びよせられ、スルターン位をついだ。アイユーブ朝なるものは、アラビア語で「ダウラト・アル・クルディーヤ」、すなわちクルド人の王朝であった。このなりゆきも、それをよく示す。だがというか、当然というか、新スルターンはクルド方面からの自分の配下を登用し、政権を支えていたエジプト在住のマムルーク軍将などを排斥した。

これに憤激したマムルークのバイバルスたちは、新スルターンを暗殺する。一二五〇年五月二日のことである。ここに、エジプトは外来者たるマムルーク軍団のおさえるところとなった。明日をも知れぬ捕囚の身のなかで、ルイたちはクー・デタの一部始終を目撃したのであった。もう少し、ダミエッタで持久戦をきめこんでさえいれば、勝手にエジプト側がこけるのを眺め渡せたのである。ルイの心中は、どうだったのだろうか。一件の顚末は、ルイの不運というよりは、あきらかに彼に将才・戦略眼がなかったことを示している。

クー・デタ以後、俘虜解放の話し相手は、アイバクやクトゥズ、さらにはバイバルスなどとなった。つまりは、ルイ九世たちとマムルーク権力とは、ここで直接の顔見知りとなったのである。ジョワンヴィルの語るところによれば、ルイの王としての気品、自分の命を吝《お》しまない毅然たる態度は、マムルーク将官たちの心を打ち、尊崇の念さえひきおこしたらしい。きわめてよくわかることである。ルイの魅力は、王としての気高さ、信仰へのひたすらな誠実さにあった。ルイは、はからずも、王たるものはいかなるものであるかを、マムルークたちに見せつける結果となった。

マンスーラの戦い　1250年、ルイ軍はエジプト軍に敗れ、ルイ以下の将兵は捕虜となった

五月八日、ルイ九世たちはエジプトを離れ、海路にてイエルサレムにほど近いキリスト教勢力の根拠地アクレの港に入った。ルイは、これ以後ほぼ四年間、聖地とその周辺を離れなかった。フランス本国をあずかるルイの母なる王太后は、当然、すみやか

な帰還をもとめた。無謀な突出攻撃で戦死したかのアルトワ伯ロベールは別として、アンジュー伯シャルル（むしろシャルル・ダンジューのフランス名そのままでよく知られる）やポワティエ伯アルフォンスなどの弟たちは戻っていったが、ルイは最後の捕虜の生還を見とどけるまではと、踏みとどまったのである。ルイの面子《メンツ》、そしてイエスの地にてイエスのように捨て石にならんという決意の両面があったとされる。

今や、ルイ九世はもっともよくエジプト・中東情勢を知る人間となった。そして、キプロス、エジプト、パレスティナと通算六年にわたる十字軍戦士たちとの命懸けの団体生活のなかで、身分・立場をこえた一体感がルイの評判を大いに高めた。ダマスクスを中心とするシリア方面のアイユーブ権力と、エジプトのマムルーク政権との対立・相克を利して、ルイは新たなる足場を築こうとする。ルイとの連携をもとめて、エジプト側は、「イェルサレム王国」なるものの西辺をルイにゆずる。また、シリアのアイユーブ政権と、一二五四年二月には、休戦協定がむすばれ、地中海東辺の十字軍国家の安全が約される。さらに、パレスティナ一帯のキリスト教側の城塞は、ルイ軍団の手によって防壁が再建され、主要な城市には増援部隊がおかれた。

中東におけるヨーロッパ勢力の救世主にはなれなかったが、それなりの成果はのこして、一二五四年四月二五日、ルイはパレスティナを去った。さらに時は流れて、ルイ九世がダミエッタにやってきたときから、五五〇年ののち、ナポレオンはエジプトに上陸する。それをむかえうつのは、なんとマムルーク軍団であった。オスマン帝国に呑み込まれたかたちを採りながら、依然としてエジプトで生きつづけていたのである。

だが、ナポレオン軍の銃火器のまえには、もはや、マムルーク騎兵は用をなさなかった。ここにおいて、近代なるものがもたらした「なにか」は、ヨーロッパと中東の差として顕著にあらわれている。すなわち、ルイ九世とナポレオン、地中海制覇をともに夢みたふたり。この間の歳月が、中世なるものから近代へいたる世界史の大きな旋回を象徴している。

モンゴルは敵か味方か

いくらか時をさかのぼって、ルイ九世がキプロスに滞在していたとき、モンゴルからの使節と称するものたちが訪れた。一二四八年一二月、海岸部から内陸のニコシアへ移動していたルイの本営へ、モンゴル将帥イルジギデイからつかわされたというふたりのテュルク系のネストリウス派キリスト教徒がやってきたのである。すでに述べたように、イルジギデイは第三代モンゴル皇帝となったグユクから、結局は実現しなかった中東大侵攻の先遣大将として任命され、東部イランのバードギースの地に駐留していた。

ふたりの使節は、口頭で皇帝グユクとイルジギデイのキリスト教への改宗をはじめ、ルイとの友好を述べたて、かつはペルシア語によるイルジギデイの書簡をさしだした。ルイは、これをドミニコ修道会に属するロンジュモーのアンドルーにラテン語訳させたが、キリスト教への好意にあふれた内容であった。なお、ルイの遠征については、それを知ったエジプトのスルターンが漏らした情報を、モンゴルは伝え聞いたと述べたという。

この二人の使節とそのことば・書簡については、従来、さまざまな意見がある。いわく、ルイの十字軍をモンゴルの次なるもくろみに利用すべく、わざと誤解をまねくよう振る舞ったのだ。またいわく、モンゴルはもともと全ヨーロッパ支配を考え、そのため将来の協力者としてルイに期待した、などなど。たしかに、そうした面も考えられなくもない。だが、そのいっぽう、いわゆる「多神教徒」ではあるものの、グユクをはじめネストリウス派信仰に好意をもつ人間が、モンゴルのなかにかなりいたことも事実である。それに、グユクの時点で、はたしてモンゴルに中東の制圧を本気で考えるゆとりがあったかどうか。

グユクは、まずはバトゥ打倒をはからねばならなかった。そして、実際には使節らしき二人がルイを訪問したとき、すでにその八ヵ月まえにグユクは他界していた。イルジギデイの書簡なるものが、グユク没後にしたためられたとは考えにくい。グユクが消えれば、イルジギデイは意味をなくすからである。また、現実にもそうなった。ふたりの使節の口上は、たしかに大袈裟ではあるものの、グユク健在の条件下でのイルジギデイの仕掛けと見て、不自然さはとくにない。ともかく、時間の前後関係は、まことに微妙である。そこにおいて鍵となるのは、やはり情報の秘匿と伝達速度であった。

確実にいえるのは、ルイの心は動いたということである。それには、おなじニコシアの地で、ルイはキプロス王から、当時モンゴルに帰属していたキリキア・アルメニア王国を介して、かなり詳細なモンゴル情報を入手していたことが見逃せない。ルイ九世が、いいかげんな誘いに乗って甘やかな夢を見たという解釈は、ややうがちすぎではないか。一二四五年、教皇インノケンティウス四世の呼びかけに応じたルイの地中海進攻作戦は、パレスティナやエジプトなどはもとより、さらに東方のイラン方面にも伝わっていたとするほうが、むしろ無理がない。それくらい、ユーラシアの東西は動いていたのである。ただし、肝心のグユクがわずか足掛け三年の治世で消え去っていたために、ルイの期待が結果として、裏切られることになってしまったのであった。

その後の展開を知っている後世のわたくしたちが、過度に知恵者になりすぎて歴史をあれこれ論評するのは控えたい。この場合、ルイはモンゴルに対して積極的に反応した。ジョワンヴィルによれば、ルイ九世は礼を尽くして使節を遇したうえ、返礼の使節としてすでにモンゴルと接触した経験をもつロンジュモーのアンドルーを指名し、モンゴル皇帝の改宗を祝う贈り物を用意した。とりわけ、豪華きわまりない天幕式の礼拝堂は、受胎告知やキリストの生涯を描く極上の刺繍をほどこし、大変高価なものであったという。

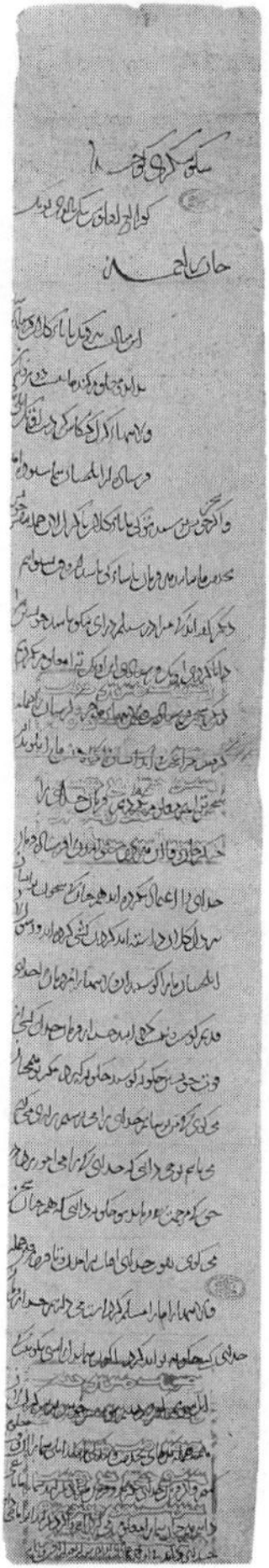

モンゴルからヨーロッパへの「国書」1246年、グユクからインノケンティウス4世へ宛てたもの。アラビア文字ペルシア語で書かれている

ルイとモンゴルのすれ違い

しかし、状況は急速に変化していた。一二四九年に、アンドルーたちがバードギースにあるイルジギデイの軍営についたとき、モンゴル帝国内は風雲急を告げていた。次期の大カアンは、はたして誰がその地位につくのか、行方も定まらぬ混沌のなかにいた。ルイの使節たちは、グユクにつらなる人脈のなかで動くほかはなかった。それ自体が、今や不運といわざるをえない構図にはまりこんでしまった。イルジギデイは、もはや他の選択肢もなく、今は亡き旧主の皇后オグル・ガイミシュのもとにアンドルーたちを送った。帝国をあずかるかたちとなったオグル・ガイミシュは、帝都カラ・コルムではなく、グユクの個人領たるエミルにおり、ルイの使節たちにとっては不本意きわまりない気の毒な旅路となった。

オグル・ガイミシュという女性は、はじめから否定的な文脈で歴史に登場する。彼女は、あきらかにルイからの使節の政治上の意味あいを理解していなかった。というよりも、そこまでの余裕をもつことは到底むずかしい立場にいて、自分とその周辺の将来を、もだしがたい不安のなかで眺めるほかはなかったのであった。オグル・ガイミシュが、アンドルーたちに高圧的な態度に出たのは、仕方がなかった。彼女からすれば、ただの臣従を求めてきたものたちに、いつものように諭告をもたせて帰らせたにすぎなかったのであった。

まったく不幸なすれ違いというほかはない。一二五二年、オグル・ガイミシュは新帝モンケの命で処刑される。とはいえ、ルイのほうも虜囚の身となって、ようやく釈放されたばかりであった。同年、アンドルーたちがもどってきたとき、ルイ九世がモンゴルへの通使をひどく後悔したというのは、後世のわたくしたちからすれば言葉もない。

それでも、ルイにはなお、なにがしかモンゴルへの未練があったのだろう。正式の使節ではないかたちで、一二五三年ギョーム・ドゥ・ルブルクをモンゴルにむけて旅立たせた。一二四五年、教皇インノケンティウス四世が派遣したプラノ・デ・カルピニにつぐカラ・コルム訪問となった。カルピニの記録が、自己を売りこまんとする意欲や、あまりにオーヴァーな文章・文脈、さらには虚構・創作にみちていて信用しにくいのにくらべ、ルブルクのそれはきわめてきちんとしている。記録としての信頼度は、比較にならない。総じて、カルピニに依拠する議論はあやうい。逆に、ルブルクの記述はもっと活用してしかるべきである。

カルカソンヌ城　南フランスの都市。中東でイスマーイール教団の山城に強い印象をうけたルイ９世が、帰国後に大改修を手がけた。それまで西欧には本格的な城郭都市は発展していなかった

ルブルクは、あくまで一介の修道士として、パレスティナを出発した。ラテン帝国治下のコンスタンティノープルをへて、海路にて黒海から、クリミアのスダクに上陸し、バトゥによって皇帝モンケのもとに赴くようすすめられた。カルピニ一行のような特別待遇もなく、苦労を重ねて、一二五三年一二月二七日、厳寒のカラ・コルム南郊にてモンケの幕営にいたった。それから七ヵ月、新帝モン

ケとその首都一帯を眺め、宗教の枠をこえた対論などを観察した。そして、翌一二五四年七月、ルイ九世あてのモンケの返書をさずけられ、今度は皇帝の庇護のもとにモンゴルの駅伝を利用してバトゥの宮廷に達し、カフカース・小アジアをへて一二五五年八月一五日、トリポリに到着した。だが、ルイはすでにパレスティナを去っていた。ルブルクはアクレにて、ルイへの復命書をしたためた。それが、いまにのこる『旅行記』(イティネラリウム)である。

モンケの返書は、オグル・ガイミシュを否定し、「フランク」の王としてのルイを明確に認知するものであった。ただし、もとより「パードシャーヘ・ジャハーン」、世界の帝王としての自信にあふれていた。なお、ルイが中東にとどまっていたら、はたしてどうなっていたのだろうか。そもそも、一二五四年にパレスティナから帰還したルイは、前年に進発したフレグの西征を知っていたのか。去る人と来る人は、一二五四年から五六年のすれちがいにより、ついにあいまみえることはなかった。なお、フランスに帰ったルイは、中東で目にしたイスマーイール教団の堅固な山城に強い印象をうけ、たとえばカルカソンヌ城を大改修して、西欧に本格的な城郭要塞都市を生みだすことになる。

サウマー使節団のヨーロッパ外交

ラッバン・サウマーの西方旅行

これは、モンゴル時代にユーラシアを東から西へ旅行した人間の物語である。東とは、現在の中華人民共和国の首都・北京のもととなるモンゴルの世界帝都ダイドゥ（漢字では大都）。帝王クビライが、二五年の歳月をついやして、まったくの「さら地」に世界の中心として造営したものであった。そして西とは、ローマ、パリをへて、ボルドーにいたるユーラシアの西辺――。その人の名は、ラッバン・サウマー。ネストリウス派キリスト教僧であり、稀有の人生と旅の軌跡でしられる。

なお、ネストリウス派は、五世紀のキリスト論争以後、東方に広まったキリスト教会で、サーサーン帝国治下で迫害されたにもかかわらず盛んとなり、中央アジア、インド、さらに中華地域にまで拡大し、景教とも呼ばれた。とくに、テュルク・モンゴル系の遊牧民、なかでもその支配層に受容され、ケレイト、ナイマン、オングトなどの王族・貴族に信奉者が多かった。その教線の広がりは、まだ十分に解明され尽くしてはいないが、たとえばネストリウス教会堂が、のちティベット仏教やイスラームの施設にすりかわった場合も、かなりあると推測される。

ひるがえって、マルコ・ポーロなる名高い人の話が、実はたしかなある個人としての行跡を語るのではなく、複数の異邦人たちの体験・見聞をよせあつめたものであったとおもわれること、おなじくアフロ・ユーラシアを旅したとされるイブン・バットゥータの旅行記なるものも、多分に合成物であったと考えられること――、著名きわまりないこのふたりの記述には、その実、どこか「うろん」な影がつきまとうのにくらべ、ラッバン・サウマーはまぎれもない一個の人間の実寸でとらえられる。

彼は、結果として、おおいに政治上の人間となってしまった。その人物像・履歴・活動・見聞のかずかずは、鮮明な輪郭で眺め渡すことができる。大元ウルス、フレグ・ウルス、そしてヨーロッパの光と影を、その人生で描写するまたとない存在である。

ラッバン・サウマーの伝記は、シリア語でしるされた『マール・ヤバラーハー三世伝』のなかにおさめられる。というよりも、ネストリウス派のカトリコス（法主）となったヤバラーハー三世こそ、もともとはラッバン・サウマーの弟子であったマルクであり、本来は師弟の間柄にあったふたりの記録をひとつとしたものであった。一三一七年までカトリコスであったヤバラーハー三世の活動を述べていることから、少なくとも同年以後に書かれたものと見られる。

この一書は、長く知られることなく、一八八七年三月になって、中東はクルド地方で発見された。その後、幾人かの努力で校訂・翻訳・注釈がなされ、一九二八年、イギリスのバッジによる英訳が出現して、それが決定版となった。一九三二年には日本語訳も出た。なお、最初の原文は、ペルシア語であったとされる。また、同書の劈頭《へきとう》に、モンゴル命令文に特有の語句をふくむ願文、ないし祈禱文がしるされているのは、時代性を示すものとして注目される。

オングト族のふたり

まだ巨大帝都ダイドゥがつくられる以前、大金国の首都であった中都（現在の北京市街の西南部、前門《チエンメン》一帯）は一二一五年、チンギス・カン軍に開城して、モンゴルの華北経営の拠点となっていた。その街に、シバンという名のネストリウス派キリスト教徒がいた。モンゴル国家を構成する有力集団オングト族の富裕な名家であったが、なかなか子に恵まれなかった。嗣子を授けられんと、しきりに神に祈り、ついにひとりの男児をえた。両親は、その子を「サウマー」と名づけた。「斎戒・断食」の意である。斎戒を守って、子を得たことにちなむのだろう。敬称をつけて、バール・サウマーと呼ばれた。

サウマーは、はやくからネストリウス派の教えを学び、やがて信仰に生きることを考え、二〇歳にいたって周囲の反対を押しきって、七年ほど独居したのち、中都の街より一日行程の山中に隠遁《いんとん》した。ちなみに、現在の北京の西南、やや山地にかかった房山《ぼうざん》の地は、中華歴代の石経《せきけい》で名高いが、そこの三盆山《さんぼん》には十字寺の遺址があり、二つの十字架がのこっていて、マルコ・ポーロ研究でも知られるムールは、そのことを一九二八年、『王立アジア協会誌』に発表した。ムールは、この十字寺をバール・サウマーが修行したネストリウス僧院であるとする。ともかく、サウマーの令名は、次第に広く知られるようになり、そこへオングト王国の地より、マルクという青年がやってきて、弟子となった。彼は、一二四五年の生まれで、オングト貴族とおぼしきバイニエルという当地のネストリウス派の副主教の子であった。

オングト族は、モンゴル抬頭のまえから、ネストリウス派キリスト教の信仰で世に知られたテュルク系の人びとであった。チンギスの制覇に最終段階で同盟者として協力し、チンギス家の「グレゲン」、すなわちモンゴル語で「むこ」たる家柄となった。モンゴル時代を通じて、現在の内モンゴル自治区のフフホトとその周辺一帯、陰山の南北から黄河におよぶ全域を本拠地として、四個の別々の王統からなる連合体の軍事力を保持しつつ、なかば独立に近い政治・社会・文化単位を形成していた。ユーラシア内陸部を貫通する東西ルートをおさえていたことも、無視できない。ようするに、マルクは広大なモンゴル領域のなかでも、とくに頭抜けた水準の文化的な伝統・蓄積をもつ「オングト連合王国」の宗教エリートであったといっていい。

ふたりは、やがてはるか西方、聖地イェルサレムへの巡礼を決意した。その背景には、もとよりモンゴル帝国がいまや中東の地まで大きくひろがりつつあったことも前提となっていた。だが、ここで伝記と事実の微妙なズレが生じる。伝記では、ふたりはオングトの本拠に赴き、連合王国を代表する君主とも王ともいえるキュン・ブカ（太陽の牡牛を意味する）とアイ・ブカ（月輪の牡牛）という兄弟の封王にまみえた。ふたりの王は、彼らを歓迎し、この地にとどまって教化してくれるよう盛んに引きとめた。だが、サウマーとマルクの決意は変わらず、そこでやむなく両王は餞別として乗馬二頭・黄金・白銀・衣服などをさずけ、両人を盛大に送り出したという。

こうした経緯そのものは、たしかにその通りではあったろう。しかし、この稀有の伝記の英訳者にして、すぐれた考証家でもあったバッジは、きわめて冷静な歴史的判断を披瀝《ひれき》する。伝記にはそれとして明記されていない事情、すなわち大カアンのクビライがこれにかかわっていないはずはないというのである。具体的には、ふたりが西方旅行をするうえで、皇帝クビライのあたえたジャルリク（勅書）とパイザ（牌子）が、所詮は彼らの安全な通行と特別な旅を保障したはずだというのである。その傍証となるのは、完全同時代のかのバール・ヘブラエウスの証言である。

ヤコブ派の宗教者として、フレグ・ウルスにてサウマーやマルクたちとごく近いところにいることになる彼は、このふたりが東方より派遣されたのは、大カアン・クビライの勅命を奉じてイェルサレムにいたらんがためであったと述べる。当時、マラーガに居住して、フレグ・ウルスの動向や意図をよく察知し、ネストリウス教会の内情にも通じていたバール・ヘブラエウスは、さらにこの両人に万能の特権を保証するパイザが帝王クビライより付与されていなければ、マラーガに到着することは不可能だと知っていた。

ヘブラエウスは、このパイザのことをシリア語で「プクダナ」と呼び、それはモンゴル語「ジャルリク」のシリア語訳だと述べる。いずれも、勅命のことである。すなわち、文書化された勅書と、それにともなってあたえられる牌子とをセットにして理解しているのであ

パイザ　帝国内の交通手形でもあり、身分証明書でもある。金・銀・銅製のものなどがあり、これは銀製のもの。長さ29.5㎝、幅8.8㎝

る。モンゴル・システムを熟知した証言といっていい。ヘブラエウスの記述、それにもとづくバッジの判断は、きわめて説得力がある。筆者も、これに賛同する。

クビライ時代のユーラシア

サウマーとマルクが旅立つのは、一二七六年ないしはその翌年のこと。つまり、すでに第

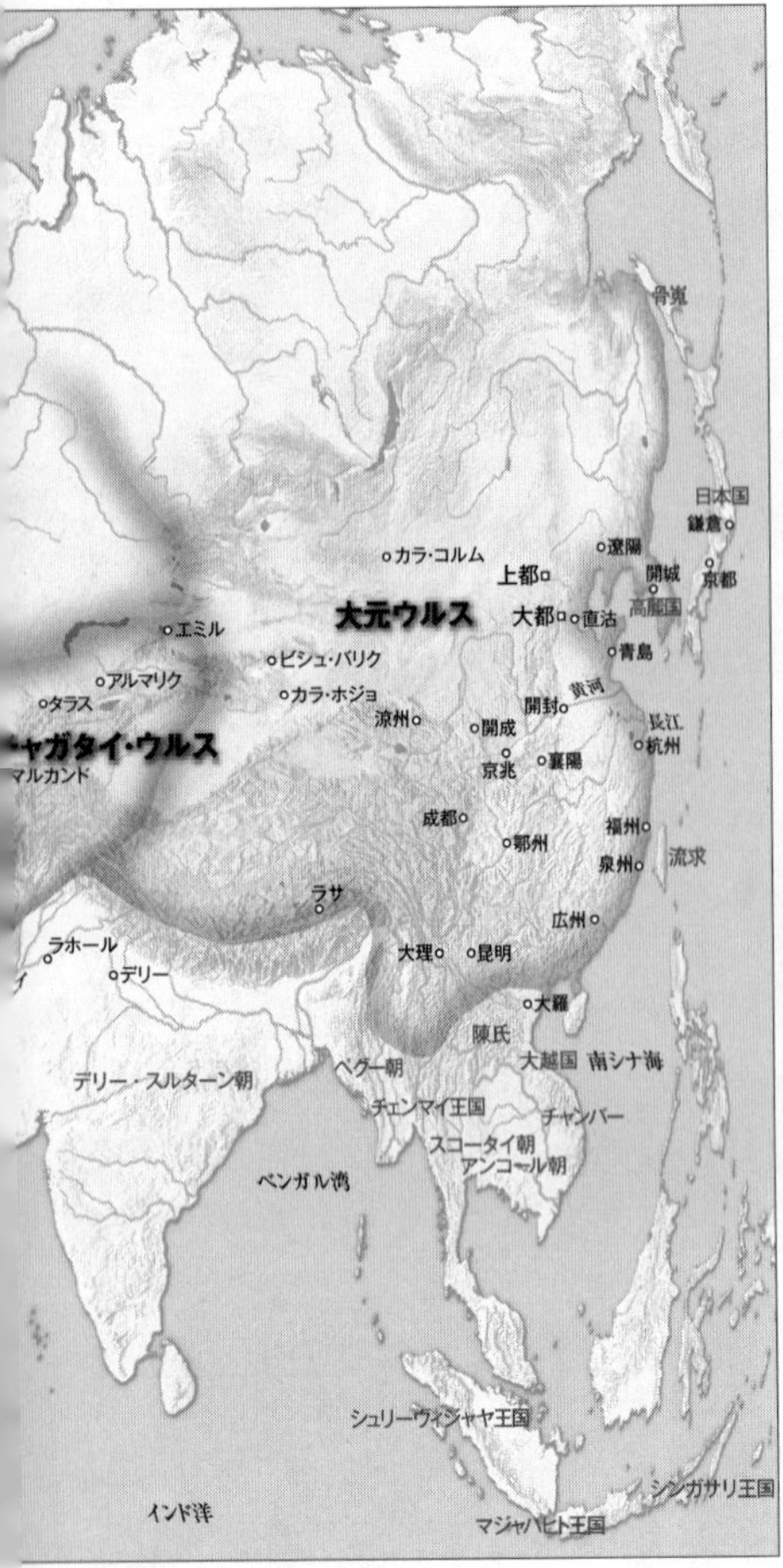

クビライ時代のモンゴル帝国

五代のモンゴル大カアンとなって十数年、クビライは着々と新型の帝国建設をおしすすめ、ひとつの大きな懸案であった南宋国もほとんど無傷のうちに接収したばかりか、あるいはその直前であった。東方における領域拡大は、はっきりと峠をこした。クビライには、海の世界がひろがっていた。インド洋上ルートによるフレグ・ウルスとの連絡もありえる事態となった。

問題は、むしろ陸上ルートにおける中央アジア方面の不安定にこそあった。「大カアンのダルガ」を自任する甥のアバカとの陸路による連携は、もっとも大きな政治課題といってよかった。クビライは、いまや亡き兄のモンケとは違ったかたちでの、より着実で恒久的な世界への展望と構想をはっきりと開きつつあったのである。

ひるがえって、『ヤバラーハー三世伝』が、クビライを明記しないのはよくわかる。この書物を綴ったのは、フレグ・ウルス治下のネストリウス教徒であった。しかも、時は一三一七年以降となると、第八代君主のオルジェイトゥもみまかって、その子アブー・サーイードの治世になっていた。もはや、クビライの意図など遠い記憶でしかない。というよりも、フレグ・ウルスの動乱・政変のたびごとに政治の渦中に巻き込まれ、激しい苦闘と変転を味わい尽くした「聖なるカトリコス」ヤバラーハー三世の生涯を述べるにあたり、その旅立ちをうるわしい宗教性のみでもって綴ろうとするのは当然のことであったろう。

サウマーとマルクというオングト名族出身のこのふたりが中東にやってこなければ、フレグ・ウルスの宗教政策はもとより、その治下のネストリウス信徒たちのあり方も、おそらくは相当に違うものになっていたはずであった。もっとも、それがはたして幸いであったか否かは、歴史というもののむずかしいところでもあるが。

運命のカトリコス、ヤバラーハー三世

サウマーとマルクのふたりは、タングト地方（現在の甘粛省にほぼあたる）からホタンにいたったが、「オコ」なるモンゴル王がクビライ政府軍と交戦し、残兵をひきいて同地を荒らし回ったあとで、六ヵ月ほどの足どめをくらった。「オコ」は、おそらく故グユクの長子ホクのことである。ふたりは、カーシュガルをへて、当時タラス河畔に幕営していた中央アジアの実力者カイドゥのもとに伺候《しこう》し、道途の安全を保障する符をさずけられた。カイドゥは、クビライの勅命で西へゆく両人を保護して送り出したのである。表面上の政治対立とは別に、モンゴルの駅伝システムは生きていた。かくて、フレグ・ウルス領たるホラーサーンをへてアゼルバイジャンにいたり、さらにネストリウス法主マール・デンハに謁するためバグダードに赴こうとした。

ところが、たまたまマール・デンハが首都たるマラーガにやってきており、ふたりはそこで拝謁して、大カアン・クビライの都から来たものでイェルサレムにゆきたい旨を言上した。ついで、両人はバグダードから、フレグ・ウルス君主アバカの幕営に赴き、その勅書を授けられてイェルサレムにむかった。アルメニア・グルジアから海路をとって黒海・地中海ルートにて赴かんとしたのであったが、グルジア方面が危険であったため、あきらめざるを

えなかった。陸路シリア方面からのルートは、マムルーク権力におさえられて不可能だったのである。カトリコスは、戻ってきたマルクを大都の大主教に、サウマーを巡錫総監に任じて、東方へ帰そうとした。ところが、しばらくイルビル近くの聖ミカエル修道院に身を寄せていたところ、一二八一年、法主マール・デンハが他界した。たまたま、マルクはバグダードの近傍におり、その葬儀にかけつけたが、後継問題が浮上していた。

結論は、驚くべきものであった。当地の関係者たちは、なんと一致してマルクを新法主に推挙したのである。その理由も、きわめて政治的なものであった。それは、オングト貴族の出であるマルクならば、モンゴル語が自由だからモンゴル為政者たちの方針がわかるだろうし、そもそもモンゴルたちの風俗・習慣にも通じているというのであった。もとより、フレグ・ウルスの権力者たちを考えてのことではあったが、大カアン・クビライからの派遣という点もその思惑のなかに入っていたかもしれない。バグダードのカトリコスは、フレグ・ウルス庇護下の教会組織の頂点に立つだけではなく、かなり以前からアジア東方に広く所在するさまざまなネストリウス信者たちの長でもあったからである。であれば、フレグ・ウルスとモンゴル帝国という両睨みであったことは否定しにくい。

マルクは、自分は教養もなく、神学上の知識もうすく、弁論の才にも欠けるうえ、カトリコスに不可欠のシリア語ができないから全く不適格であると固辞した。だが、衆望の帰するところ、もはやどうすることもできず、有力者たちに説得された。ミカエル僧院にもどると、サウマーもこれは神が定めたことで免れられないとして、ただちにこれよりともにフレ

「元世祖出猟図軸」　劉貫道の手になると伝えられる名高いこの絵は、60代後半の帝王クビライとその側近たちの狩猟の様子を描く。ふっくらとしたクビライの姿は他の図像とも一致するのみならず、天蓋をたたみもつ背後の彫りの深い白髯の人物はまさにシュクルチ(天蓋もち)であり、シバグチ(鷹匠)のほか、もっとも手前の人物のうしろにはおそらくチーターらしき獣が乗り、犬の姿も見える。さらに、あきらかに黒人らしきふたりもいる。それぞれの役目をもつクビライの近侍たちが、多人種からなっていたこと、そして彼らの着衣は金糸のぬいとりの入った五色のジスン(色)服であったとおぼしきこともわかる。クビライの乗馬が見事な黒馬であることを含め、きわめて情報量が多い。至元17年(1280)。絹本着色182.9×104.1㎝。台北・故宮博物院蔵

グ・ウルス君主のアバカのもとに参上して、その判断を仰ぎ、はたしてアバカがこれを嘉納すれば、万事はうまくゆくと告げた。こうした一連のなりゆきは、ネストリウス派教会が、いかにフレグ・ウルス宮廷との親近関係を重視し、その庇護をあてにしていたか、そしてフレグ・ウルス君主の後援さえあれば、すべては全く問題ないと考えていたか、まことに率直に物語っている。

　アゼルバイジャンのアバカの幕営にいたると、アバカはマルクの手をとって、「雄々しく勇ましく統治せよ。神は汝とともにありて、汝を支持されん。これは我が祈りである」と述べ、自分の両肩にかけていたマント、自分の座っていた玉座を下賜したばかりでなく、モンゴル語で「シュクル」、すなわち王と王族のみにゆるされた天蓋《てんがい》をも授けたのであった。あわせて、あらたなカトリコスとなるべきマルクに、金符と叙任状たる勅書、そして前任のマール・デンハの印璽《いんじ》をもあたえた。この三点セットの授与は、モンゴル帝国治下の全域で共通の方式であり、軍事・政治・社会・文化・宗教などを問わず、すべての組織・団体を政治勢力と見て、そのトップに叙任権をゆだねて管理せしめるものであった。フレグ・ウルスも、まさにモンゴル・システムの只中にいたことを証するものにほかならない。

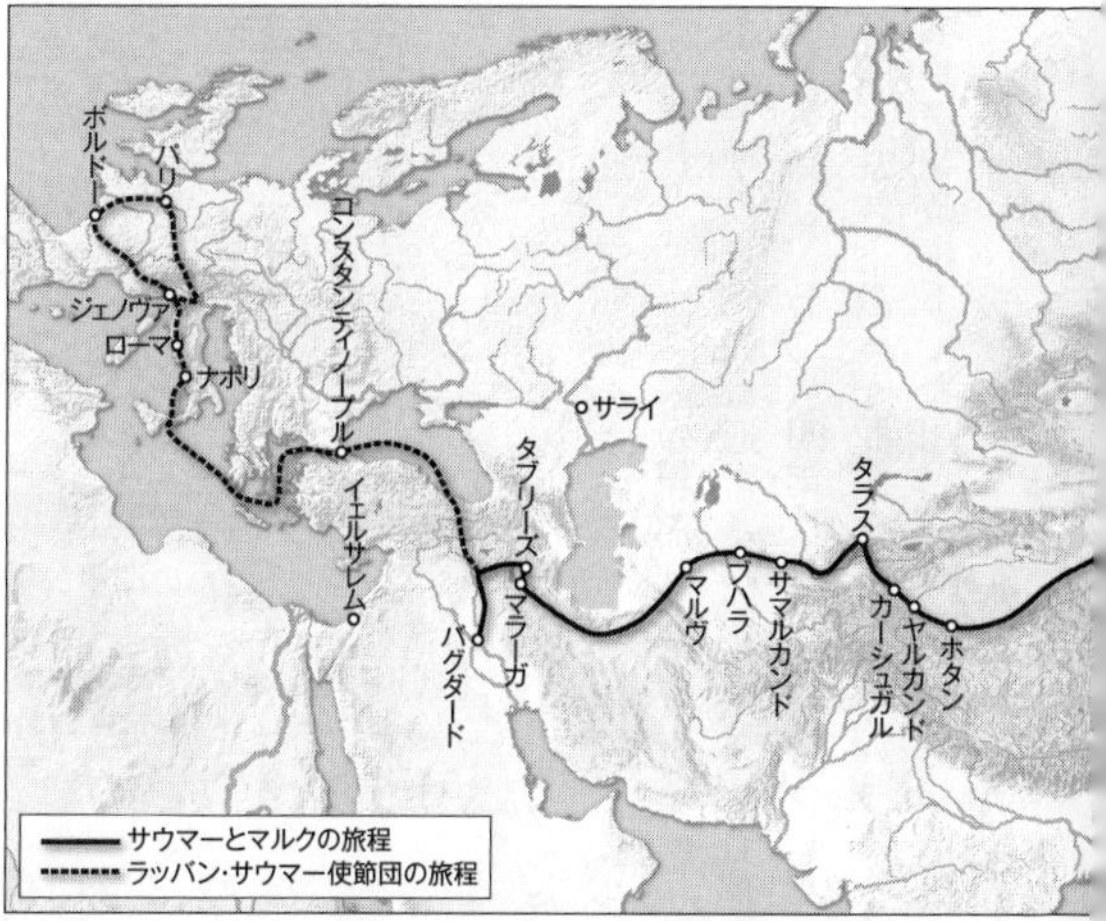

ラッバン・サウマーとマルクの旅

こうしたアバカの殊遇は、フレグ以来の親ネストリウス派の体質のみならず、モンゴル支配層のひとりといっていいマルクがカトリコスになることの政治的な意味合いをも十分に汲み取ったものであった。それは、ネストリウス派の有力者たちのねらい、そしてサウマーの見解とも、見事に軌を一にするものであった。さらに、おそらくは大カアン・クビライへの配慮やシグナルも、そこには籠められていたのだろう。かくて、マルクは第五八代のカトリコスとなった。時に、三七歳。一二八一年一一月のことであった。

だが、マルクあらためヤバラーハー三世の行く手は、まことに茨の道であった。その冬、アバカは宮廷をひきいてバグダードの地に冬営した。そし

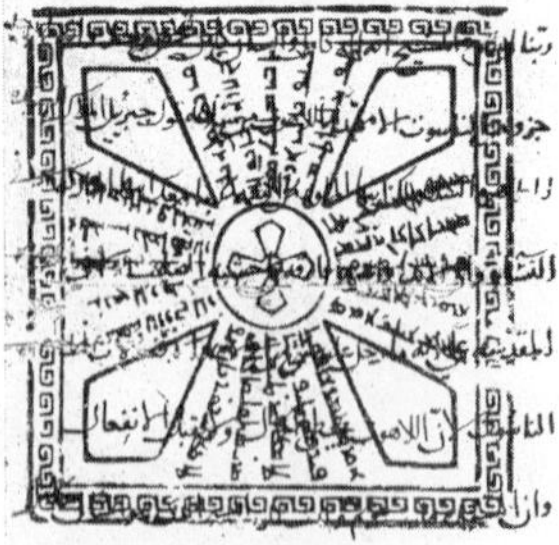

マール・デンハの印璽　皇帝モンケがネストリウス法主に授与した金印に重なってアラビア文字が記される。この印璽がヤバラーハーに伝えられた

て、教会の諸経費にあてる分として、毎年三万ディーナールを徴収しうる権限をあたえた。いまや、ネストリウス派を先頭に、キリスト教の命運はモンゴルのもとで大きく花開くかに見えた。ところが、事態は激しく暗転した。冬営を終えたアバカは、一二八二年三月一八日、ハマダーンにいたったが、過度の飲酒で精神が錯乱し、四月一日に逝去した。さらに、二五日ののち、アバカの弟で政権をささえる柱であったモンケ・テムルも、モスルで死去した。いずれも、毒殺であった可能性がある。

既述のように、アバカの皇太子アルグンは、きまりによってホラーサーンに駐留していた。結局、アバカの弟テクデルが即位し、アフマドと改称して、親イスラーム姿勢をとった。フレグ・ウルスの親キリスト教政策は、ここで抑えられ、ヤバラーハー三世をいただくネストリウス教会も迫害され、法主自身も讒訴《ざんそ》される。その二年後、アルグンが実力でアフマドを倒し、一二八四年八月一一日、フレグ・ウルス第四代君主として即位すると、ふたたび親キリスト教へと舵がきられ、ヤバラーハー三世も復権する。そして、サウマーもまた、アルグン政権下で登用される。

だが、ヤバラーハー三世は、その後もフレグ・ウルス権力がイスラームへと近づくたびに、苦難と危険を幾度となく味わうことになる。一三一七年一一月一三日、彼が他界するまでの三六年にわたる法主位は、アバカからアブー・サーイードまで八代にわたる君主の交替を眺めるものであった。世界史上でもまことに稀有の、変転と浮沈を嘗《な》め尽くした七三年の生涯であった。

サウマーのヨーロッパ見聞録

やや戻って、フレグ・ウルス君主となったアルグンは、内政・外交ともに積極策を展開した。財政改革では、サアドゥッダウラを起用して、ともかくもひと息つくことができた。彼は、ユダヤ人であった点、アルグンの侍医から抜擢されたところ、いずれもガザンとオルジェイトゥ時代のラシードゥッディーンの先行者であった。アルグンは、個人的にはティベット仏教を奉じるいっぽう、イスラームをおさえ、既述のようにキリスト教徒をきわめて好遇した。そして、以上を背景として、シリアとパレスティナの制圧、そしてマムルーク権力の駆逐のため、ヨーロッパ・キリスト教諸国との強力な提携、さらには軍事同盟をもとめた。

一二八七年、アルグンはヤバラーハー三世にこの重大な使命を託せる人物を諮問した。ヤバラーハーは、言語能力と人柄から、師であったラッバン・サウマーを推薦した。かくて、アルグンは、ギリシアの王とローマの王、すなわちいわゆるビザンツ皇帝とローマ教皇にあてた信任状と勅書（モンゴル語でジャルリク、テュルク語・ペルシア語でヤルルク）などのほかに、ヨーロッパ各国の王たちへの贈り物をゆだね、サウマー本人には二〇〇〇ミスカールの黄金（およそ八・六キログラム）と三〇頭の乗馬、金のパイザをさずけた。一行は、サウマー自身のほか、サバディン・アルケウン（アルケウンはネストリウス僧をさすモンゴル語エルケウン）、トーマス・アンフーズとウゲトという通訳など、法主に直属する優秀な数人を選んだ。

サウマーたちは、まず陸路をゆき、黒海南岸にて船に乗り、数日ののち、コンスタンティノープルに上陸した。ビザンツ皇帝アンドロニクス二世は、一行を歓迎し、ハギア・ソフィア大聖堂をはじめ、各種の施設・聖墓などを参観せしめた。ついで、一行は、船にて西へむかい、ナポリをめざした。途中、海上でひとつの大きな火山が噴火して、昼は黒煙を吐き、夜は光を放つのを目撃した。しかも、この火山が吐きだす熔岩のために、だれもそこに近づけないことも耳にした。その海はイタリア海と呼ばれ、おそるべき大海で、これまで幾千もの人間がここの航海で命をおとしたと伝記はしるしている。

この火山の大噴火は、一二八七年六月一八日におきたシチリア島のエトナ火山、ないしはティレニア海に浮かぶストロンボリ火山のそれであった。この記事は、サウマーたちの旅行とそれについての記述がまことに正確で信頼すべきことを示すものとして、古くからよく知られている。だが、サウマーたちは、ひきつづいてまたとない歴史の証言者となる場面に出喰わす。それは、史上に名高い「シチリアの晩禱《ばんとう》」なる一連の政治変動にかかわる。とくに、その最終的な決着の様子を目撃するのである。

「シチリアの晩禱」の決着

一行を乗せた船は、火山噴火を目にした前か後かにメッシナ海峡を通過し、ナポリの港に上陸した。そこを首府とする国王を、伝記は「イリド・シャルダルロ」と表記する。すなわち、かの聖王ルイの弟シャルル・ダンジューであった。フランスに戻ったシャルルは、神聖ローマ皇帝フリードリヒ二世の没後、シチリア王国を支配したその子マンフレーディと対立する教皇側のもとめで、イタリアに南下し、マンフレーディを倒して、一二六六年にシチリア王となった。ナポリを中心とする南イタリアと、パレルモをはじめとするシチリアを足場に、地中海中央域をおさえ、コンスタンティノープルをねらうなど、地中海帝国を夢みたが、圧制のため、シチリアの反乱をまねき、苦闘している最中であった。

ナポリ王宮に参上したサウマーにたいして、シャルル・ダンジューのもてなしはきわめて手篤いものであった。ところが、まさに「イリド・アルコン」、すなわちシチリア側についたアラゴン連合王国側との海戦がなされ、シャルル・ダンジューの兵は戦艦に分乗して出撃したが、アラゴン側の軍はこれを大破し、シャルル・ダンジューとその兵一万二〇〇〇を殲滅し、その艦船を海中に葬ったと、伝記は記述する。

これまた、率直きわまりない記述であった。かねてより、シャルル・ダンジュー側を苦しめていた駆け引き自在の名将ラウルのルッジェーロは、六月二三日、敵の本拠ナポリ湾に秘かに入りこみ、シャルル・ダンジューの次子フランドル伯ロベールが指揮する艦船をおびき出して海戦をいどんだ。ルッジェーロは、おそるべき将才をまたしても発揮した。彼は、およそ五〇〇〇人が乗り組む四八隻のガレー船を虜獲し、そのなかには主将のフランドル伯をはじめ、総司令官ジャン・ド・モンフォール、ジョアンヴィル伯、そしてプロヴァンスやフランスの貴族たちが多く含まれていた。シャルル・ダンジューの野望は、ここに完全に潰え去った。六月二四日のことである。なお、このあたり、西洋史にかかわる文脈はスティーブン・ランシマンの名著『シチリアの晩禱』に依拠するところが大きい。

伝記によれば、こうしたなりゆきを、サウマーとその一行はおおいに驚き、滞留していた宿舎の屋根によじのぼって、この海戦をうち眺めた。そして、「フランク人」たちの戦いぶりに感嘆し、とりわけ戦闘員以外の人間を攻撃しないことに心底おどろいたという。シチリアに展開していたナポリ王国側の派遣軍は、完敗の知らせに、戦闘をやめ降伏した。かえりみて、一二八二年三月三一日、シチリアのパレルモで晩禱の鐘の音を合図に蜂起した反乱は、ローマ教皇庁をバックに地中海支配をくわだてたシャルル・ダンジューとフランス人支配をうちくだいた。これを機に、シチリアの王位を獲得したアラゴン連合王国が大きく浮上してくる。サウマーたちは、ヨーロッパと地中海の旋回を、まさに目のあたりにしたのであった。

ローマ・ジェノヴァでの歓迎

サウマーたち一行は、シャルル・ダンジューの劇的な没落を眺めるという偶然ののち、陸路を馬でローマにむかった。その途上、教皇ホノリウス四世の逝去を聞くが、この強引な教

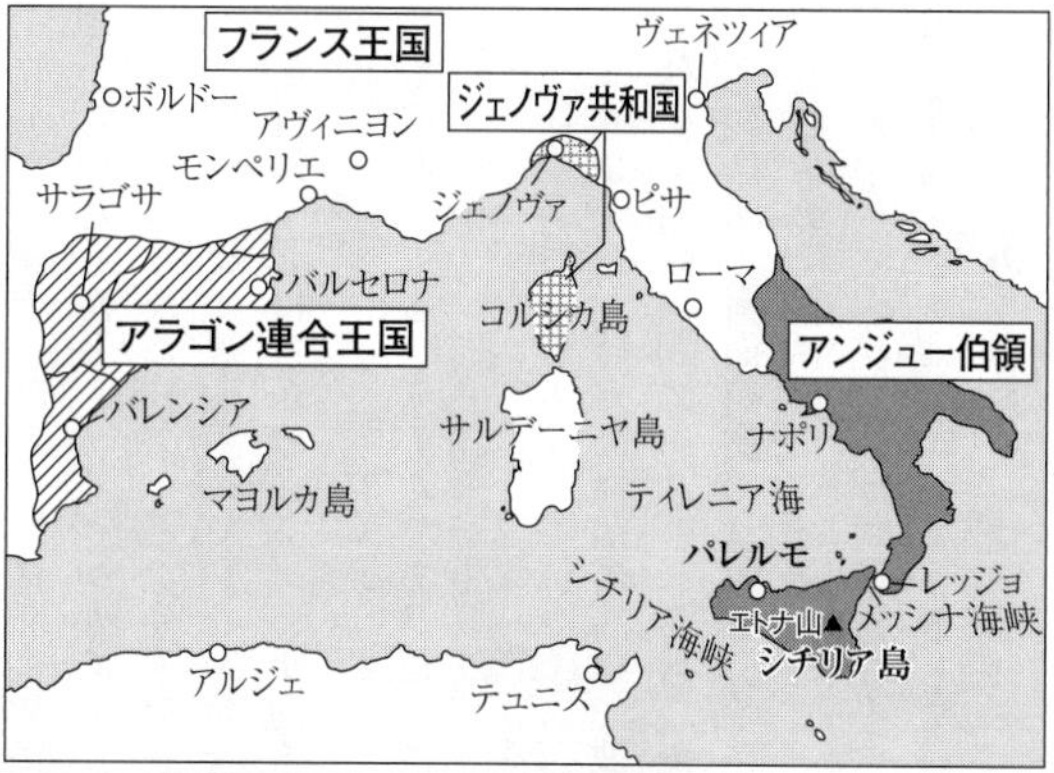

アラゴン連合王国とシチリアの晩禱事件

皇はナポリの海戦とローマ教皇庁の完全な敗北を知ることなく、すでに四月三日にローマで他界していたのであった。サウマーたちは、ローマに達すると、サン・ピエトロ大聖堂にまいり、ヴァティカンを訪れた。教皇他界をうけて、一二人のカルディナル、すなわち枢機卿たちが庶務をとりしきっていた。同時に、これらの枢機卿たちが、後任の教皇の選考について協議をかさねていたが、サウマーは「われらはアルグン王と東方ネストリウス法主の大使としてやってきたものである」と述べた。

このあと、サウマーと枢機卿たちとのあいだで、さまざまな問答があった。そのやりとりは、宗教上の教義論争もふくめて、『ヤバラーハー三世伝』のなかでも、屈指に熱のこもった文章で綴られる。実際に、サウマーと枢機卿たちが、かなり激しい討論をおこなったのであろうし、また伝記の作者にとってもローマ教皇庁と自分たち東方ネストリウス教会の直接の対論として、まさに記録さるべきものであったに相違ない。しかし、アルグンからの軍事同盟の申し出について、返答はなかった。サウマーたちは、ローマ市内外の教会堂・修道院など、名所参詣をおこない時をすごしたが、新教皇が決定するまでは返事はできない旨を聞き、ローマを離れた。

一行は、北にむかい、トスカナ地方、すなわちおそらくはシエナ、フィレンツェ、ピサなどをへて、ジェノヴァにいたった。サウマーたちは、ジェノヴァに国王はいず、偉人を選んで指導者にするシステムであることに、驚きとともに注意している。選挙制は、興味深いことだったのである。

ジェノヴァとフレグ・ウルスは、すでにある程度のむすびつきをもっていた。とりわけ、ブスカレッロという人物が名高い。彼はもともとジェノヴァ出身の大商人で、アルグン側近の外交・通商顧問であり、しかも、モンゴル伝統のケシク、すなわち君主を昼夜まもりつづける親衛隊・宿衛組織のコルチ（箭筒士《せんとうし》）の資格をもって遇されていた。ようするに、アルグン政権の中枢にいたのであった。

したがって、ジェノヴァの人びとがサウマーたちを大歓迎したのは当然のことであった。東方交易をさらに展開しようとしているジェノヴァにとって、中東東半をおさえ、キリスト教へのよしみをもつフレグ・ウルスは、以前から黒海方面でかかわりのある北のジョチ・ウルス以上に魅力的な存在であった。一行は、たまたまジェノヴァを訪問したのではなく、たがいに今後の布石もあっての表敬であり、歓迎であったのだろう。

サウマーたちは、ジェノヴァからいったん北上してオンバール、すなわちロンバルディア地方を訪れたのち、フランス王国の首都パリをめざした。この間の途次・経路は、しるされていない。ちなみに、ラッバン・サウマーの伝記において、ペルシア語で綴られた「原文」は利用されなかったという。しかも、シリア語版の伝記においても、重要でないところをはじめ、必要に応じて省略・簡述したという。であれば、現在、わたくしたちが目にするこの伝記は、そうしたものとして眺める必要があるわけである。

パリ、そしてボルドー

フランス王国は、広大な国であったと明言されている。国王フィリップ四世は、かの聖王ルイの孫であり、フレグ・ウルスにとって、もっとも期待する相手であった。フランス王のほうも、儀仗兵をつかわして威儀をととのえ、サウマーたち使節団のパリ入城を盛大に迎えた。旅舎で三日の休息ののち、フィリップ四世は一行を宮中にまねき、大いに歓待するとともに来意をたずねた。

サウマーは、「自分たちはアルグン王と東方ネストリウス法主より、イェルサレム問題について派遣されたものであります」と述べ、このことにかかわる一切の事情を、知るかぎり言上した。そのうえで、はるばるたずさえてきた国書と進物を献上した。それにたいして、フィリップ王は、「モンゴル全体は、まだキリスト教徒ではないけれども、イェルサレムを奪還するためにアラブ人と戦うのを辞さないという。であれば、われらキリスト教徒が、さらに努力を尽くすべきは当然である」と答えた。基本的な方向としては、提携・連動を否定するものではなかった。

その後、サウマーが希望した珍貴な宝物のかずかずをはじめ、教会堂・聖遺物を目にすることがゆるされ、またパリ市内を参観した。一ヵ月あまりの長期滞在の間、当時のパリには宗教教育をうける学生だけでも三万人以上もいたと、特記されている。彼らは、聖書と古典の研究をおこなういっぽう、哲学・雄弁術・医術のみならず、幾何学・代数・算術・天文学なども攻究していた。しかも、学費など一切は、国王から支給されていたとする。こうした記述は、ここだけなので、よほどサウマーたちは驚き、是非しるすべきだと考えたのである。

かくて遂に、パリを去らんとすることになった。フィリップ四世は、「そなたの主君であるアルグン殿に余が回答するときには、追ってこちらから大官ひとりを派遣しよう」と返答したとしるされている。なお、これから二年後、先述のブスカレッロがフランスにやってきてフィリップ四世に呈上したアルグンよりのモンゴル命令文方式の書簡によれば、実は別れのとき、フランス王は「マール・バール・サウマー」をはじめとする使節たちと、たがいのエジプト・シリア出兵を約していたという。この書簡こそ、レミュザが研究した名高いそれである。逆にいえば、この貴重なアルグンの勅書によって、サウマーたちの旅行・使命の如何も裏付けられるわけである。こうして、フィリップ四世は、去りゆくサウマーに贈り物のほか、高価な衣服をさずけ送り出した。

サウマーたち使節団は、パリからフランス領を南西にむかい、ガソニア、すなわちガスコ

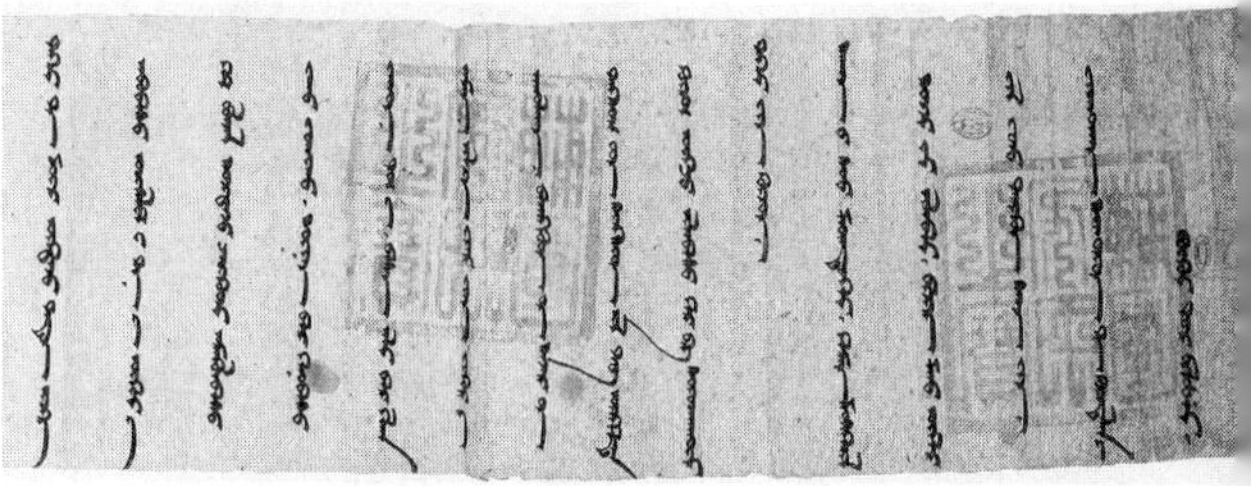

アルグンからフィリップ４世への書簡　フレグ・ウルス君主が、フランス王にパレスティナとシリアを攻める共同作戦を申し入れている。ウイグル式モンゴル文字によるモンゴル語で書かれている。フランス国立古文書館蔵。部分

ーニュ地方に駐営していたイギリス国王エドワード一世に謁するため、およそ二〇日の旅ののち、ボルドー市にいたった。よく知られているように、当時イギリス王はフランス国内に広大な所領を保有していた。ボルドーの人びとは、「あなたがたは、どういう人たちか」とたずね、サウマーたちは「われらは、東方の遠い国から山・川・海・荒野・沙漠をこえてやってきたもので、モンゴルの君主よりつかわされたのです」と答えた。それを聞いた人びとは、その旨をイギリス国王に奏上し、エドワード一世は大いによろこび、一行をまねきよせた。

サウマーは、例によってアルグンの国書と進物、そして法主の書状をさしだし、イエルサレム問題について所論を述べたてた。エドワード一世は、「アルグン王も、余とおなじように考えていることを知り、意を強くした」と述べ、サウマーに聖餐式の大典を挙行させ、国王以下みな直立して従い、のち格別の大宴会を催した。サウマーたちは、教会堂などの参観を終え、

エドワード一世から進物と多額の旅費を下賜されて、はるか東のかた、ジェノヴァ市にもどった。その間の旅程について触れることがないのは、いささか不自然といわざるをえない。とはいえ、ジェノヴァは、サウマーたち一行にとって、よほど居心地のよいところであったのだろう。彼らは、一二八七年の冬をそこですごした。

旅の終り、やがてむすばれゆく東西

冬の終らんとするころ、アラマダン、すなわちドイツを意味するアルマニアの国より、大変な大学者がたまたまジェノヴァにやってきた。この大学者についていえば、この人物は、ローマ教皇庁の要職にあり、ローマに赴く途中であった。ちなみに、この大学者については、イェルサレムのヨハネなる人にあてられている。ハプスブルク家初代のドイツ王ルドルフが神聖ローマ帝国の皇帝となり、その戴冠式の準備のために一二八六年にドイツに赴いているのである。なお、神聖ローマ帝国とモンゴルとは、バトゥの西征のおりヨーロッパを代表して対処を迫られたフリードリヒ二世をはじめ、その後の大空位時代に終止符を打ったこのルドルフ一世など、直接・間接のかかわりがある。ハプスブルク家の歴史においても、同家所領の基礎をすえたルドルフの意味は、きわめて大きい。

この高僧は、サウマーがジェノヴァに滞在しているのを耳にして来訪し、「わたくしがまいりましたのは、あなたが博識・高徳で、かつはローマに赴かんとされていると聞いたからです」と述べた。サウマーは、謝意を表して自分の使命を告げ、「一年たっても教皇がきまっていないので、帰ってもモンゴルの王と民になんと申しましょう。イェルサレム奪還に邁進すべきキリスト者たる人びとが、それを放置しているように見えるのは、どうしたらよいのでしょう」と答えた。そこで、この高僧は、自分がローマにゆき、教皇庁の枢機卿たちに伝え、サウマーの意に沿うよう努力することを約した。ところが、ローマにいたると、すでに一二八八年二月二〇日に、新教皇ニコラウス四世が選出されており、ただちにサウマーたちを招き寄せた。

一行は、一五日ほどの旅にてローマ教皇庁にいたると、新教皇はサウマーが最初に来庁したさいに語りあった枢機卿であった。以後は、とんとん拍子にことはすすんだ。国書と進物の献呈後、ローマ教皇庁での大歓待、破格の待遇、東西両教会の交流、さまざまな儀式など、伝記はことばを尽くして物語る。やがて、サウマーが帰国を申し出ると、ニコラウス四世はローマにとどまるよう求めたが、モンゴルの王と民に今度のことを伝える責任があるとして辞去し、かくして聖遺物の一部を下賜された。教皇は、法主ヤバラーハー三世とサウマーにそれぞれ教皇勅書をさずけ、アルグンあての進物のほか、旅費として一五〇〇ミスカールの黄金をあたえて送り出した。

往路を逆にたどって、フレグ・ウルスに帰国したサウマーたちは、教皇と各国の王から託された国書・文書・進物をアルグンに捧呈し、ヨーロッパの情勢をはじめ、見聞したことがらを縷々述べたてた。アルグンは大いによろこび、一行全員の辛苦をねぎらい、サウマーをそのまま自分のそばにとめおくこととした。サウマーは、ヤバラーハー三世をよびよせてローマ教皇からの礼物を受領させるならば、法主のほうも宮廷の入口に教会堂をたてましょうと答えた。ようするに、アルグンは、サウマーを宗教上のみならず、政治・外交のブレインとなし、サウマーのほうはヤバラーハーひきいるネストリウス教団をしてアルグン政権と特別な一体関係にあることを明確にしようとしたのであった。

旅の始末は、おおむねこのようであった。もし、ペルシア語でしるされたサウマー伝の「原文」がのこっていれば、はたしてどのようであったかと想わざるをえない。現在利用できる「シリア語版」は、所詮はダイジェストであり、また基本的に危険なことや機微にわたることは述べていない。フレグ・ウルスによるヨーロッパ外交の「本当のところ」は、しっかりと避けられている。

すなわち、どの場面であれ、交渉における結論は、けっして明記することはない。国家による決定については、わかりきっていることでも記さないというのが、ネストリウス教会の立場だったのである。それをもって、同教会がみずからを守らんとする「巧智」とするかどうか。ともかくも、一三一七年以後、すなわち第九代アブー・サーイードの治世か、さらにそのあとという「時間性」を、サウマー伝という名のシリア語版はきちんと背負っているのである。

さて、サウマーの旅行記は、『集史』の第二部・世界史のうちの「フランク史」とともに、東方が見たヨーロッパ像として、世界史上でも稀有のものである。ふたつとも、まさにモンゴルの眼でとらえられ、描かれている。イスラーム文献がしるすものとは、大きくかけ離れている。もっとも、「フランク史」のほうは、一三世紀後半のトロッポーのマルティン、ないしはマルティヌス・ポローヌスというドミニコ会修道士であった人物の年代記をひとつの下敷きにしたうえで、さまざまな情報・知見をよりあつめている。そのいっぽう、『集史』をもってムスリム史家の手になるものとはいいきれないことは、すでに触れた。あくまで、ガザンないしはオルジェイトゥたちが、その中心にいたことは疑いない。つまり、厳密にいえば「フランク史」は、ヨーロッパ・イスラーム双方のデータをもとに、モンゴルの視点でまとめ直した合成物であった。であれば、サウマーの旅行記こそ、純粋に東方・アジア・モンゴルなるものが伝えるヨーロッパの姿ということになる。

サウマー使節団にかかわる現物の証左として、ローマ教皇ニコラウス四世がサウマーに託した書簡が複数のこる。当の交渉相手であるフレグ・ウルス君主アルグンにあてたものをはじめ、タルタルの王女トクダン、すなわち亡きアバカの正后トクダイあてのもの、そして法主ヤバラーハー三世へのものなどである。いずれも、一二八八年四月の日付をもつ。

かくて、サウマー使節団を皮切りに、これ以後アルグンからヨーロッパへと遣使がつづけられた。反対に、ヨーロッパからも宣教師団が東方へ送られ、そうした結果としてアルグンの国書やニコラウス四世の大カアン・クビライあて書簡などがそれぞれに伝わっている。なかでも、くだんのブスカレッロは、一二八九年にローマ教皇・フランス王・イギリス王のもとを歴訪し、翌九〇年一月五日にはロンドンにいたっている。なお、その多くが今ものこる双方の国書・文書のたぐいは、モンゴル帝国史研究にとって、古くから好箇のテーマであった。

こうした国家を上回るレヴェルでの東西の継続的かつ双務的な交渉・対応関係は、世界史上はじめてといってよく、その扉を開いたものとして、サウマー使節団はそれ以前のカルピニや、イルジギデイの使者、ルブルクなどとは大いに意味合いを異にする。モンゴル帝国とヨーロッパは、これ以後、相互の理解を深めて、徐々に接近してゆく。ラッバン・サウマーは、一二九四年、ガザン即位後のフレグ・ウルスの変容を見ることなく、逝去する。ユーラシアをつきぬけた人生であった。だが、のこされたヤバラーハー三世は、ガザンのイスラーム接近に苦しみつつ、なお二三年の歳月をおくるのである。

そして、ふたたび地図は語る

すでに、第二章でいくらか述べたように、一三世紀末ころから地中海とヨーロッパは急速に変貌する。具体的には、シャルル・ダンジューの没落、アラゴン連合王国の浮上、フレグ・ウルスとヨーロッパの連携、それにともなう通商・通交の活発化などをへて、大きく変化してゆく。地中海は、よくはわからぬ危険な海から、どこには何があり、どうすれば目的地に達するか、現実のさまざまな知見・知識がもとめられ、それらが図として示されるようになる。

ポルトラーノ、すなわち港にかかわるものとしての海図は、一三〇〇年とその前後というシンボリックな年をさかいとして出現する。神学的な世界観を示す「T－O図」型の世界図は、次第に姿を消してゆき、合理的な地図が北イタリアから広まってゆく。それは、世界観の劇的な変化であった。そして、一三〇四年のモンゴル帝国の東西和合と、その後の人・モノ・情報の東西大交流によるアフロ・ユーラシアの一体化は、イタリアを中心とするヨーロッパにいちじるしい経済・文化の繁栄と自由な精神をもたらし、「ルネサンス」なるものを醸成する。それがさらに、地図の「進化」を一気に押し開く。

　誰の目にもあざやかに映る地図表現の変化は、時代と現実社会の旋回を反映している。地中海帝国を築きつつあったアラゴン連合王国治下のマヨルカで、ヨーロッパの変身を示す画期的な『カタルーニャ地図』が一三七一年から七五年につくられるのは当然のことであった。ここで、きわめて注目すべきこととして、東の『混一図』が語る声に耳を傾けたい。既述のように、西の『カタルーニャ地図』がヨーロッパ最高峰のものであったのにたいして、東の『混一疆理歴代国都之図』は、〝素性〟としては二種の全く異なる「民間」レヴェルのきわめてラフなものを、朝鮮王朝が自分たちの都合で接合したにすぎない。よりありていにいえば、今に伝わる一連の『混一図』は、モンゴル帝国でつくられたことが確実にわかる「世界図」からすれば、なれのはてもはての「残影」とでもいったほうがふさわしい。

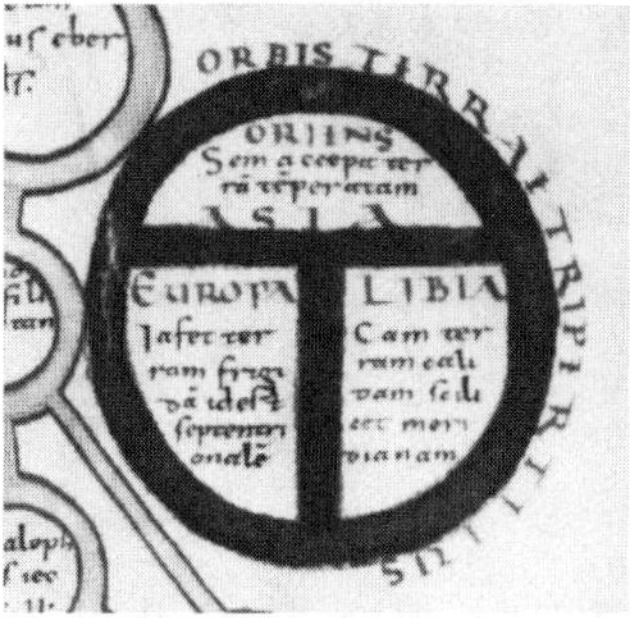

Ｔ－Ｏ図の例　アジア、ヨーロッパ、リビア（アフリカ）を示す。11世紀のもの

ところが、それでもなお、驚くべきなにかが、そこにほの見えている。『混一図』が示すヨーロッパ情報のうち、あまり多くはないイタリア・フランス方面に関連して挙げられる地名のそれは、パレルモ、ナポリ、タラント、ローマ、アヴィニョン、パリと、サウマーたちの旅路を想わせるものが列なり、さらにアルマニアすなわちドイツと読めるもの、くわえてアキテーヌの不十分な写しと見えるものが存在する。とくに、ドイツたるアルマニアと、ガスコーニュにあたるアキテーヌとは、サウマー使節団の姿を色濃くうつしだす。

もとより、こうしたことは憶測の域を出ない。だが、アラゴン連合王国に直接かかわるイベリア方面が詳細であるのはよくわかるとして、不自然なほどに数少ない地名しかしるされていないイタリア・フランスにおいて、サウマー伝の記述と重なる場合がやはり不自然に目につくのは一体なぜか。その謎は、今後にのこされるものかもしれないが。

第七章「婿どの」たちのユーラシア

時空をこえるチンギス・カン家の血の神聖、そしてその記憶

権力・権威・正当性の裏付けとしての帝王イメージ

すでにあれこれと述べきたったように、一三・一四世紀にユーラシアの大半を領有した超広域のモンゴル世界帝国は、人類の歴史にまぎれもなくひとつの画期をもたらした。東は日本海から西はドナウ河口・アナトリア高原・東地中海沿岸にいたるまで、チンギス・カンを開祖とする血脈・王統が、帝室・王族として各地にさまざまなあり方・レヴェルでの権力・政権・分領を形成しつつ、地域によってかなり長短のちがいはあるけれども、全体としては少なくともおよそ二世紀ほどの間は、ユーラシアに共通の支配層となって君臨しつづけた。こうした事態は、それ以前になく、その後もない。

モンゴルという空前の広域支配の現実、それがつくりあげた東西共通の統治システム、そしてモンゴル語で「アルタン・ウルク」（黄金の一族）と総称された帝王・君主・王侯たちの権力と権威、さらにそれらにともなって次第に形成されていったチンギス・カンの血脈に対する時空をこえた尊崇の念——。

ティムールの胸像　旧ソ連科学アカデミー人類学研究所が、霊廟で発見されたティムールの頭蓋骨から復元したとされるもの

モンゴル支配の歳月は、実際に目に見えやすい支配のシステムや国権のかたち、さらには文明ないし文化としてのいちじるしい共通化などといった明々白々の歴史遺産とは別に、強烈な帝王イメージとその記憶を、ユーラシアの各地にきざみつけた。それは、アジア東方のさまざまな地域はもとより、イラン・中東方面や、モンゴルを嫌ったとされるロシア方面においても、脈々とうけつがれていった。そのこと自体、時代をつらぬく世界史レヴェルでの歴史現象といっていい。

なかでも、広い意味での内陸アジア、もしくは中央ユーラシアの諸地域においては、モンゴル時代以後、帝王あるいは王者たるものは、その権力・権威・支配・統治の正当性やそのみなもとを、かつてのモンゴル帝国とその創始者たるチンギス・カンに、なんらかのかたちでもとめることになった。それは、いわゆる「ポスト・モンゴル時代」における顕著な動向・潮流であったといっていい。

そうしたことの根底に、もはやそうしなければ、自分たちの王位・権力をささえられないとする政治伝統や気風・枠組み、あるいは無意識の意識ともいうべき通念や観念が、大小の地域社会をつらぬいて、ユーラシアの中央域にひろくゆきわたっていたためといわざるをえ

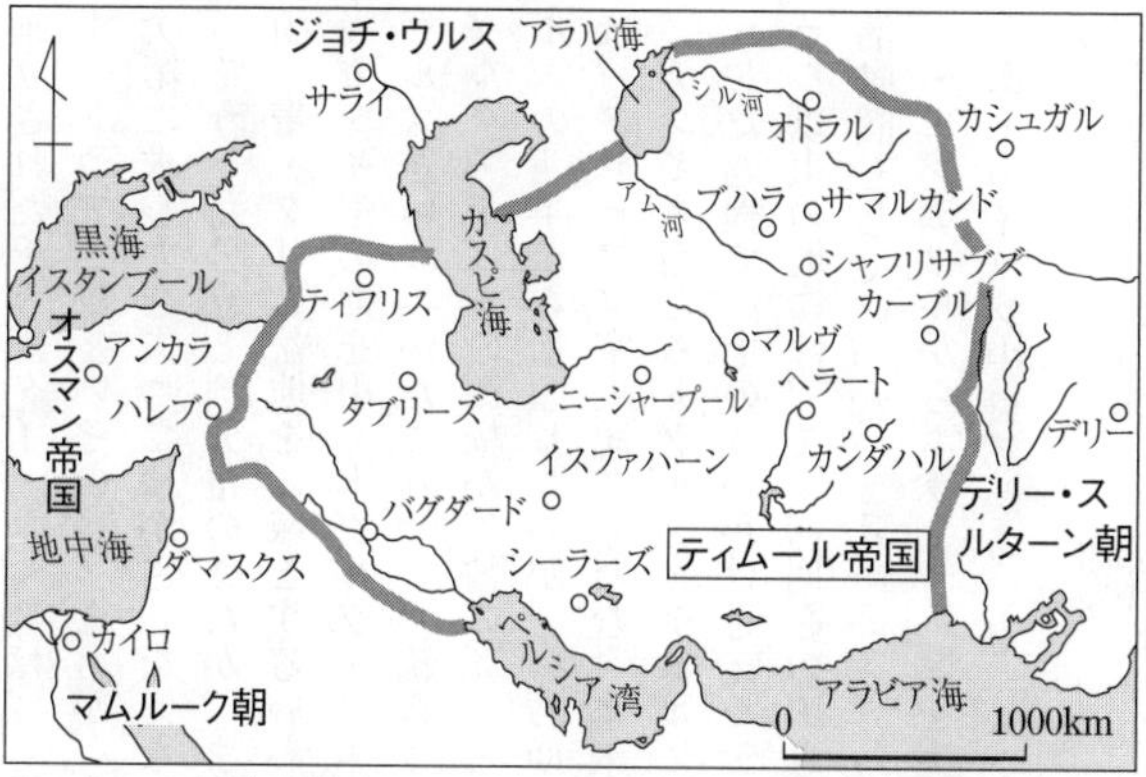

ティムール帝国の版図

ない。それが、当時のまごうかたなき現実であった。そういう時代が、モンゴル時代の延長線上にたしかに存在し、「モンゴルの遺産」なるものを当然のこととしつつ、あらたなる展開をくりひろげたのであった。

カンを名乗らない帝国

モンゴル帝国から生まれていった国家・政権は、さまざまにある。たとえば、一四世紀の後半、マー・ワラー・アンナフルを根拠地として出現したティムールとその後継者たちの権力は、十分に「帝国」と呼んでいいものであった。ティムール帝国は、ポスト・モンゴル時代の冒頭において、とくに輝いた。その後は、西方・北方の領域を維持できず次第に収縮し、かつ統合を欠くことが多くなる。

ややひるがえって、モンゴル世界帝国の全体のなかで、中央アジアにおいて、もっとも遅く確立されたチャガタイ・ウルスは、もともと中央機構が不十分であった。定礎者であったはずのドゥアと数多いその息子たちが、次々に王位を継承し、かつは次々と他界してゆくと、次第に求心力を失ってゆかざるをえなかった。

そうした分立と細分化のさなか、まずはチャガタイ・ウルスの東半であるセミレチエ・天山一帯・タリム盆地を領域とするいわゆるモグーリスターン（モンゴルの地の意）から、チャガタイ家の血を引くトグルク・テムルが浮上した。そして、しばらくの間、チャガタイ・ウルスという「かたまり」を再統合させる勢いを見せる。だが、そう時をへることなく、トグルク・テムルの覇権が、彼の死とともに急速にうすれゆく。そのなかで、チャガタイ・ウルスの西半から抬頭したのが、いわゆるティムールであった。なお、ティムールという通称は、アラビア文字表記にちなむ。本来の発音はテムルである。

チンギス裔たるトグルク・テムルに従って、一時的なその制覇に協力し、いつとはなくそうした過程で浮上のきっかけをえたティムールは、シル河の東、より具体的にいえば、オトラル以東の地には、ごく初期をのぞき基本的に踏み込まず、シル河より南の地を自分の主な活動圏としていった。そして、モンゴルの旗のもとに、混沌たる情況にあったマー・ワラー・アンナフルからホラーサーンを実力をもって切り従え、さらにフレグ・ウルスが解体したあとのイラン中央部からアゼルバイジャンに進出し、さらに小アジア・シリアに遠征した。

また、そのいっぽう、一体性を失いつつあったジョチ・ウルスを再統合せんとしたオル

トクタミシュとの戦い　ジョチ・ウルスの再統合を図っていたトクタミシュと戦うティムール（右）。側近が日傘（天蓋）をさしかけている

ダ・ウルスの長、すなわちジョチ・ウルスの左翼部分（テュルク語でアク・オルダ。白帳《はくちょう》カン国などと訳される）の主人たるチンギス裔トクタミシュを助け、ついで争い、北のかた、キプチャク草原にも軍をすすめる。かたや、チャガタイ・ウルス時代からのインドへの南進政策もひきついで、南のかた、デリー・スルターン政権とその治下のヒンドゥースターン平原へも手を伸ばした。さらに、一四〇二年には、抬頭しつつあったオスマン権力を、現在のトルコ共和国のアンカラ近郊にて撃破し、君主バヤジットを捕虜として、いったんは滅亡の淵にまで追い込んだ。アジアの西半を舞台に、こうした広範囲でくりひろげられたティムールのめざましい活動は、中央ユーラシ

アが生んだ最後の「覇王」ともいえるものであった。

ところが、その彼にして、生涯をつうじて、ついにただの一度も、「カアン」はもとより、「カン」とさえも称さなかった。モンゴル時代において、正式には「カアン」は、全モンゴルの帝王のみ（ちなみに、クビライ以後は、大元ウルス皇帝たる人物に限られる）、かたや「カン」は西北ユーラシアのジョチ・ウルス、中央アジアのチャガタイ・ウルス、イラン中東方面のフレグ・ウルスの、それぞれ歴代君主の三人だけに限られた。その伝統・観念・枠組みに従ったといえばそれまでのことだが、現実のティムールは、ともかくもそれに従わざるをえなかったのである。

「婿どの」ティムール

一三三六年、ケシュ（現シャフリサブズ）郊外に生を享けたティムールは、言語生活などにおいてはテュルク化していたものの、モンゴル支配層に属するバルラス部という有力な部族集団の出身であった。後述するモンゴルの族祖伝承のなかで、ティムールが出たバルラス部は、チンギス・カン家とは、その五代まえのトンビナイという依然として仮想めいた人物を共通の先祖とするとされた。また、それにくわえて、実際に確認されることとして、チンギス・カンの覇業にあたっては、カラチャルという人物が出て、モンゴル新国家の一翼をになう有数の存在となった。

そうしたことに加えて、カラチャルの嫡流たるバルラス部族長の家系が、チンギス・カンによる一族ウルス分封のさい、次子チャガタイにわけあたえられた四個の千人隊（ペルシア語でハザーラ、モンゴル語でミンガン）の筆頭として指名された結果、以後の発展と分断、そして再統合という複雑な歩みをたどるチャガタイ・ウルスなるかたまりにおいて、一貫して最高の譜代筆頭というか、門閥貴族の頂点に位置づけられたのである。かくて、一四世紀初頭に、半独立のかたちをととのえた文字どおりのチャガタイ・ウルスにおいて、この一門は、チンギスの血脈である王族たちを別とすれば、もともとは屈指の家柄ではあったのである。

つまり、ティムールは歴としたモンゴル貴族の子孫であり、没落していたとされるものの、血筋としてはけっして一介の人間どころではなかった。時代の風雲児といえる活躍のもとには、血統・出自・家門を重んじるモンゴルの価値観があったことは見逃せない。ティムールは、モンゴル・システムを尊重・踏襲した。たとえば、チンギス・カンが定めたとされるヤサ（軍律）を奉じ、重大な国事はクリルタイ（大集会）を開いて協議・決定した。これに限らず、さまざまな面において、ティムール権力はモンゴル以来の方式を遵守した。ティムール帝国という権力体は、その組織・運営・実行といった堅い側面において、モンゴル帝国と一連の枠組みのなかに大きくはあったといってさしつかえない。

その彼がなお、「カン」を名乗らず、その後継者たちも一貫してそうでありつづけたのは、なによりもティムールがチンギス・カン家の血を引く人間ではなかったからである。逆に、ティムール以下の歴代が、もし「カン」と称すれば、ティムール権力はゆらぎ、あるいは崩れ去ったのだろう。少なくとも、そういう怖れ、危惧が強くあった。それほど、チンギス・カン家の血は重い意味があった。この場合、そうした観念が、とりわけ中央アジアの人々の心を支配していたといわざるをえない。ティムールと後継者たちは、その点について、敏感かつ慎重たらざるをえなかったのである。

では、ティムールはどうしたか。まず、チンギス・カンの末流にあたるモンゴル王子のソユルガトミシュという人物を、名目上のカンの位につけた。そのうえで、みずからは、やはりチンギス王族のなかでも、直接の主筋《しゅすじ》にあたるチャガタイ家の血を引くサライ・ムルク・ハーヌムという王女をめとって第一夫人とした。その結果、ティムールは、チンギス・カン家の「キュレゲン」（テュルク語。モンゴル語ではグレゲン）、すなわち「婿《むこ》」となって、「アミール・ティムール・キュレゲン」と名乗った。

アラビア語・ペルシア語のアミールという語は、すべからく「長」たるものをさし、この時代では現実には「武将」や「司令官」など、軍事指導者たる「将帥《しょうすい》」を意味した。さらに、よりひろく「殿《との》」に相当する敬称でもあった。ようするに、ティムールは「婿の将帥ティムール」、ないし「婿どのティムール」と称したのである。

二重王権としての新方式

さて、ここにティムール権力が、みずから編纂したペルシア語による系譜集『ムーイッズル・アンサーブ（高貴系譜）』なるものがある。ややこまかい話になって恐縮だが、いくつかの写本が伝存するなかで、パリのフランス国立図書館・東洋写本部に蔵されるものは、ティムールの孫であるシャー・ルフ治下で編纂されたほとんど「原本」といっていいものである。ここでは、それに依拠して述べたい。

その「パリ本」においては、チンギス家とティムール家の関係をむしろ誇らしげに図示する。それによれば、ソユルガトミシュは、チンギスの第三子で第二代の大カアンとなったオゴデイの血を引くが、結局はその傍流の傍流といった程度の人物であった。とはいえ、その父ダーニシュマンドチャが、すでにティムールよりもまえに、西トルキスタンの実権者アミール・カザガンによってチャガタイ・ウルス君主にかつがれている。ようするに、かつぎあげるのに都合のいい程度の人間であった。その時点で、二代にわたる傀儡《かいらい》であって、かつはチャガタイ・ウルスの「正統」ではないオゴデイ系であることが、傀儡としてはむしろ都合がよかったのである。

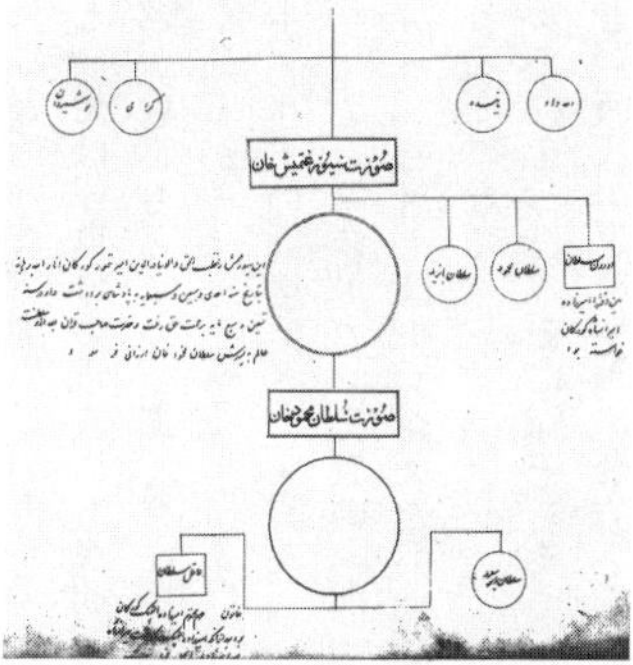
『ムーイッズル・アンサーブ』　ティムール権力が編纂した系譜集の一部。上半に大きく示されるのがソユルガトミシュ。左の注には、アミール・ティムール・キュレゲンすなわち「婿どのティムール」の傀儡だったことが記されている

つまり、ティムールはカザガンの故智にならったのである。この方式は、ティムールの独創ではなかった。率直にいって、ティムールなる英雄は、そ

れほど巧妙な、別のいい方をすれば「こざかしい」人物であったとはおもえない。どちらかといえば、自分の親族にも裏切られるほどに力ずくで剛直な、武断主義のイメージが否定できない。もとより、あくまで印象にとどまるが。

ひるがえって、ティムール家は、傀儡の「カン」のもとで、政治上ではあくまでナンバー・ツーの立場にとどまりつつ、片方でチンギス家の女性をめとって「婿」のかたちを採り、チンギス・カン一族の「血」の聖性につらなったのである。現実には、実権者でありながら、名目上はチンギス家の補佐役という「集団幻想」を演じつつ、「実利」をとったということになる。

これを、日本史になぞらえていえば、天皇と将軍、もしくは将軍と執権《しっけん》、さらにはほとんど同時代の足利将軍・公方《くぼう》と管領《かんれい》たる実力者といった関係を想い起こす。これに関連して、「管領」という用語・概念そのものが、モンゴル時代の大陸でのそれの直輸入であったことは、日本史においてもう少し認識されてもいいだろう。ちなみに鎌倉・室町という時代区分もふくめて、日本史・東洋史などといった棲み分けは、時としてありもしない幻影を勝手につくりだす。思い込みによって、歴史に壁を立てること——、これほど有害無益で、つまらないことはない。

さて、そのころすでに、モンゴル帝国全体は解体期に入っており、以前のような圧倒的なまでの政治力や軍事上の影響力は急速に薄らいでいた。しかし、いったんできあがった通念というものの根強さは、おそろしい。あとからかえりみれば、なぜそうなのかと疑問におもえることがらが、その時に生きる人びとには、熱く意味あることと見える。そうした出来事・事例は、人類史上におそらくは数えきれないほどにあるのだろう。ここでも、モンゴル帝国とチンギス・カン家の権威は、現実とは別箇に生きていた。その世界において、「王」たるものは、チンギス家の「血」を引くものでなければならなかったのである。

こうするには、もちろん多くの実際上のメリットがあった。なにはともあれ、チンギス・カン家なるものをおもてに押したてれば、その権威と聖なるイメージのもとに、もともとはティムールよりはるかに格上の諸王侯たちや、同格といっていい部族長・地方有力者たちも、彼になびかざるをえなかった。そうした「手続き」さえ踏めば、なにによらず話は、取りまとめやすかったし、周辺地域への進攻作戦にさいしても、チンギス家の再興という名分が立った。その結果、中央ユーラシア各地に散居するモンゴル帝国以来のさまざまな家門や武人たち、さらに多くの遊牧民集団は、ティムールの旗のもとになびき、その進軍・統治・支配を支持したのである。

ふたつの血をうけつぐ王権

初代ティムールが採ったこうした方式は、そのままその後のティムール朝の君主たちにも引きつがれた。傀儡カンのソユルガトミシュの没後は、その子スルターン・マフムードに継承され、ティムールの後継者たちは、あくまでチンギス血統のカンを立てつつ、母方からはチンギス家の「血」（なお、チャガタイ系とオゴデイ系のほか、ジョチ系もみられる）を、

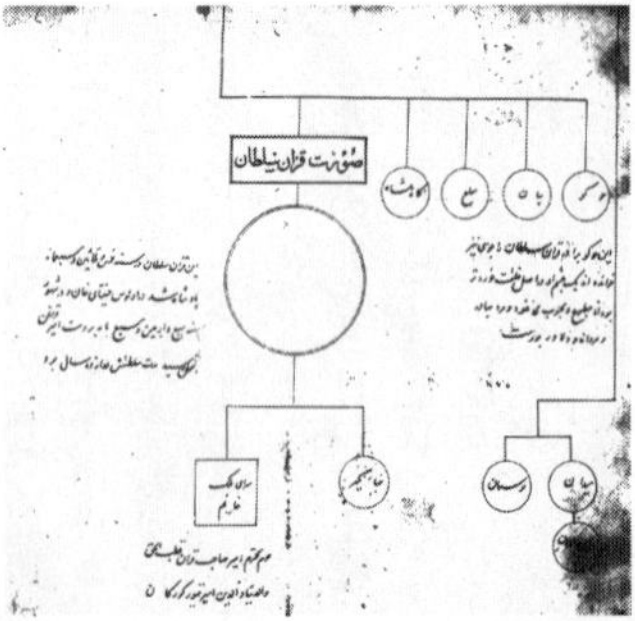

『ムーイッズル・アンサーブ』　大きな円はチャガタイ王家のカザン・スルターン、その左下の四角は娘のサライ・ムルク・ハーヌムで、アミール・ティムール・キュレゲンの夫人であったと注記されている

夫人からは仮に中華風に表現するならば「駙馬《ふば》家」（皇帝の婿たる家柄）とでもいっていい名分を保持した。

　そうしたありようは、モンゴル帝国時代にあって、しかるべき固有の領地・領民・軍事力・経済力をもち、モンゴル帝室と完全に一体化して繁栄・富貴を分かちあったことで知られるコンギラト、イキレス、オングト、オイラトなどの「駙馬王家」もしくは「駙馬王国」をおもわせるものであった。これらの家系は、フレグ・ウルスやジョチ・ウルス、さらには当のチャガタイ・ウルスでも分族・分領を形成する場合が多く、そこでも大元ウルス治下とほぼおなじように、それぞれの君主家の「駙馬」となった。ちなみに、クビライ登場以後の高麗国とその王室も、これに相当するといっていい。

　こうした独特のスタンスで、各ウルス権力に寄り添う大小の封王たちは、いずれも既述のようにモンゴル語でグレゲンと呼ばれた。アミール・ティムール・キュレゲンという呼び名とその発想は、モンゴル時代に一般化していたあり方を応用したにすぎない。ようするに、ティムールは、モンゴル時代以来、かなりの広範囲で数多く存在した「婿どの」たちのひとりというか、その新顔だったのである。

なお、ティムール権力が、みずからの「王権」の裏付けをチンギス・カンとその血脈にもとめ、自分たちをモンゴル「王権」とダブル・イメージで眺めていた紛れもない証左は、まさに前述の『ムーイッズル・アンサーブ』である。前半をチンギス家、後半をティムール家

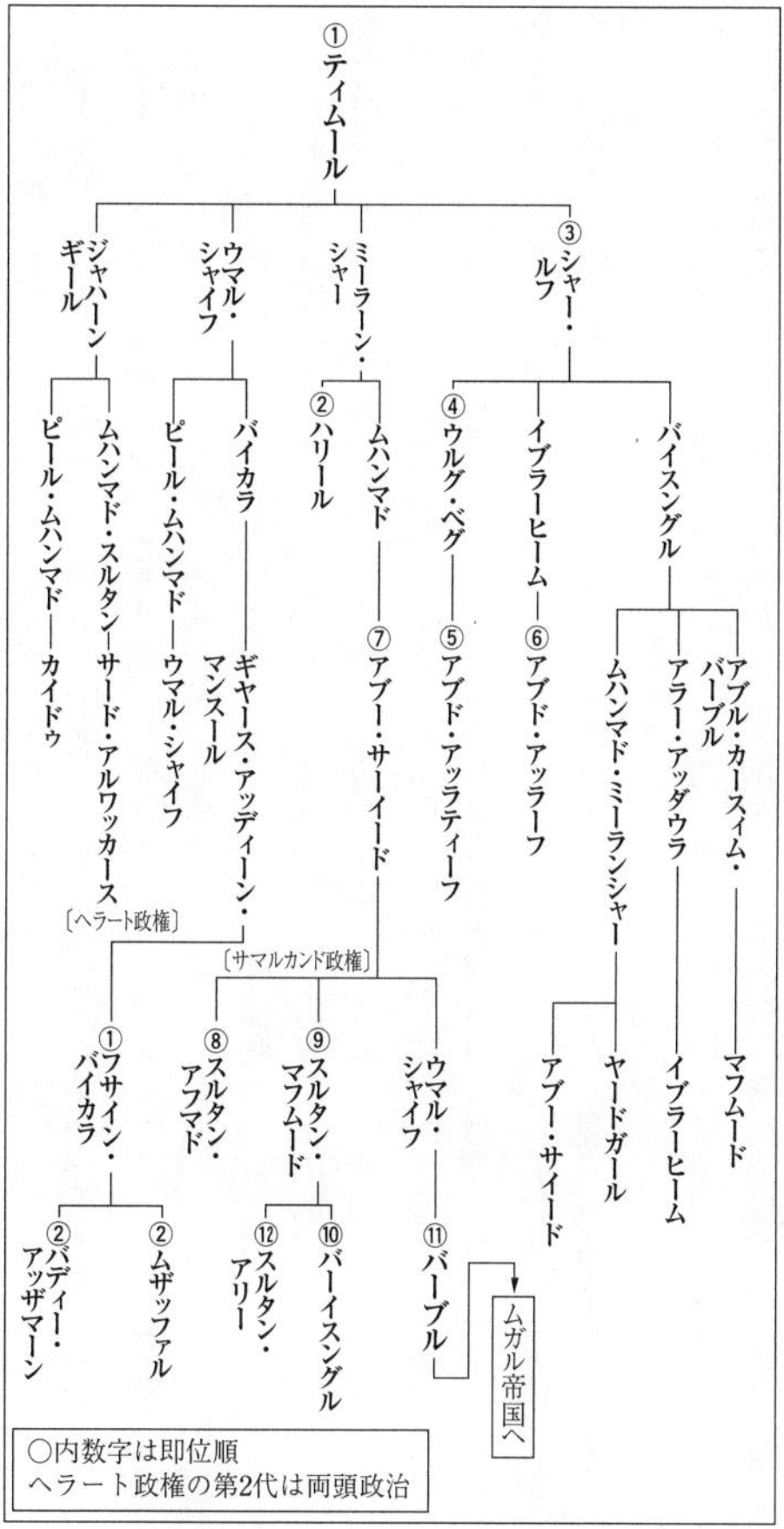

ティムールからバーブルへの系図

という二段仕立ての構成を採ることの系譜集の意味するところは、まことにわかりやすい。ティムール朝という「王権」は、現実の国家システムのみならず、「王」たる権威・聖性においても、さらには支配・統治の正当性の根拠・理由づけにおいても、モンゴル帝国およびチンギス・カン家とのほとんど「二重王権」とさえいえるほどのものであった。

くわえて、注目すべきこととして、このユニークな系譜集については、現在のところパリのフランス国立図書館に蔵されるすぐれた写本のほか、ムガル帝国治下のインドで書写された三種の写本が知られる。よく知られているように、ティムール帝国最後の君主であったバーブルによって樹立されたいわゆるムガル帝国は、いわば第二次ティムール帝国とでもいうべき存在であった。そこにおいても、同書が幾度も書写され、護持されつづけたという事実がまずある。しかも、ムガル帝国になってからの、インド方面における政治要因・勢力関係をおそらく反映したとおもわれる追加・改訂・削除が、かなり見られるという事実も、またある。

すなわち、ムガル帝国治下においてもなお、モンゴル帝国とチンギス血統への尊重・顧慮が消えうせることなく息づいていたことを示す。であれば、その意味するところは、見逃せない重みをもつ。王者・君主・支配者となるものは、時空をつらぬく尊貴なる血でなければならず、さらにその系譜のひろがりのどこかに、なんらかのかたちで連なることは、その人物の貴種たることを保証することになったのである。

ひるがえって、ようするに、ティムール帝国の君主・王族たちは、チンギスとティムールというふたりの「英雄」の血を、ともどもにうけついでいたわけである。そして、それはムガル帝国の君主・王族も、当然そうであったことになる。第一次・第二次を通じて、ティムール・ムガルの王統は、ふたつの血をうけつぐ王権であったのである。

モンゴルとルーシの三〇〇年

意外におもえることだが、これによく似た事例として、モンゴルとロシアの「王権」の連動を次に述べたい。

ジョチ・ウルスによるルーシ、すなわちロシアも含めた西北ユーラシアの統括的な支配は、きわめてゆるやかなものではあったが、およそ一世紀半ほどつづいた。そして、一三八〇年、ジョチ・ウルスの実力者ママイが引き具するモンゴル軍を、モスクワのドミートリーひきいるロシア連合軍がドン河ちかくで撃破した。このクリコヴォの戦いでの勝利は、モンゴルの無敵神話をくつがえした。ドミートリー・ドンスコイ（ドン河の）とたたえられた彼は、ロシアの統合と対モンゴルへの中心となった。

もっとも、その二年後のこと。ママイを打倒した、かのアク・オルダのトクタミシュが、一挙に西進してルーシを席捲し、モスクワはあえなく焼尽して、ジョチ・ウルスによる間接支配はたちまち復活した。ロシア史上で、クリコヴォの戦いを過度に強調するのは、気分はわかるが、事実とはいささかことなる。ただし、モンゴルの承認のもとにモスクワ大公となる方式は、あいかわらずおなじでも、ルーシのモンゴルに対する姿勢が、これ以後、次第に変わってゆくきっかけとなったのである。

むしろ、大きなゆらぎは、モンゴルのほうから起きた。既述のトクタミシュは、ティムールの援助もあって、ジョチ・ウルスを再統合したが、一三八九年ころより対立を深め、九五年には再征してきたティムールにテレク河畔で惨敗し、そのころ強盛であったリトアニアに逃れた。ティムールは、ジョチ・ウルス全体の中心地というべきヴォルガ下流域と、首邑サライ市を破壊した。結局、これが大きなさかいとなった。

こののち、ジョチ一門の結束力は弱まり、ジョチ・ウルスの「右翼」にして中核的な政治権力であったかつてのバトゥ・ウルスの地に、正統家をもって任じる大オルダのほか、一四三〇年にクリミア、一四四五年にカザン、そして一四六四年にアストラハンがそれぞれ分離独立した。これとは別に、ウラルの南にノガイ・オルダ、その東にはバトゥの弟シバンに発するキョク・オルダ（青帳カン国）なるウルス、さらにシビルなどもあり、いわゆる「カン国」の分立は決定的となった。ジョチ・ウルスなる大連合体は、もはやひとつの国家としての体をなさなくなった。広い意味では「モンゴル」たるティムールが、結果としてルーシに幸いをもたらしたのである。

ちなみに、シバン・ウルスの民は、いつとはなくウズベクと呼ばれ、アブル・ハイルから、その孫ムハンマド・シャイバーニーにいたって、一六世紀初頭、ティムール帝国を倒してマー・ワラー・アンナフルとホラーサーンの地にシャイバーン（シャイバーンとは、テュルク語・モンゴル語のシバンを、ペルシア語・アラビア語風に発音したもの）という名の権力を樹立することになる。なお、本書冒頭で述べた一九二〇年に消滅するふたつの中央アジアのモンゴル帝国の残影のうち、ブハラは後述するアストラハンの最後の君主がウズベクへと亡命したものを名義上でひきつぎ、もうひとつのヒヴァもウズベク国家の流れに属する。

ひるがえって、モンゴル側の動きと反比例するように、ルーシ諸国に対するモスクワの覇権がゆっくりと確立されてゆき、従来のロシア側の記述によれば、イヴァン三世に至ってモンゴル支配からロシアを解放したとされがちであった。

たしかに、一四六二年にモスクワ大公となったイヴァン三世は、ノヴゴロドやトヴェーリ、リャザン、ロストフ、プスコフなどの諸公国・諸都市を併合し、一四七二年には二〇年まえにオスマン帝国によって滅ぼされたビザンツ帝国最後の皇帝コンスタンティヌス一一世のむすめソフィア（ゾエ・パライオログス）と再婚して、ビザンツ帝国（つまりはローマ帝国）の後継者にしてギリシア正教の擁護者たらんとの姿勢を採るなど、かなり強力な君主ではあった。だが、それでもなお、モンゴルの「宗主権」を認めざるをえなかった。これまでは、ややもするとロシア対モンゴルという対立の図式で見られがちであったが、現実にはモンゴルとルーシそれぞれが分立・均衡するなかで、なおも全体がゆるやかなひとつのシステムをなして、ゆっくりと時が推移していたといえる状況であった。モスクワの浮上も、じつのところ、ひどく緩慢な動きでしかなかった。

モンゴル側の名目上の「宗家」たる大オルダは、アフメトの時代にいったん勢いを盛りかえした。しかし、一四八〇年、ウグラ河畔にてモスクワ軍と長期対陣したあと、なにも得ることなく退却した。これをもって、かの「タタルのくびき」の終焉とする見方がある。だが、大オルダは一五〇二年、クリミアに首都サライを攻略されるまで存在した。くわえて、すっかり弱体化しきったはずのジョチ・ウルス勢力は、それでも一五二一年にはモスクワ軍を撃破し、ふたたび従属せしめた。ただし、それが最後の輝きではあったが。ともかく、モンゴル側の分裂と低落が次第に色濃く、もはや否定しがたくなるなか、一六世紀なかばにいたるのである。

重なり合うモンゴルとロシアの「王権」

こうしたじりじりとした局面を一挙にしてくつがえし、のちのいわゆるロシア帝国の基礎を築いたとされるのが、雷帝の名でも知られるイヴァン四世である。一五三三年、父のヴァシーリー三世の他界をうけて、わずか三歳でモスクワ大公となった彼は、母エレーナの摂政の五年間と、その後の貴族支配による混乱をへて、一五四七年、一六歳で史上はじめて「ツァーリ」として戴冠式をあげ、親政を開始した。そして、その五年後の一五五二年、みずから大軍をひきいてカザン市を攻略し、男は皆殺し、女は俘虜とした。

ついで、五六年には、カザンの二の舞をおそれたアストラハンが抵抗することなく降伏した。かくて、有力な両カン国を併合して、ヴォルガ流域をついに制圧した結果、ここにロシアの東進の道がひらけた。まもなく、ウラル東側のシビル・カン国もあわせ、一気にいわゆるシベリアの大地を、無人の野をゆくように陸進する。ロシアのユーラシア化、そして巨大

カザンの要塞　1845年、デュランド画。植田樹『コサックのロシア』(中央公論新社、2000年)より

イヴァン4世　雷帝。ロシア帝国の基礎を築いた

帝国への道が開始される。

ところが、ロシア史を大きく旋回させることになったイヴァン四世自身が、じつはなんと、モンゴルと深いかかわりがあった。彼の母は、かつてのジョチ・ウルスの有力者ママイの直系なのであった。しかも、戴冠式の直後に結婚したアナスタシアが一五六〇年にみまかり、二番目に娶った妻マリア・テムリュコヴナこそは、ジョチ家の王族の血脈であった。つまり、母と妻、ともに錚錚たるモンゴル名門の出身であり、イヴァン四世自身も、いわば血の半分はモンゴルなのであった。

そして、これをモンゴル側から見れば、イヴァン四世はその父も含めて、まさに「婿」なのであった。婿たるモスクワ――。これが、ひとつのことを語っている。ようは、モンゴルとロシア王室の間に、ティムール帝国をおもわせる「血」の連携がうかがわれるのである。そのうえ、とくに注意されるのは、次のような有名な事件である。

すなわち、一五七五年、イヴァン四世は突如として位

モスクワのヴァシーリー聖堂
雷帝のカザン征服を記念して建設された

を降り、シメオン・ベクブラトヴィチなる人物に譲位したのである。具体的には、シメオンを「全ルーシの大公」とし、自分はただのモスクワ公と称した。もっとも、その翌年にはすぐに復位するものの、この奇妙で不可思議なイヴァン四世の行動については、これまでさまざまな解釈がなされてきた。

問題となるシメオン・ベクブラトヴィチとは、カザンの皇子で、いわばジョチ家の正裔たるサイン・ブラトのことである。西北ユーラシアで最高のプリンスといってよい彼は、一五七三年にキリスト教（ロシア正教）に改宗し、名をシメオン（セミョーン）とあらためた。ちなみに、ベクブラトヴィチとは、本来の名のブラトに殿（ベク）の敬称をつけてロシア語化したものである。当時のロシアでは、依然としてチンギス・カン家の権威とその「血」への尊崇は、脈々と生きていたといわざるをえない。

イヴァン四世は、モンゴル嫡流のシメオンを名目的な君主としていただき、その権威のもとで実権者として辣腕を振おうとしたのである。イヴァン自身の血脈と実力だけでは、おさえ切れないと考えたのである。これは、まさにティムールとその一門のやり方である。シメオン自身は、翌年に退位させられたあとも、ずっと大きな影響力と権威を保持しつづけた。

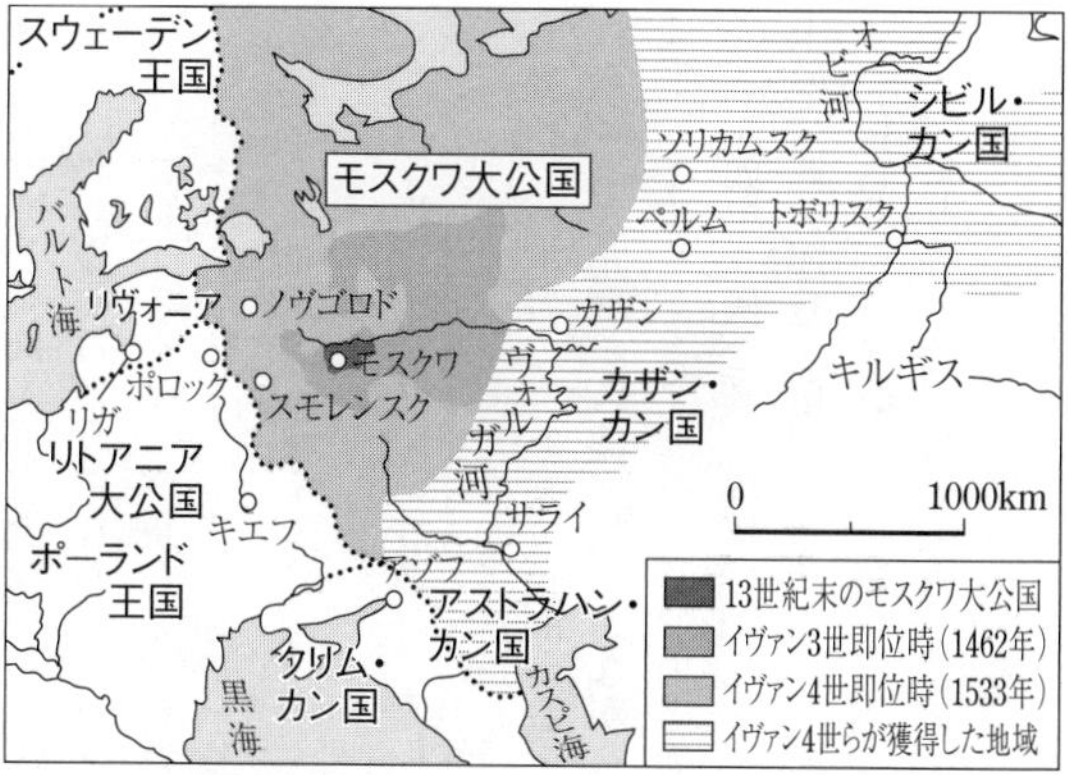

イヴァン４世時代のロシア

一五八四年、イヴァン四世が五〇年余の治世のすえに没すると、なんとシメオンの帝位復活をおそれるものたちは、彼を強制的に引退させ、さらにそれだけでは気がすまず、ついには盲目にした。よほど、モンゴル・カンたる血統の権威は、現実の意味とそれへの警戒を呼ぶものなのであった。

ロシア方面におけるチンギス・カン家の権威は、なおのちのちまでもひきつづいた。モスクワに伺候する大貴族たちの相当数は、じつは想像以上になんらかのかたちでモンゴル王家の「血」を引くものであった。その影は、ロシア帝国時代からソ連治下も含めて長く広くおよび、とくに芸術・文化関係など特定の分野には、そうした系統の人間が目につくという意見がある。真偽のほどは、定かにしえないが。

かたや、政治史上でいえば、諸カン国のうち、クリミアを本拠とするクリム・カン国は、ロシア帝国と対抗する力をながらく保持しつづけた。ロシアが目の前に広がる黒海にようやく正面から臨めるようになるのは、フランス革命もまぢかに迫った一七八三年、女帝エカチェリーナによるクリミア併合まで待たなければならなかった。

世界史における一六・一七世紀のもつ意味

大元ウルスとダヤン・カアン、そして婿どのたち

モンゴル世界帝国の宗主国たる大元ウルスについて、これまでもある程度は述べてきたこともあり、本書ではあえて正面からとりあげることをしなかった。ここでは、最低限だけ触れると、大元ウルスは、陸でつながれたモンゴル領域とアフロ・ユーラシアという二重の大地平にとって、支えとも、基幹力ともなるものであった。

ごく簡単な例を挙げれば、「ジャム」、ないし一般的には「ジャムチ」の名で総称される陸上の交通・運輸・伝達システムは、所詮は大元ウルスなくしては機能しがたかった。また、すでに古くからインド亜大陸を巨大な「中継地」として、インド洋上ルートによる東西アジア・アフリカ、そして結果としてヨーロッパにいたるまでの海によるむすびつきは、モンゴル時代になって一段と活発化するが、それには大元ウルスによる航海の組織化と、なによりも当時の世界で突出した水準にあった旧南宋治下の江南を中心とする産業力・生産力・経済力・文化力とを基軸とするものであった。その結果、銀を共通の価値基準とする、人類史上

1368～88年のユーラシア東方

で最初の壁のない経済様相が、世界レヴェルで出現する。これをもって、「資本主義」というならば、モンゴル時代にこそ、その本格的な基点を考えるべきであろう。

ひるがえって、その大元ウルスは、「中華」という枠組みでいうならば、小さな中華から大きな中華への大転換をもたらした。もとより、大元ウルスにとって「中華」たる地域は、その直接領域の三分の一にも満たなかったが、人口のうえでは反対であった。中国史風には唐と称する複合国家が消えてから三七〇年ぶり、その唐が統一政権の実質を失ってからは五〇〇年ぶりに、「中華」地域を再統合し、さらにそれを遥かに巨大化させた。しかも、多種族・多文化・多言語の混淆状態は、一挙にすすんだ。首都たる大都＝北京の定置も含めて、現在の中華人民共和国への道は、大元ウルスによってまずは開かれたことは、否定しようのない事実である。

さて、その大元ウルスは、周知のように、一三六八年に中華本土を失い、二〇年におよぶ明《みん》朝との対峙ののち、一三八八年にクビライ家の帝系はトグス・テムル帝の死をもってひとまず終焉を迎える。その後は、ともかくカアンを名乗るものがつづくいっぽう、大局的に見ればモンゴル高原を中心に、東はマンチュリアから西はカザフ草原にいたる内陸世界の東半で、遊牧民を主体とする大元ウルス以来の各勢力が離合集散する。それらの諸勢力を通じて、やはりチンギス・カン家の血統たるものが「王」となること、そして大中小の勢力は相互に分立・対抗することはあっても、全体として見れば、自分たちは大きくはなお「イェケ・モンゴル・ウルス」という、きわめてゆるやかな括りのなかにあるとの意識が、生きつづけていたことが指摘できる。

とくに、モンゴル高原を中心とする勢力が、自分たちをあくまで「大元ウルス」と考え、その盟主たる人物は「ダヤン・カアン」（ないしダユン・カアン）、すなわち「大元カアン」なる称号で呼ばれたことは特筆に値する。たとえば、一五世紀なかばころ、西モンゴリアのオイラト連合をひきいるエセンが抬頭し、一四四九年に土木の変で明軍を破り、英宗を捕虜にした。ついで、一四五三年には、チンギス家の血統たる主筋のいわゆるタタル部長のトクト・ブカを殺して、きわめて短期間であるものの、内陸アジア世界を統括する広域政権を樹立した。そのとき、彼は漢文史料の表現では、「大元天聖大可汗」と自称した。まさに、「大元カアン」すなわち「ダヤン・カアン」といったのである。

にもかかわらず、エセンが間もなく部下によって殺され、その権力も瓦解するのは、「王」たるものはチンギス・カン家の「血」を引くものでなければならないとの観念が強く生きていたことを物語る。ふりかえってモンゴル帝国時代、「ホイ・イン・イルゲン」すなわち「森の民」たるオイラト部族は、屈指の有力な大勢力の複合集団ではあったものの、そのいくつかある部族長家たちが、モンゴル帝室と通婚して「駙馬家」の格式をえるにとどまった。

ところが、エセンは「婿」の立場に満足できなかった。彼は、ユーラシアをおおう通念・枠組みをくつがえし、新しい時代のリーダーたらんとしたのだろう。だが、エセンほどの実権者をもってしても、チンギス・カン家の「王権」に代わることはできなかったのである。

ポスト・モンゴル時代の内陸世界

このあたり、やはり既述のティムール家の場合と共通する部分がある。そもそも、エセン政権とティムール帝国の後半とは同時期である。両者の関係がどのようであったか、残念ながら、東のモンゴル語・漢文世界と西のペルシア語・テュルク語世界という東西史料のはざまに入りこんで、よくわからない。だが、現実には、おそらくそう遠からぬところにあった。

エセンは、先行するティムールとその後継者たちの方式を見ていたはずである。だが、エセンは、おそらくティムール家の例を承知のうえで、別の道を選び、その挙句に転覆した。逆に、モンゴル本土におけるこうしたなりゆきを、ティムール権力側はどう眺めていたのだろうか。とりわけ、当初はともに、別々のチンギス家の「血」をいただき、のちエセンのほうはそれを捨て、さらにおそらくはそのことが重要な因子となって、当のエセン自身が敗死し、「オイラト帝国」がうたかたの夢と消えるという一連の顛末は、あらためてティムール方式の賢明さを再確認することになったのかも知れない。

もっとも、ティムール帝国といっても、それなりに統合を保持した第三代のシャー・ルフは、三八年の長い治世ののち、一四四七年に他界し、五一年にその甥の子アブー・サーイードが即位するまで、四年間に三人の君主が消えるという混沌たる状況であった。混乱は、皇帝が捕虜となった明をはじめ、モンゴル本土・ティムール国家、いずれも似たようなものであった。むしろ、もっとも東西南北にわたって大発展するチャンスのあったのは、エセンであったのだが、功と名をともにあせって、大きく横転したと考えればよいか。

こうした事柄にかかわって、もう一点、注意したいのは、モンゴル本土とティムール権力との間にあったモグーリスターン王国である。本来はティムール家の目上でもあり、チャガタイ系のチンギス裔をいただいて、ティムール権力の歴代とは浅からぬ関係でむすばれていた。天

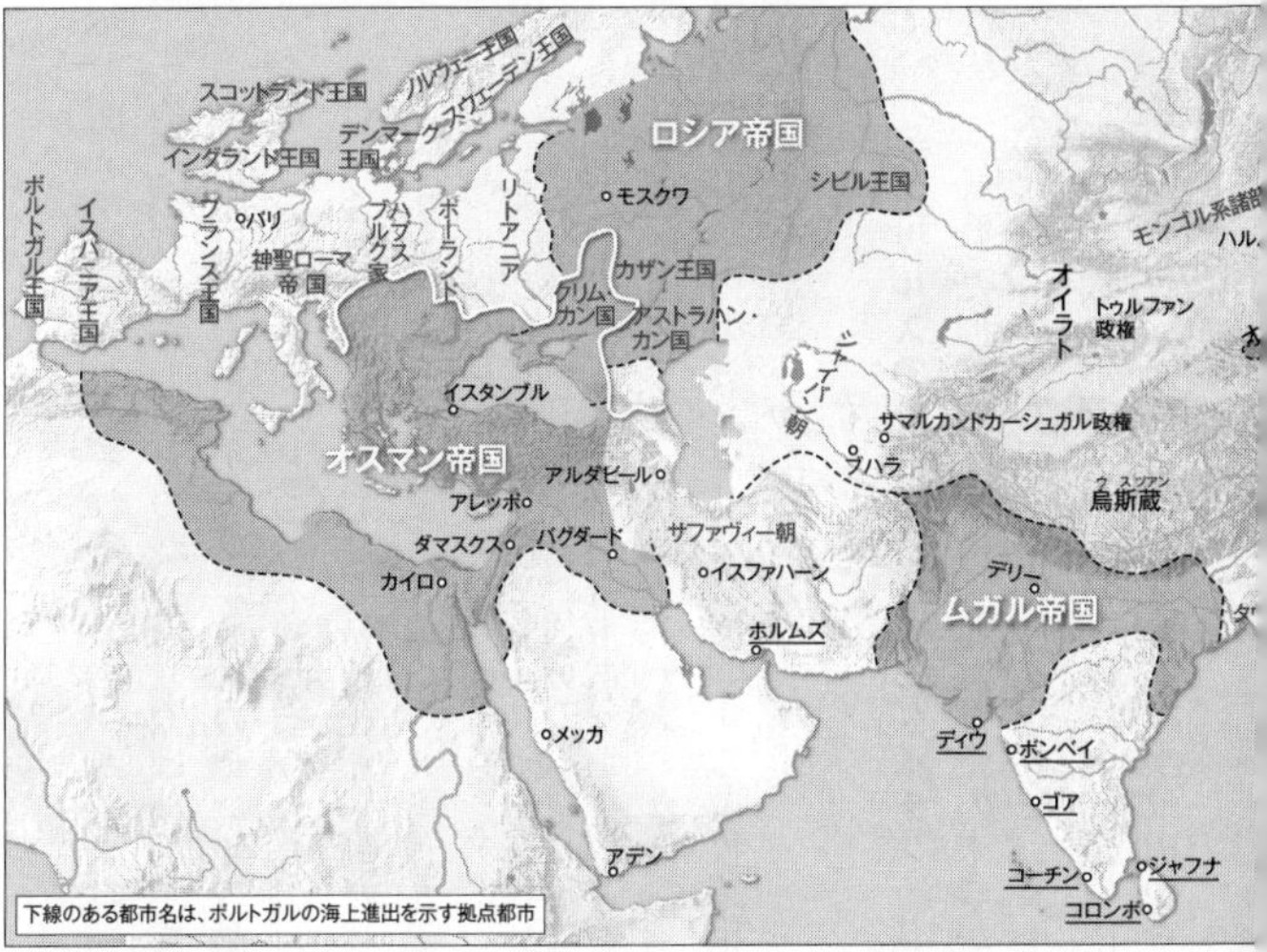

1600年頃のユーラシア　ポスト・モンゴル時代の大帝国が出揃う

山のふところから、北麓にかけて、広闊な草原地域を本拠とするいっぽう、タリム盆地方面ではアミールのドゥグラト家が実権をもった。むしろ、モグーリスターン王国は、ドゥグラト一族のもとに差配されたといってもいい。これも、ほとんどティムール権力の状況とうりふたつの、いわば権力の二重構造であったといっていい。

なお、エセンに限らず、モンゴル高原方面に拠る勢力と、それに対する天山方面のモグーリスターン、およびマー・ワラー・アンナフル方面のティムール権力とは、すでに述べたような史料状況のため、断片的な事実は別として、かかわりの具体相、もしくは全体像は描きにくい。その結果、モンゴル高原のチンギス裔と、天山方面および西トルキスタンのそれぞれのチンギス家の「血」との間に、はたしてどれほど上下のランクやその意識があったのか、もしくはなかったのか、確実なことはいいにくい。さらに、カザフ草原以西のジョチ・ウルス系のチンギス裔との位置づけも、よほどの例外は別として、残念ながら、いまのところ不鮮明であるといわざるをえない。ただし、「カアン」を称せるのは、モンゴル本土をおさえるチンギス裔だけではあった。

以上を通観してみると、モンゴル時代が過ぎ去ったのち、一五世紀から一七世紀のはじめまで、東はマンチュリアから西はロシアにいたる広範な地域で、ほぼ共通してチンギス・カン家の権威は生きつづけていた。それを自己の権力・正当性の裏付けとして使い、もしくは傀儡として機能させる場合もあった。他方、モンゴル高原とその周辺においては、エセンの没落後に出現したいわゆるダヤン・カンの「中興」によって、チンギス・カン家の「王権」が蘇り、内外モンゴリアに展開する遊牧諸集団の大半の「王統」として、それぞれ実体化する道を歩んでいったのである。

大元ウルスの後継者としてのダイチン・グルン

こうした形勢のうえに、一六世紀の末にかかるころから一七世紀の前半にかけて、さらに大きな変化がおこる。マンチュリアに、ヌルハチを盟主とするジュシェン族の連合体が抬頭し、第二代のホンタイジのときに興安嶺の南部一帯に拠るモンゴル帝国以来の古い勢力ホルチン部と政治提携し、ジュシェン族政権から満蒙連合政権へ飛躍するきっかけをつかむ。

伝国の璽　『南村輟耕録』の記述をもとに、現代中国の彫工が復元したレプリカ。上はその印影。一辺の長さは120㎜

ホルチン部は、チンギス・カンの弟ジョチ・カサルを名祖《めいそ》とし、事実上でかつてクビライ政権を樹立せしめた東方三王家の後身であった。明帝国は、三つのかたまりのそれぞれに「衛」の名目をもって遇し、最有力のオッチギン王家（王号は遼王）は泰寧衛《たいねいえい》、カチウン王家（呉王）は朶顔《ドヤン》衛、カサル王家（斉王）は福余《ふくよ》衛とされた。そして、ある時としかいいようがないが、とくにカチウン家所属の千人隊であったウリャンカイ部族の名をとって、これらすべてをウリャンカイ三衛とも総称した。東方三王家以来の中心であったオッチギン家は、モンゴル語ではオンニウト（本来はオンリウト、すなわち王にかかわるものの意）と呼ばれたが、モンゴル全体の奪権闘争で衰え、オジエトと称するカサル系が指導的地位に立った。その総合名称が、ホルチン（いわゆるコルチ、すなわち箭筒士にちなむ）であった。

　東方三王家以来、マンチュリアはその支配下、ないしは組下・影響圏にあった。ヌルハチよりはるかまえから、ジュシェン族たちは、モンゴル左翼王家たちのゆるやかな支配のなかで暮らし、次第に一体化する場合もあったと推測される。ともかく、ホルチン集団は、ヌルハチとホンタイジたちにとって、名実ともにパートナーとなってほしい相手であった。かくて、ホルチンと連合したホンタイジは、内モンゴリアのモンゴル諸勢力を急速に吸収してゆく。

そのさい、ホンタイジはダヤン・カアン以来の正統王家とされたチャハル部の有名なリグダン・カアンの子エルケ・ホンゴル（エジェイ）から臣従のあかしとして、大元ウルスより伝わる「伝国《でんこく》の璽《じ》」を譲られる。一六三六年のことである。史上に名高いこの事件は、大元帝国がかつて保有していた内陸アジアと中華の全域にわたる支配者の名分を、新興のマンジュ・グルンがひきついだことを意味すると解されている。そのことを特筆大書する清代の記録では、その玉璽には「制誥之宝」と刻されていたという。

もっとも、史料上で厳密に検討すると、モンゴル時代の大元ウルスが保有していた伝国の璽には「受命于天、既寿永昌」の八字が刻されていたはずであった。これについては、陶宗《とうそう》儀《ぎ》『南村輟耕録《なんそんてつこうろく》』の巻二六、「伝国の璽」に詳しい記事があり、それによれば至元三一年（一二九四）、クビライが長逝し、後継者が定まらない微妙な時期に、その孫の成宗テムルの即位を演出するかのように、秦以来の籀文《ちゅうぶん》でしるされた伝国の璽が地中より出現し、テムルに奉呈された。ホンタイジにささげられた「制誥之宝」は、大元ウルス皇帝が使用したいくつかの玉璽のうちに該当するものがあり、しかもそれを押捺した書画がダイチン・グルン王室の蒐蔵《しゅうぞう》をへて現在に伝わっているから、たとえばそれから偽造しようとすれば、もっともらしいものは作れただろう。

だが、もちろんここでは、伝国の璽そのものの真偽は問題ではない。チンギス嫡統家の臣従というシンボリクな政治上の大事件を演出する道具として、伝国の璽という古来よりしばしばなされた常套手段がここでも使われたのである。大元ウルスの「王権」と政治伝統は、ホンタイジにゆずられた。すくなくとも、当時の人びとにはそう観念された。ホンタイジはそのことに喜悦して、本拠である瀋陽にモンゴル王侯の大会議、すなわちクリルタイを催し、モンゴル語で、「ボグド・セチェン・カアン」（聖なる賢明なカアン。漢訳は神武英明皇帝）なる尊号を奉られ、みずからの新帝国を「ダイチン・グルン」すなわち「大清国」と命名した。つまり、ダイチン・グルンという帝国はかつての大元帝国の「後継」として宣言されたことになる。

現在の中国とモンゴル

こののち、ダイチン・グルンは明朝の自滅にちかい消滅によって、ひきずりこまれるように入関して、結局、中華本土の統治者たる運命も背負わされてしまう。そのいっぽう、政権としての不可欠の根幹に、内モンゴルからさらに外モンゴルの王侯たちを抱え込み、彼らを通じて、内陸世界のカアンたる立場を保持することとなる。そして、乾隆帝の治世にいたって、それまで一〇〇年のあいだ、食うか食われるかの宿命のライヴァルでありつづけたモンゴル系のジューン・ガル王国の内紛につけこんで打倒し、その地を併合してティベットを含

ジューン・ガルとの戦い　弓矢を主力兵器とするダイチン・グルン軍(左)が、ジューン・ガルの鉄砲隊を破り、乾隆帝の巨大版図が実現した。前近代の接近戦では、現代人が思うほど鉄砲が圧倒的に強かったわけではない。「準回平定得勝図」より。東洋文庫蔵

む巨大版図を実現する。

現在の中華人民共和国の領域の前提となる巨大な広がりは、一七五八年以降のことであり、それは中華の皇帝であって、内陸世界のカアンであるというダイチン・グルン君主の両面性にもとづいている。そして、その権力そのものは、ホルチン部を契機に次々と合体していったモンゴル諸王侯たちとの連合政権であったといわざるをえない。

つまり、乾隆帝から現在にいたる「大中華」の枠組みは、モンゴルと密接不可分の関係にある。くわえて、清代を通じてダイチン・グルン王室・政権とともにあったモンゴル王侯の多くは、チンギス・カン家の血統を称するものたちであった。ダイチン・グルン王室・貴族とモンゴル王侯・貴族との通婚も、ごく当たりまえになされ

た。

そもそも、一六二五年、ホンタイジのときに、同盟相手のホルチン部の女性を后妃とする。順治《じゅんち》帝の母となり、のち順治から康熙《こうき》の治世の前期において、権力をふるった孝荘文太皇太后である。つまり、ホンタイジは、チンギス家の「婿」となった。既述のように、チンギス正統とされたチャハルが降ってからは、ホルチン王家が事実上のモンゴル代表となったので、まさに文字どおりの「婿どの」であった。そして、以後それが慣例となるのである。

ダイチン・グルンという政治権力は、どこかティムール帝国やロシアの例とも似かよって、チンギス・カン家の「血」に寄り添われた「王権」であった。そして、もともと神聖化の道をあゆんでいたチンギス・カンは、時を逐《お》って次々と権威づけが加えられ、この時代に至って、まったくの「神」となった。

「海進」と「陸進」の時代

一四九二年のコロンブスによる航海は、よくいわれるようなジパングをめざしたものではなく、「大カアンの国」、すなわちマルコ・ポーロなる誰か、ないしは複数の誰々かが描いたクビライの巨大帝国への旅であったことは、その『航海誌』の冒頭に明記されている。地球を西へひたすらゆけば、モンゴル帝国の宗主国へと辿りつけるはずだとの考えであった。

もとより、一四九二年にはクビライの帝国は消え去ってすでに一〇〇年がすぎていた。一三世紀後半から一四世紀には、あれほどアフロ・ユーラシア東西の人とモノ、そして情報が陸海でゆきかっていたにもかかわらず、一五世紀になると、そうした相互の交流と理解が急速に低落するのは、まぎれもなくモンゴルという名の大統合が失われたためであった。

中華地域では、明皇帝となった朱元璋《しゆげんしよう》（洪武帝《こうぶてい》）のもとで、人類史上でも屈指の専制独裁・文化弾圧の恐怖政治が展開する。前後五度にわたる政府官僚を中心とする大虐殺は、文化人・知識人をほとんど一掃してしまうほどのすさまじさであった。どこか原始共産制をおもわせる国家・社会政策をはじめ、みずからを絶対存在とし、自分以外の人間を唯々諾々たる羊とみなすような異様な原理主義は、モンゴル治下の自由奔放の社会・経済を一変させたにとどまらず、文明としての中華なるものの精華も、多くこの時に失われた。その結果、明代前半は学術・文化・出版の暗黒時代がつづく。

なお、永楽帝《えいらくてい》・朱棣《しゆてい》のときの鄭和《ていわ》の航海を誇大視する意見があるが、モンゴル時代以来のインド洋上ルートによる往来を踏襲したものであり、むしろこれを最後の花道とするかのように、アジアによる海への展開が失われてゆくことの意味こそが重大である。ちなみに、鄭和の宝船を八〇〇〇トン以上などという虚像がまことしやかに語られるが、それほどの木造帆船は、そもそも動かないし、インド洋の荒波で木っ端みじんとなってしまう。

アジアは、結果として海の時代をヨーロッパに譲ったのである。一五世紀のヨーロッパは、実は低落していた。ひとつの目に見えやすい例として、すでに触れた一三七一～七五年の『カタルーニャ地図』に対して、おなじカタルーニャで一五世紀につくられた世界図にあっては、T－O型の地図に逆もどりしているだけでなく、内容も、驚くほど後退している。

コロンブスの航海を皮切りとする南北アメリカ大陸の発見とそこの支配は、低落するヨーロッパの幸運となった。そして、明が鄭和の航海を否定し、その記録を滅却させるのと反比例して、一四九三年の教皇子午線、および翌年のトルデシリャス条約での線引きにもとづき、ポルトガルは弱小な勢力でアジアの海をコントロールすることになる。

西洋人たちのいう「大発見の時代」は、大きくはこうした図式のなかにある。アジア側が自ら閉ざさなければ、ポルトガルの「海上王国」など、あるはずもなかった。だが、一六世紀は、ヨーロッパによる「海進」だけが世界史上のトピックであったのではない。もうひとつ、見逃せないこととして、ユーラシアにおける「帝国」の構図が大変貌したのである。すでに本書の冒頭で述べた一九世紀後半から二〇世紀初期にいたる五つの帝国、すなわち東のダイチン・グルン、北のロシア、南のムガル、中東のオスマン、そして西のハプスブルクという「かたまり」が並存するのである。

15世紀のT－O型世界図　カタルーニャで作られたもの。盛り込まれた情報や完成度など、14世紀の『カタルーニャ地図』よりひどく退化している

ロシアは、既述のように、一六世紀後半にシベリアの地を一挙に東進し、たちまち太平洋岸に達する。そのころマンチュリア

の片隅に出現したジュシェン権力は、一七世紀に入って帝国への道をひたすら辿り、康熙・雍正《ようせい》での拡大をへて乾隆帝《けんりゅうてい》にいたって巨大化して、いったんは中央アジアのオトラルあたりまでも駒をすすめる。そして、このふたつの巨大帝国とその後継こそ、近世から現在にいたるまで、「ランド・パワー」の最たるものとなる。まさに、文字どおり「陸進」したのである。

いっぽう、一六世紀前半におけるオスマン帝国の強大化、それに対抗するハプスブルクという図式も、その後の基本パターンとなる。ハプスブルクは、結局スペインを手放すことによって、陸海の帝国たることを放棄する。かくて、「ランド・パワー」と「シー・パワー」の色分けは鮮明となりゆく。ポルトガル、スペインをへて、オランダ、フランス、イギリス、そしてアメリカにいたる系統は、「シー・パワー」に大別される。

なお、のちのイギリス海上帝国の形成にとって、やはり一六世紀前半にムガルがいったんその北半をおさえたインド亜大陸のもつ意味はきわめて重い。ただし、そのさい注意すべきこととして、インド洋の東西海域をつなぐ三角形の「つきだし」としての独自のスタンスはもとより、インドそのものがもつ多元の巨大な農業生産力とその富は、まま近代史家がいうように、近世・近代になってから浮上したことではなく、いわば有史以来、ユーラシア史ないしはアフロ・ユーラシア史を動かし、世界史を世界史たらしめる屈指の要因でありつづけたのである。

日本とヨーロッパの大きな旋回

ひるがえって、一五・一六世紀に、われらが日本は、小民蜂起・社会変動の戦国争乱を味わう。鉄砲伝来に象徴されるヨーロッパとの遭遇は、いわば「シー・パワー」との接触・交流であった。かくて、動乱の一〇〇年をへたあとの日本は、一六世紀後半からのち、文明史的な旋回を遂げることになる。

モンゴル時代以来の漢文化の本格受容のかたわら、日・中・韓をこえた「世界」なるものに出会い、そのなかで、近世王権としての信長・秀吉・家康の権力が展開して、やがて古今東西でも稀な超安定社会の「江戸システム」が形成・固着する。そのかたわら、日本型近世国家においては、権力者は俗人でありつづけた。別のいい方をすれば、信長以降、支配者は「法体」とならなかった。ようするに、基本的に政教分離が済んだシステムとなった。

いっぽう、ヨーロッパも、一六世紀の宗教改革にはじまる各種の動乱、さらに一七世紀における三十年戦争という多元的な国際紛争をへて、一六四八年のいわゆるヴェストファーレン条約などにより、システムとしての国家関係とともに、やはり広い意味での政教分離がすすみゆく。ようするに、一七世紀にあって、日本とヨーロッパは、意外に似たスタンスにいた。むしろ、急速に産業化・軍事化にむかった統一日本は、アジア東方のみならず、純客観にポルトガル、スペインも警戒せざるをえない「強国」に浮上しつつあった。

ただし、日本は、志筑忠雄《しづきただお》が一八〇一年に命名したいわゆる「鎖国」によって、本来シー・パワーたるところを、海運・海船の伝統・経験・ノウハウ・可能性とともに、長くたくわえてきたものの多くを自分で放棄した。そこに、「鎖国」のもつ世界史上での意味があることはみのがせない。自力航行できる動力船の出現が、幕末だったことを幸いとするか、もしくはだからこそ幕末となったのであり、かつは明治維新であったとするかは、論じる人の立場によるだろう。もっとも、いずれにせよ、日本はシー・パワーたるほかになかったのではあるが。

ポスト・モンゴル時代におきた「大発見の時代」には、じつのところ「海進」も「陸進」もほぼ同時に進行していた。そして、それは陸上においては、ユーラシアを幾つかの「かたまり」に仕切る新型の地域帝国の時代でもあった。ここにおいて、ランド・パワーとシー・パワーのふたつの流れが明確となった。それぞれは、たがいに複数で競合しつつ、しばしば「文明」としてのあり方・価値観をも象徴・体現するものとなっていったのである。

終章　アフガニスタンからの眺望

地上最後に出現した遊牧帝国

時空をこえる視角

二〇〇一年一〇月、アフガニスタン――。ターリバーンたちが握っていたこの国へ、アメリカを中心とする軍事作戦が開始された。具体的には、八日未明から米軍による空爆が連夜おこなわれ、それが皮切りとなった。その前月、すなわち九月一一日、アメリカを襲った「同時多発テロ」の衝撃が世界をゆるがしつづけているなか、まことに素早い対応ではあったといっていいのだろう。

テロへの報復・反撃と、首謀者たるオサーマ・ビン・ラーディンをはじめ、アル・カーイダをかくまうアフガニスタンのターリバーン政権を制圧・打倒せんとする「戦争」には、アメリカ合衆国のほとんどの人が賛成し、熱烈に支持した。また、日本をふくめたかなりの国々、そして多くの人びとも、アメリカ人たちほどの熱狂ぶりではなかったものの、それなりに肯定した。そのことを、六年後のいま、あらためて思い出す。そして、人の世と人の心と、その移ろいと定めなさに、やはりあらためて想いをいたさざるをえない。

アメリカのアフガン攻撃　上は2001年11月、米軍の空爆を受けるラヘシト村。下はターリバーンの兵士たち

アメリカが、ついにはじめてユーラシア中央域に踏み込んだこと、そして古い歴史の大陸ユーラシアにそれ以前とはまったく異なるかたちの新しいパワー・ゲームが展開されだしたこと、さらにグローバル権力としてのアメリカに対して文字どおりの「世界帝国」化への懸念が巻きおこり、ひきつづくイラク作戦とその泥沼化によってアメリカの揺らぎと翳りが逆にあぶりだされる結果となったこと――。こうしたことのそれぞれは、二一世紀の冒頭にあった歴史の旋回の局面として、おそらくは今後により大きな意味をもつものとして語られゆくことだろう。今は、その脈絡のなかで、時がすすんでいる。

だが、ここでアフガニスタンをとりあげたのは、今をのみ語るためではない。アフガニスタンという国と風土は、ユーラシアという大陸の内側にひろがる巨大な空間とその歴史展開のあらましをたどるうえで、ひとつの独特の視角をあたえてくれるからでもある。後述するように、アフガニスタンにおいては、アレクサンドロス大王もチンギス・カンも、イギリスもソ連も、そしてアメリカもまた、苦しみ、ゆき悩み、難渋し、失敗し、あえぎにあえいだ。アフガニスタンと、それにかかわるもろもろの事柄をみつめることで、時空をこえる「なにか」が、そこに浮かびあがってくる。

古くて新しい国アフガニスタン

ふたたびというか、とくにこのところ、今まで以上に世界の耳目を集めているアフガニスタンは、ユーラシア大陸のほぼ中央、やや南西寄りに位置している内陸国である。アフガーニスターンというペルシア語は、いうまでもなく「アフガンの地」を意味する。そして、「アフガン」とは、狭義ではパシュトゥーン族をさす。さまざまな民族集団からなる現在のアフガニスタンで、もっとも多数を占める主力民族である。

「アフガン」の語は、歴史文献においては、インドでの記録などもあるが、おおむねは古くは一〇世紀から、とくに一三・一四世紀のモンゴル時代以降のペルシア語の記録にあらわれる。それくらい、イスラーム中東地域とその周辺については、モンゴル時代をさかいに、文献の質量が格段にことなる。アフガン族は、もともと現在のアフガニスタンとパキスタンの国境にまたがる山岳地域の住民であった。アル・カーイダたちが逃げ込んでいるという「トライバル・ゾーン」こそ、実はアフガンの本貫の地なのであった。

アフガニスタンは、国域の中央部、北東から南西に六〇〇〇メートル級のヒンドゥー・クシュ山脈が巨大な壁をなし、その北側と南側に国土がひろがる。国として、きわめて特殊な構えといっていい。ちなみに、ヒンドゥー・クシュとは、ペルシア語で「インド人」（ヒンドゥー）・「殺し」（クシュ）を意味する。暑熱のインドから北上した人は、この巨大な雪嶺を越えられないというイメージに由来するとされる。もっとも、この話もモンゴル時代から知られるものではあるが。四面の国境のうち、東と南は大きくパキスタンと、逆に中国とはワッハーン渓谷でわずかに接し、北側はタジキスタン・ウズベキスタン・トゥルクメニスタンの三国と、そして西側はイランとさかいする。

すくなくとも、南アジア・西アジア・中央アジアの三つの要素がここで交叉する。多民族・多文化・多言語は、過去から現在にいたるまで、一貫して当たりまえのことである。自然環境として、峨々《がが》たる山岳と切れ込む渓谷のほかは、乾燥が圧倒的に優越し、河川に寄りそうわずかな緑野や、まさに水と緑が凝集したオアシスが、沙漠・半沙漠・乾燥地のなかに点在する。都市や集落は、おのずからきまったところに営まれ、その場所・あり方は、古来それほど変わりない。こうした自然条件と政治環境が、過去から現在にいたるまで、アフガニスタンという土地と国家に、深い陰翳と独特の運命めいたなにものかをあたえている。

アフガニスタンという土地には、古くよりさまざまな人間が往来・居住し、東西南北の勢力が登場・通過した。ごく古くには、アーリヤ人がやってきて、インドへと南下した。その後、ハカーマニシュ世界帝国の東域となり、ついでアレクサンドロス大王も到来した。ヒンドゥー・クシュの南北は、アレクサンドロスとマケドニア東征軍にとって、もっとも苦戦をしいられ、まことに苦難と殺戮の旅路であった。なお、アフガニスタン王国とターリバーン発祥の地である南部のカンダハールは、いわゆるアレクサンドリアのひとつである。

ややあって、クシャーン朝よりのちは、北西インド、すなわちガンダーラからつづく「仏の道」となり、クシャーン朝の夏の都となったベグラームの広大な都市遺跡や、バーミヤーンに代表される都市文化・仏教文化が栄えた。七世紀、かの玄奘《げんじょう》がバーミヤーンにて目にすることになった黄金の東西大仏をはじめとする仮想空間は、ヒンドゥー・クシュ山中に浮か

現在のアフガニスタン周辺

バーミヤーン遺跡　3〜7世紀頃の仏教遺跡。カーブルの北西約240㎞にある。左は2001年にターリバーンに破壊された西大仏

んだこの世の浄土世界であったのだろう。また、おもに遊牧民を中心とする北からの勢力が、エフタル・突厥など次々と姿をあらわし、さらにイスラーム東漸《とうぜん》とともに、ガズナ朝・ゴール朝などのムスリム軍事力がこの地に拠り、インドへの南進の基盤ともなった。

　ホラズム・シャー王国の打倒後、チンギス・カンひきいるモンゴル西征軍も、すでに触れたようにこの地で苦しみ、インダス河にまでいたって北帰した。のち、モンゴル帝国としては、フレグ・ウルスがおさえるホラーサーンと、クンドゥズを中心とするチャガタイ・ウルス南方領とで棲み分けがなされた。そのいっぽう、既述のように、チャガタイ軍は、しきりにデリーとヒンドゥースターン平原をめざし、波状的に攻勢をかけた。

　こうした形勢は、ティムール帝国領としての一三〇年余をへて、その最後の君主バーブルが、いったん現在の首都のカーブルに小王国をつくったのち、結局インドへ転進をはかることで、ひとつの帰結点を見ることになる。ムガル帝国の形成である。ようするに、「インドへ

の道」は、時代をこえて歴史をつらぬく大きな趨勢なのであった。

しばしば、「文明の十字路」なることばで表現されるアフガニスタンの悠久の歴史は、国家としてのそれへの大いなる序章であった。アフガニスタンなる国家の成立は、じつは後述のように、それほど古いものではない。いや、それどころか、むしろ新しすぎるほどであったことが、現在につながりゆく「運命の構図」の遥かなるみなもとであったかもしれない。

ようするに、アフガニスタンは、古くて新しい国である。長久の歴史の結果として、人間・社会・言語・文化・遺跡・遺物はまことに多彩・多様であるが、その反面、国としてのまとまりや社会資本の蓄積・伝統、さらには部族や民族集団をこえた協業への耐久力・結束力において、ややゆるやかすぎるところがあった。率直にいって、パシュトゥーン族をはじめ、多くの人たちは今もなお、部族主義や個人単位の利害で動くことが目につく。そして、そもそも地政学的に鍵となりやすい位置にあるところから、近代・現代を問わず、大国によるパワー・ゲームや戦略に捲き込まれつづけることになったのである。

ドゥッラーニー帝国なるもの

さて、アフガニスタンという国は、一七四七年になってはじめて出現した。日本でいえば、八代将軍の徳川吉宗が大御所となっていたころのことである。

ドゥッラーニー系パシュトゥーン遊牧民のアフマド・シャーが、自分の生地であるアフガニスタン南部のカンダハールにて、パシュトゥーン諸部族をとりまとめて王位についた。尚武の気風に満ちあふれたパシュトゥーン遊牧民、そしてその部族連合体が核心なのであった。遊牧民国家というと、世上しばしば、ダイチン・グルンに滅ぼされたジューン・ガル（モンゴル語で「左の手」、すなわち左翼を意味する。モンゴル時代からのえにしをもつオイラト連合体のなかでの立場をいうとされる）をもって、最後の遊牧権力といわれがちではあるものの、ドゥッラーニー帝国という名のアフガニスタン国家こそが、実はその名に値する。

実際に、ドゥッラーニー王朝のアフガニスタン国家は、「帝国」といってもいい広がりを実現した。一八世紀後半にあってもなお、よく組織化された遊牧民国家は強力であった。東はインド、西はイランへと、さかんに拡大戦争を仕掛けた。

アフガン遊牧騎馬軍は、まずはじめに、北のかたヒンドゥー・クシュ北側のウズベク勢力へも攻勢をかけて、いわゆるホラーサーンを掌中にし、「アフガン・トルキスタン」全体を版図におさめた。さらには、イランにも兵をすすめ、東部の要衝マシュハドをも手に入れる。転じて、北インドに討ち入り、統合を欠く現地側の陣営を押しまくった。かくて、現在のパキスタンのほぼ全域を取り込んだ。ちなみに、このときのかたちが、ひとまず原型となって、結局はユーラシア・パワーゲームをへたあとの、境域画定のさい、ヒンドゥー・クシュ南北にわたる特異な領域が「アフガニスタン王国」であるとして、重要な歴史的根拠となったのであった。

ともかく、一八世紀のなかばから後半にかけて、かつてインド亜大陸のかなりな部分を統領していたムガル帝国には、もはや昔日の面影は全くなくなっていた。侵略・反乱・分裂・没落の挙句、首都デリー周辺のみを保つ小王国になりはてていた。弱体化は、インドにとどまらず、イランもまた、そうであった。サファヴィー帝国を滅ぼし、アフシャール朝をたてたナーディル・シャーは、まさに一七四七年に暗殺されて、だからこそアフマド・シャーが浮上した。かくて、ドゥッラーニー権力の傘下に入り、イランはいったん政治的に空洞化した。

こうした形勢の結果、一気に帝国化を遂げたアフガニスタンは、中東からインドにおよぶ広域の国々を見渡して、オスマン帝国につぐ「イスラーム帝国」といっても、決して過言ではない強国となった。若い国家ならではの、独特の可能性をもつアフガニスタンは、いわば時代の風雲児ともいえる立場にあった。問題は、インド亜大陸を蚕食しつつあるイギリスの存在であった。

ひるがえって、こうしたドゥッラーニー帝国なるあり方は、ユーラシア内陸部における現実をよく伝えてくれる。一八世紀になってもなお、それ以前の時代と根本的には大きく変わってはいなかったのである。ともすれば、海からの視線を強調しがちなヨーロッパ中心主義のまなざしは、歴史というものを単線的な図式で語ることのあやうさを知らしめてくれる。「海」なるものを図式化して、「世界」なるものを説明したいむきには、ともかく陸なる世界を歩いてみることをすすめたい。現在でも十分に、陸上の現実はさまざまな過去とむすびつき、それを背負っていることが多い。そして、アフガニスタンもまさに、そうなのである。

パワー・ポリティクスと国際紛争の舞台

ドゥッラーニー帝国は、成立から二八年後の一七七五年、カーブルに首都を移した。現在のアフガニスタンの国域からすれば、パキスタンとの境界をなす名高いカイバル峠もそう遠くなく、きわめて東に寄りすぎた位置に見えるが、当時の広域版図からすれば、むしろ中央たるところに遷都したのであった。この限りにおいて、アフガニスタン国家は、まだ夢の途上にいたといっていい。なお、一八二六年からはあえて区別してバーラクザイ王朝と呼ぶこともある。

だが、つまるところ、アフガン遊牧国家にとって、インド亜大陸にムガル王朝に代わる中央権力としてイギリスが出現したことは、不運というほかはなかった。一九世紀になって、イギリスはインド亜大陸を掌握し、アジア経営の策源地とした。いわゆるイギリス帝国なるものは、アジアの陸海においては、インドの戦略的な意味とその富をこそ、最大の立脚基盤として展開した。

アフガニスタンの北にはアム河をへだてて、ブハラ、ヒヴァ、コーカンドなどのイスラーム諸王国があったが、一八世紀以降、文字どおり帝国となったロシアが、中央アジアにじりじりと手を伸ばした。そして、一九世紀後半には、ユーラシアの中央域は次第にロシアの手中におちていった。現在のカザフスタン、キルギス、ウズベキスタン、タジキスタン、トゥルクメニスタンの各共和国の地域である。

アフガニスタン王国は、南のイギリス、北のロシアという超大国にはさまれ、苦難の時代をむかえる。いわゆるグレート・ゲームの只中に入ってしまったのである。南下をはかるランド・パワーのロシアに対し、インド亜大陸という「金ぐら」を守ろうとするシー・パワーのイギリスは、アフガニスタンに干渉し、あわせて三度のアフガン戦争が起きることになる。

一八三八年から四二年の第一次アフガン戦争においては、一万を超えるイギリス侵攻軍をアフガン遊牧軍が全滅させるほどであった。ほぼ同時期のアヘン戦争においては、イギリスはダイチン・グルン側を簡単に屈服せしめる。かたや険阻な山岳戦、かたや圧倒的な戦力差のある海上戦が主だったとはいえ、アフガン軍の威力が知られる。一九世紀にあっても、展開力と攻撃力にとむ遊牧騎馬軍団は、近代武装の歩兵軍と十二分に対抗できたのである。

また、一八七八年から八〇年の第二次でも、イギリス側の損害は少なくなかった。しかし、結局のところは、アフガニスタンはイギリスの保護国となりゆく。かくて、英露という南北二大勢力圏の緩衝国として、現在の国域が定まり、さらに第一次大戦後のイギリスの弱りをついて、アフガン軍が逆にインドへ侵攻し、この第三次アフガン戦争にて独立を回復することになる。

ソ連侵攻下のアフガン兵　1982年撮影。W.Vogelsang,*the Afghans*, 2002.より

だが、以上は歴史の前段にすぎなかっ

た。第二次大戦後のアフガンは、冷戦構造の渦中に入ってしまった。アフガニスタンを支援するソ連、パキスタンを後援するアメリカという基本の図式のなかで、アフガニスタンの政治はゆれつづけ、一九七三年にはクー・デタで国王ザーヒルはイタリアに亡命し、王政は廃止された。その後は、ソ連のより強い影響下で政権変動があいつぎ、国内情勢は不安定化・流動化を深め、その挙句、一九七九年一二月三〇日、ソ連が武力でカーブルをおさえることになる。親ソ政権にもかかわらず、ソ連があえて直接に武力侵駐したのは、この年の二月におきたイラン・イスラーム革命が、おなじイラン文化圏で、すぐ東隣のアフガニスタンに波及し、それがさらにアム河以北のソ連領のイスラーム地域に及ぶことを恐れたことが、大きな要因であった。もし、これをこのまま看過ごせば、ドミノ倒しがおこって、遂にはソ連邦全体がゆらぎかねないと恐怖したからである。

そして、一〇年にわたるソ連の苦戦と八九年二月の完全撤退、九一年のソ連そのものの崩壊、九六年からのターリバーンの抬頭、そしてかの二〇〇一年九月一一日の同時多発テロ、さらにアメリカによるその翌月からのアフガニスタン作戦――。こうした一連の脈絡とその後の歴史は、なお今も生きつづけ、まさに混沌たるさなかにある。ソ連軍の侵攻以来、アフガニスタンは、悲しみの地雷原となった。そして、米軍による誤爆や、地上活動における誤射もふくめた悲劇はなおもつづいている。にもかかわらず、ターリバーンは、復活しつつあるいっぽう、アフガニスタンのみならず、パキスタンの政情も複雑化しつつある。

ようするに、歴史を通観すれば、北からするロシア・ソ連、南からするイギリス・アメリカなどの国際パワー・ゲームの舞台としての位置づけは、近現代を通じて、一貫してアフガニスタンに宿命の歴史構図となった。現在も、その図式は本質的に変わりない。アフガニスタンの運命は、アフガニスタン自身では、もはや到底さだめがたいところにあることだけは確実である。

パシュトゥーンがむすぶアフガニスタンとパキスタン

ひるがえって、現在のアフガニスタンを構成する人びとのおよそ半分といっていいパシュトゥーン族だが、その住地は、ほぼ国域の南半分に傾く。ヒンドゥー・クシュの北側にひろがる半分には、おもにタジク族やウズベク族をはじめ、トゥルクメン族やモンゴル帝国の派遣軍の子孫ともいわれるハザーラ族などが居住する。ほかに、ヌーリスタン族やヒンドゥー教徒、シク教徒もいる。まさに、多民族国家である。

パシュトゥーン族に限っていえば、パキスタンにいるほぼおなじ規模の同族たちとは、ドゥッラーニー帝国時代の「東方領」がイギリスにはぎとられ、そこがのち一九四七年に英領インドより分離独立してパキスタンとなってしまった結果、いまはアフガニスタンとパキスタンの両国に分属しているように見えるだけである。既述のように、両国国境の山岳地帯が本来の住地であり、そこがまさに今、焦眉の「トライバル・ゾーン」となっているのは皮肉というほかはない。つまり、パシュトゥーン族の立場では、現在の国境線は不都合である。

別の見方をすれば、パキスタンとアフガニスタンとは、イギリスという外来権力のインド

パシュトゥーン族　19世紀後半の部族長たち

亜大陸支配の結果、よくもわるくも現在の両国となってしまったといっていい。たがいに密接不可分の要素も多く、愛憎こもごもに、ライヴァルとも兄弟国ともいえる間柄であった。たとえば、ソ連軍の撤退後、対インド戦略を優位に導くねらいから、パキスタンがアフガニスタンのターリバーンを強力に支援し、一種の「保護国」としたといわれるほどであった。それに限らず、近年の国際政治の側面だけでは説明しきれない「地下水脈」がもともとある。そして、今まさに、パキスタンがゆれている。そこには、アフガニスタンとの断ちがたい「きずな」めいたものも否定できない。

ふと、夢想することだが、もしアフガニスタンに、サウディ・アラビア、イラク、イラン、クウェートなどのような石油が産出していたら、どうだったのだろうか。一九世紀半ば以降のアフガニスタンの苦渋の歴史は、全然ちがうものになっていたのではないか。「ユーラシア・パワーポリティクス」のなかで、大国の思惑に左右される貧しい弱小国どころか、ユーラシアの中央にあって、国際政局を自在に操る存在だったかもしれない。

であれば、現在のような非運・悲惨は別物になっていたのだろう。とはいえ、アフガニスタン国内に割拠する軍閥というか、実にさまざまな武装勢力は、この国の国家的統合にとって、宿痾《しゅくあ》ともいえる大きな問題である。すくなくとも、近代国家の感覚では、そうである。だが、歴史をかえりみて現在を眺めると、本当はそうでさえなく、日本でいえばあたかも「大名」のように、大小の軍事勢力が各地に分立して、その全体がアフガニスタンであるというのが、もともとの姿なのであった。そのありようは、「中世」の封建体制にも似て、一八世紀の王国誕生以来、実はそう変わっていないようにさえ見える。であれば、各地の武装勢力なるものを、一方的に「悪者」と決めつけること自体が短絡的な考えとなる。

中央政権の真の確立は、たしかに必要である。だが、その反面の軍閥の非武装化という目標は、なおかなり遠い。単純なやり方ではない、別のやわらかな方策がもとめられる。アフガニスタン復興は、ユーラシアの安定化への大きな鍵のひとつだろう。パワー・ゲームを推進してきた複数の大国はもとより、わたくしたちにとっても、息長い努力を払うべき世界的な課題であることにまちがいない。

歴史から現在へ

いまも生きる遊牧民国家の面影

パシュトゥーン族には、ユーラシア国家の脈絡につらなる側面や要素が、今も見られる。なかでも、遊牧民ならではの組織伝統やその名残をつよくとどめているのは、「ジルガ」である。強烈なまでの一族の結束にもとづき、部族単位の社会をとりまとめる長老たちの会議をいう。つまり、部族にかかわることは合議制で決定・判断する。それは、円座のかたちでおこなわれる。円座する理由は、もとよりそこにつどうものは、みな上下の差はなく、対等だとするためである。

この「ジルガ」は、パシュトー語として使われているが、本来はモンゴル語の「ジェルゲ」にまずはまちがいなく由来する。それがペルシア語（アフガニスタンではダーリ語という）を介して入っているのである。モンゴル語「ジェルゲ」は、一三・一四世紀のモンゴル帝国時代にさかのぼる。円座のほか、円形の陣立て・布陣、または囲猟（日本でいう巻狩《まきがり》）のときの勢子《せこ》たちの展開方式など、ともかく円形ないしはそれに近いかたちの配置をいう。スケールの大小は問わない。その結果、車座になっておこなう会議が「ジェルゲ」、すなわち「ジルガ」となった。さらに、そこで酒食が入れば宴会の意味にもなる。

かたや、モンゴル時代の「クリルタイ」はよく知られている。モンゴル帝国における国会・大会議・帝室会議を意味した。モンゴルが世界帝国化してからは、ユーラシア各地の王族・貴族がつどう国際会議でもあった。「クリルタイ」には、宴会がつきもので、これを「トイ」といった。ちなみに、それに出席する人びとには、五色の礼服が一組ずつモンゴル皇帝から下賜され、日ごと指定された色服を着用した。そこで、このパーティを、モンゴル語で「ジスン」、すなわち「色」の宴と呼んだ。なお、クリルタイとトイは、ワン・セットの用語となって、その後もユーラシア各地で使われた。

ひるがえって、ジェルゲもしくはジルガのほうは、クリルタイほどの大集会でないさまざまな部族会議・牧民集会をさした。序列をつけないかたちでの合議は、日本の中世武士団でもしばしばみられる。武装戦士を基礎単位とする族的結合と、それをよりあわせた連合体が、軍事・政治・社会組織を形成するというパターンは、世界史上、きわめて長く広くみとめられるものである。遊牧民の場合は、それがとくに騎馬戦士であって、かつ機動性・集団性にとんだ軍事力であったところに、「みそ」がある。

パシュトゥーン遊牧民の部族連合体にみなもとを発するアフガン国家においては、ジルガこそ、すべての紐帯《ちゅうたい》といっていい。現在のアフガニスタンにおいて、すべてをとりまとめる国民大会議を、「ローヤ・ジルガ」という。「ローヤ」とは、パシュトー語で「大きい」の意味である。実は、第一回目の「ローヤ・ジルガ」は、かの一七四七年、カンダハールでアフマド・シャーがアフガン新国家の王についたときであった。つまり、「ローヤ・ジルガ」なるものは、モンゴル帝国やその後継国家における「クリルタイ」に相当することになる。アフガニスタンには、遊牧民連合体、ないしはユーラシア国家の面影が脈々と生きているのである。

モンゴルの遺産という考え

実のところ、アフガニスタンにとどまらず、かつての遊牧民国家のよすがを伝える例はユーラシア・サイズでかなり認められる。たとえば、かつてイラン高原を自由に移動していたガシュガイ族は、第二次大戦後の「定住化政策」によって急速に姿を消していったが、三〇年あまり前の調査では、なおチンギス・カン時代以来の系譜を口頭で蜒々《えんえん》と物語ることができたという。その人物は、自分の家系は、モンゴル帝国にさかのぼるのだと、誇らしげに語ったという。

これに限らず、「近代化政策」という名のもとにおこなわれた遊牧民の定住化、ないし遊牧民への抑圧政策は、アフロ・ユーラシアの各地・各国でさまざまな対立・反抗・悲劇を生んだ。定住・農耕を無条件によしとする通念のみならず、遊牧民という存在そのものがもつ機動性・組織力・行動力が、反権力・反社会・反国家・反文明の象徴とされ、危険視どころか、文字どおり弾圧の対象となった場合も少なくない。かつての顕著な例として、植民地アルジェリアの支配におけるフランスの場合をはじめ、ほとんど思い込みといっていい憎悪が遊牧民にふりそそがれた。近代以後の権力者・統治者のほうが、むしろきわだっておとなしい臣民・民草を欲するという癖があるのかもしれないが。

ひるがえって、「モンゴルの遺産」という考え方がある。すでに述べたように、アフロ・ユーラシア世界というかたまりの出現、東西のほとんどがオープン・スペースと化した大交流、そしてその結果としての文明の枠をこえた共通化への道、さらには文字どおりの世界と人類という立場への扉――、こうした点は最大の遺産だろう。

そのいっぽう、従来からよくいわれるのは、世界の各地にのこした大小さまざまな痕跡である。たとえば、中華地域では、中華そのものの巨大化と多民族化の進展、権力中心の北方移動と大都＝北京の抬頭がいちじるしい。文化・学術・思想・宗教・科学・技術の多様化と革新も、これまでのイメージとは全く反対に、モンゴル時代において、かつてない規模と水準で展開したことは、近年の研究であきらかとなりつつある。

中東もまた、大きく変化した。東半のフレグ・ウルス、西半のマムルーク、いずれも似たもの同士の外来者によって、中東における国家と権力は豁然《かつぜん》とシステム化され、逆にイスラームは相対化した。これが、結局は、オスマン帝国の形成・拡大へとつながり、マムルーク朝を呑み込みつつ、アジアなるものはヨーロッパにむけて、ふたたび西進することになる。

そのいっぽう、イスラームそのものは、陸と海の両方で大きく東方と北方にひろがった。パミール以東の陸域アジアはもとより、東南アジア多島海域、そしてシル河以北のカザフ草原・キプチャク大草原といった西北ユーラシアへの拡大は、イスラームの世界化をもたらした。モンゴルとイスラームは、かの世界史たる『集史』がそうであるように、実は不可分の関係にあった。

「パードシャー」という称号

なお、モンゴルとイスラームにかかわって、注目されるのは「パードシャー」という称号である。すでにいくらか述べたが、「帝王」を意味するペルシア語の「パードシャー」については、フレグ・ウルス君主のガザンにいたって、「パードシャーへ・イスラーム」という新称号があみだされた。世界の帝王たるモンゴル大カアンに対して、中東地域の王者たることを含意して「イスラームの帝王」といったと考えられる。そのパードシャー号を、「婿どの」たるティムール朝の君主たちが、ある段階から使いだす。おそらくは、ガザンの名乗りを意識したものか、あるいはチャガタイ・ウルスの時点で、すでにそれなりに使っていた可能性もある。

ともかく、ティムール朝の君主は、テュルク語・モンゴル語では「婿」たる建前を堅持しつつ、それとは別にペルシア語では「帝王」と名乗ったのである。名分と現実を使いわけたといってもいい。ところが、ムガル朝にあっては、パードシャーこそが君主号であった。そして、オスマン帝国の君主も、スルターンと称するいっぽうで、パードシャーとも名乗ることになる。つまり、一四世紀のある段階から、イラン以西およびのちにはインド以西において、「パードシャー」なる称号が帝国君主たるものの名乗りとなったのである。さらには、尊称・敬称としても用いられることになる。ちなみに、一八七七年ヴィクトリア女王はインド皇帝となるが、その訳語はパードシャーであったという。

転じて、ロシアこそがモンゴルの遺産の継承者であるという考えは、以前から欧米を中心に、きわめて根強いものがある。モスクワのクレムリンが、モンゴル語「フレー」（ウランバートル市の旧名クーロンにあたる）に由来するのをはじめ、その遺産はロシア帝国のみならず、ソヴィエト体制にも影響をあたえたといわれる。かたや、ダイチン・グルンがモンゴル帝国の名跡をついだのは確かである。だが、そのため、満蒙連合帝国のかたわれとなったモンゴル族は、優遇された反面、モンゴルたる独自性・一体性を失い、結果としてゴビの北側の外モンゴルと南側の内モンゴルでは、大きく異なる道を歩むことになる。

しかし、国としてのかたまり、民族としてのまとまり、そのどちらも失ったという点において、ジュシェン族というか、「満族」というべきかは別として、歴史における悲劇は、モンゴル族よりも大きいだろう。ダイチン・グルンという巨大帝国をつくった結果、集団・地域の両面で結集がうすらぎ、欧米式の国家観が世界を席捲する近代世界にはそぐわなくなった。そして、「帝国」という皮をのこして、「粛慎《しゅくしん》」以来の脈絡は姿を消しつつある。ロシア・中国どちらも、「帝国」的な大領域という巨大遺産とともに生きている。それも、長いスパンで見れば、モンゴルの遺産なのかもしれない。

日本のモンゴル時代

かたや、日本にとって、モンゴル帝国とのかかわりは、はなはだ二律背反めいている。二度にわたるモンゴル襲来とその後もある程度つづいた警戒は、巨大な外圧に抗する小さな島国・日本という図式を、時代をこえて多くの人の心に刷り込ませることとなった。世界と日本、あるいはアメリカと日本などを対峙させる二元論のパターンは、この列島に暮らすものにとって、癖というか、思考の鋳型にさえなっているかに見える。

襲来してきたモンゴル軍が一体いかなるもので、どの程度の力があったのか、それに対して迎え撃つ日本側はどれほどのものであったかなど、きちんとした分析・議論はほとんどなされていない。にもかかわらず、基本的にモンゴルは異常に過大評価され、日本については

日本に襲来したモンゴル軍　博多に攻め寄せる軍船上には黒人の姿も見え、モンゴル軍が多様な混成部隊だったことがわかる。「蒙古襲来絵詞」より。宮内庁三の丸尚蔵館蔵

善戦が強調される。そこでは、艦隊行動や上陸戦のむずかしさなど、ほとんど眼中にないかに見える。純客観に、突風や台風などがなくても、遠征軍は失敗した。神国日本やカミカゼといった考えは、不幸なリアクションというほかはない。

それとは逆に、モンゴル帝国とその治下からは、物心ともに甚大な贈り物を日本は得たのであった。とりわけ、モンゴル時代の後半期、大陸と日本列島は人とモノそして心の大交流が展開する。それには、韓半島も大いにかかわる。いわば、日中韓をこえた文化・学術・思想・宗教・芸術・美術・生活様式の新局面が生ずる。茶道・能・書院造り、儒・仏・道三教兼通型の知的体系、漢文典籍とそれを模した五山版、それを日本風に消化した「抄物《しようもの》」など、日本文化の基層となるものは、ほとんどこの時とその前後に導入・展開したものに発している。これとは別に、日中韓の地平をはるかに上回るユーラシア・サイズの交

流の波も、日本に及んでいたことも無視できない。

ただし、ここで肝要なことは、たとえば茶道といい、能といっても、大陸でおこなわれていたものとは、はるかにちがうあり方で、「日本化」していったことである。いいかえれば、起源・由来・原型は外来のものではあっても、日本の風土・伝統・価値観のなかで、それらは大きく姿を変え、ほとんど別のものに昇華したのであった。それが現在、日本文化と呼ばれるものの多くの「かたち」と「心」をつくることになった。受容・変容・昇華は、いわゆる南北朝から室町と呼ばれる時代に京都を中心になされ、安土・桃山をへて、江戸も元禄ころに完全に定着することになる。

「日元貿易」の窓口　日中間の交流というと、とかく遣唐使、日宋貿易、日明貿易などを思い浮かべがちだが、明治以前で日中交流が最も盛んだったのは、実はモンゴル時代の後半であり、そのとき日本にもたらされたものはまことに数多い。韓国の新安沖の14世紀の沈没船からは、おびただしい陶磁器や銅銭とともに、「東福寺」の文字が読める木札(下、韓国国立中央博物館蔵)も引き上げられている。有力寺社が商船をしたてて、交易していたのである。上は、京都市東山区にある現在の東福寺開山堂

わたくしたちの「この時代」

かえりみて、わたくしたち日本とアフガニスタンとの距離は、実際のへだたり以上に遠いところにあるかもしれない。かたや、日本とアメリカとは、なににつけ、きわめて近いところにいる。客観の距離だけでいえば、日本列島からアメリカ本土の西海岸までは、アフガニスタンまでのおよそ一・五倍ある。これをカーブルとワシントンとに、それぞれ設定すれば、さらにへだたりは倍となる。にもかかわらず、気分としてのアフガニスタンへの遠さは、いったいなにか。

では、アメリカとアフガニスタンは、それぞれの国民にとって、一体どれほどの遠さなのだろうか。既述のように、アフガニスタンには、さまざまな国民がいる。だが、もとより、アメリカにも人種云々をこえてさまざまな人たちがいる。アフガニスタンのなかでアメリカを知らない人はそうはいないだろうが、アメリカにアフガニスタンを知る人がはたしてどの程度いるか、いささか疑問である。よくもわるくも、アメリカとはそういう国である。

いっぽう、日本、アフガニスタン、アメリカ、それぞれの歴史は、見事なまでにまったく異なる。ところが、一七七六年に独立したアメリカ合衆国と、一七四七年に王国をつくったアフガニスタンとは、すべての他の条件を無視していえば、国としての出発はおなじころなのであった。それから、二百数十年――。このふたつの国のちがいは、すさまじい。

かたや、日米については、一八六一年から四年間つづいたアメリカ内戦（シヴィル・ウォー）、いわゆる南北戦争において六二万もの血が流れ、いっぽう一八六八年の戊辰戦争という名の日本内戦では、一万ほどの戦死者が出たとされる。どちらの国においても、一八六〇年代はまさに画期となった。ともに、三〇〇〇万人弱の人口であった両国は、片方は大西洋と太平洋というふたつの大洋に面する大陸・海洋国家にして、世界戦略を不可欠とする新興の大国として浮上を始め、もう片方は急速に帝国主義化・列強化の様相を深める世界のなかで、ヨーロッパ式の工業化・軍事化にむけて国民ぐるみで猪突した。

ところが、ユーラシア大陸においては、ロシアが次第に中央アジアを南下してアフガニスタンに迫るとともに、極東においても南進策を展開し、日本を含むアジア東方にとって甚大なる脅威となった。ここにおいて、イギリスは二次にわたるアフガン戦争をおこして、アフガニスタンを保護国とするかたわら、黒海方面では一八五〇年代のクリミア戦争でオスマン帝国を援助してロシアの南進をふせぎ、さらに極東では最終的に日本を支援してロシアに対抗した。ランド・パワーのロシア、シー・パワーのイギリスという対照は、あざやかであった。

アメリカは結局、イギリスと主役・脇役が交代するかたちで、覇権国となる。とくに、第二次大戦から冷戦期において、圧倒的な海軍力とともに、空の帝国と化したアメリカにとって、西欧や島嶼部をのぞけば、ユーラシア大陸そのものには足場をほとんどもたないことが、グローバル帝国としてのひとつの特徴でもあった。

それが結局は、アフガニスタン、そしてイラクに踏み込んだ。さらに、旧ソ連領の中央アジア諸国にも、わずかとはいえ、ともかく地上基地を保有するにいたり、それなりの軍事プレゼンスを示すことになった。そうしたいっぽう、当の戦場たるアフガニスタン、とりわけイラクにおける地上戦の苦闘は、近代・現代の象徴ともいうべき海と空の軍事力とは全く別次元の、まさに地を這うかたちでの「中世」型の戦闘にさえ近いものでしかありえないことを、世界にむけて明示することとなった。つまずきの石は、まさに足許にあった。

かえりみれば、直接のきっかけは、一九七九年のイラン・イスラーム革命、そしてそれに脅威を感じたソ連のカーブル制圧にある。それからまだ、三〇年もたっていない。一九七九年からの「負の連鎖」は、今更ながらにあらためて驚かざるをえない。ともかく、アフガニスタンからは、世界史の過去と現在がよく見渡せる。そして、あるいは将来も。

かつてのユーラシア帝国モンゴル、そして現在のグローバル帝国アメリカ——。この間の数百年の「時」の段差とともに、人間というものの智慧には、はたしてそれほどの段差があるのか、あるいはないのか。そのこともあわせ、歴史と現在を見渡すとき、人間とはなにか、人類とはいかなるものか、その想いはもだしがたくなる。

アメリカのみならず、たとえば、それに先行する英仏による帝国的展開と植民地支配の歩みも、けっして「歴史の記憶」になりはてているわけではない。それは、終ってしまった過去の出来事どころではなく、今も脈々と現代史ないしは現在そのものの「負の遺産」として生きつづけている。英仏が、かつて帝国として振舞ったときの「ツケ」の支払いを、旧植民地側からさまざまなかたちで時をこえて求められるのも、当然にありつづけることだろう。とりわけ、一九世紀後半からのことは、実はまだ「折り返し地点」にさえ到っていないのではないか。中東、アフリカ、南アジア、中央アジアにおいてはとくに。

　歴史は、死んでしまった過去の物語ではない。わたくしたちが生きている「いま」に、すべてがむすびつく長い人類の歩みの道のりである。「いま」を知り、理解するには、きちんとした歴史を総合的に知るほかはない。すなわち、よりよく「いま」を生きるために、歴史は不可欠である。

「帝国」なるものは、あきらかに今もユーラシアに生きつづけている。それによるパワー・ゲームも歴然として存在する。ところが、現存する「帝国」がもしゆらぎ、あるいはさらに瓦解するならば、その反動もおそろしい。そうした「帝国」が、みずからの崩壊による恐怖をもって世界を脅迫することも十分にありえる。

　わたくしたちの「この時代」も、いぜんとして所詮は、ひとつの通過点にすぎない。世界の枠組みはすでに定まったとするのは、性急にすぎるだろう。とりわけ、広くアジアなるものはまだ到底、定まってなどいない。ましてや、アフリカはどうなのか。その悲惨な現状は、とくにヨーロッパにこそ、責任の多くがまぎれもなくある。きちんとした世界史の理解のうえで、現在はもとより、「これから」をはからざるをえない。そういう「時」の突端に、わたくしたちは生きている。

学術文庫版にあたってのささやかな一文

ときの流れるのは、まことにすみやかというほかはない。かつて講談社からシリーズ本の一冊として、本書が出版されてから、またたく間のうちに八年の歳月はすぎ去った。今あらためてかえりみると、いささか不備かとおもえる部分もなくはない。その点、率直に読者の皆様におわびを申し上げたいところもある。執筆者本人としては、まさに文字どおり〝穴〟にでも入りたいような気分である。

その一方、初版本を踏まえつつ、このたび学術文庫版が刊行されるはこびになったのは、まことにありがたい。現時点で最低限度、いくらかのつけ加えや言及が可能であるならば、やはりなんといっても世界の世界化がよりいっそう進行したというほかはない。もっともわかりやすいのは中国である。かつての中国と現在の中国では、およそくらべものにならない。これに限らず、時代と世界は大きく変わった。ただし、習近平《シーチンピン》ひきいる中国は、実のところ危うい気がしてならない。とはいえ、ともかくそうしたよりよき世界をつくりゆくのは、まさにわたくしたち自身である。

なお、いわゆる〝ＩＳ〟（イスラミク・ステイト）なる面妖な集団が解体しきらぬまま、なお世界の不安定要因として生きのびているのは、おおいに問題である。さらに、ロシアのプーチンとトルコのエルドアンの対立は、重大な事態に発展しかねないところがある。くわえて、中東石油のおおもとといってもいいイランとサウジの確執も目をはなすことはできない。つい先頃、アメリカのオバマとイランのロウハニという、よくもわるくも〝おだやか〟な両者の談合によって、中東方面の安定化が実現にむかうかとおもえた矢先であったのだが。ようするに、なお中東のゆくえは定かならざる部分が否定できない。

そして、もうひとつ。かつて妻子とともにアメリカ滞在のおり、たまたまクリントン夫妻のスピーチを目のまえで味わい、率直にいってビル・クリントンよりもむしろヒラリーのほうをこそと思った私としては、ヒラリー率いる〝女性政権〟の出現をこそ期待したい部分もある。ともかく、かつてない政権が実現した時、はたして世界はどうなるか、どう動くか。それこそ別の世界が出現するのか、そうでないか。筆者としては、女性閣僚たちを中心とするヒラリー政権により、中東のみならず世界全体がそれなりの安定化へ〝カジ〟を切ることを望みたい。

二〇一六年一月二二日

杉山正明

・H.トロワイヤ、工藤庸子訳『イヴァン雷帝』中公文庫　1987年
・土肥恒之『ピョートル大帝とその時代』中公新書　1992年
・桑山正進『カーピシー＝ガンダーラ史研究』京都大学人文科学研究所　1990年
・李雄賢『ソ連のアフガン戦争――出兵の政策決定過程』信山社　2002年
・B.ルイス、白須英子訳『イスラーム世界の二千年――文明の十字路中東全史』草思社　2001年
・中村哲『ほんとうのアフガニスタン』光文社　2002年
・前田耕作・山根聡『アフガニスタン史』河出書房新社　2002年
・木村汎・石井明編『中央アジアの行方――米ロ中の綱引き』勉誠出版　2003年
・内藤正典『イスラーム戦争の時代――暴力の連鎖をどう解くか』NHKブックス　2006年
・小杉泰『イスラーム帝国のジハード』（興亡の世界史06）講談社　2006年

史的研究』岩波書店　2005年
・イブン・バットゥータ、イブン・ジュザイイ編、家島彦一訳注『大旅行記』全8巻　平凡社・東洋文庫　1996-2002年
・後藤明『イスラーム世界の歴史』放送大学教育振興会　1993年
・佐藤次高『マムルーク——異教の世界からきたイスラムの支配者たち』東京大学出版会　1991年
・佐藤次高『イスラームの国家と王権』岩波書店　2004年
・J.ル・ゴフ、岡崎敦・森本英夫・堀田郷弘訳『聖王ルイ』新評論　2001年
・A.サン＝ドニ、福本直之訳『聖王ルイの世紀』白水社文庫クセジュ　2004年
・ジャン・ド・ジョワンヴィル、伊藤敏樹訳『聖王ルイ——西欧十字軍とモンゴル帝国』ちくま学芸文庫　2006年
・S.ランシマン、榊原勝・藤澤房俊訳『シチリアの晩禱——十三世紀後半の地中海世界の歴史』太陽出版　2002年
・E.A.W.バッヂ、佐伯好郎訳補『元主忽必烈が欧洲に派遣したる景教僧の旅行誌』春秋社松柏館　1943年
・M.V.Landingham, *Transforming the State: King, Court and Political Culture in the Realms of Aragon(1213-1387)*,Brill, 2002.

第7章・終章

・クラヴィホ、山田信夫訳『チムール帝国紀行』桃源社　1967年
・間野英二『バーブル・ナーマの研究Ⅲ訳注』松香堂　1998年
・間野英二『バーブル・ナーマの研究Ⅳバーブルとその時代』松香堂　2001年
・間野英二・堀川徹編著『中央アジアの歴史・社会・文化』放送大学教育振興会　2004年
・A.クロー、岩永博監訳／杉村裕史訳『ムガル帝国の興亡』法政大学出版局　2001年
・イブン・ハルドゥーン、森本公誠訳『歴史序説』全4冊　岩波文庫　2001年
・若松寛編『北アジア史』（アジアの歴史と文化7）同朋舎　1999年
・森川哲雄『モンゴル年代記』白帝社　2007年
・平野聡『大清帝国と中華の混迷』（興亡の世界史17）講談社　2007年
・R.G.スクルィンニコフ、栗生沢猛夫訳『イヴァン雷帝』成文社　1994年

- 『成吉思汗——中国古代北方草原游牧文化』北京出版社　2004年
- *Dschingis Khan und Seine Erben: Das Weltreich der Mongolen,* Hirmer Verlag, 2005.

第4章

- 田中陽兒他編『世界歴史大系　ロシア史』全3巻　山川出版社　1994-97年
- 川端香男里他編『ロシア・ソ連を知る事典』平凡社　1989年
- 栗生沢猛夫『ボリス・ゴドノフと偽のドミトリー』山川出版社　1997年
- 栗生沢猛夫『タタールのくびき——ロシア史におけるモンゴル支配の研究』東京大学出版会　2007年
- 中村仁志『プガチョフの反乱——良きツァーリはよみがえる』平凡社　1987年
- 市原宏一『中世前期北西スラヴ人の定住と社会』九州大学出版会　2005年
- 松木栄三『ロシア中世都市の政治世界——都市国家ノヴゴロドの群像』彩流社　2002年
- G.ヴェルナツキー、松木栄三訳『東西ロシアの黎明——モスクワ公国とリトアニア公国』風行社　1999年
- 伊東孝之他編『ポーランド・ウクライナ・バルト史』(新版世界各国史20) 山川出版社　1998年
- S.ミコワイチク、広瀬佳一・渡辺克義訳『奪われた祖国ポーランド——ミコワイチク回顧録』中央公論新社　2001年
- J.Fennell, *The Crisis of Medieval Russia, 1200-1304,* Longman, 1983.
- R.Crummey, *The Formation of Muscovy, 1304-1613,* Longman, 1987.

第5・6章

- A.ラムトン、岡崎正孝訳『ペルシアの地主と農民——土地保有と地税行政の研究』岩波書店　1976年（※本書はモンゴル支配をいかに勘ちがいして悪くいいたてたか、歴史研究の悪例として推薦する）
- B.ルイス、加藤和秀訳『暗殺教団——イスラームの過激派』新泉社　1973年
- 岩村忍『暗殺者教国——イスラム異端派の歴史』リブロポート　1981年
- 菊地達也『イスマーイール派の神話と哲学——イスラーム少数派の思想

・間野英二・堀川徹編『中央アジアの歴史・社会・文化』放送大学教育振興会　2004年
・護雅夫・神田信夫編『北アジア史』(新版世界各国史12) 山川出版社　1981年
・護雅夫・岡田英弘編『中央ユーラシアの世界』(民族の世界史４) 山川出版社　1990年
・森安孝夫『シルクロードと唐帝国』(興亡の世界史05) 講談社　2007年
・森安達也『ビザンツとロシア・東欧』(ビジュアル版世界の歴史９) 講談社　1985年
・森安達也編『スラヴ民族と東欧ロシア』(民族の世界史10) 山川出版社　1986年
・梅田良忠『ヴォルガ・ブルガール史の研究』弘文堂　1959年
・清水睦夫『スラヴ民族史の研究』山川出版社　1983年
・R.ブラウニング、金原保夫訳『ビザンツ帝国とブルガリア』東海大学出版会　1995年
・国本哲男他訳『ロシア原初年代記』名古屋大学出版会　1987年

第２・３章

・本田實信『イスラム世界の発展』(ビジュアル版世界の歴史６) 講談社　1985年
・志茂碩敏『モンゴル帝国史研究序説——イル汗国の中核部族』東京大学出版会　1995年
・勝藤猛『モンゴルの西征——ペルシア知識人の悲劇』創元社　1970年
・勝藤猛『成吉思汗——草原の世界帝国』清水書院　1972年
・杉山正明『世界史を変貌させたモンゴル——時代史のデッサン』角川書店　2000年
・杉山正明『疾駆する草原の征服者』(中国の歴史08) 講談社　2005年
・紀平英作編『グローバル化時代の人文学——対話と寛容の知を求めて』上　京都大学学術出版会　2007年
・藤井讓治他編『大地の肖像——絵図・地図が語る世界』京都大学学術出版会　2007年
・応地利明『「世界地図」の誕生』日本経済新聞出版社　2007年
・宮紀子『モンゴル帝国が生んだ世界図』日本経済新聞出版社　2007年
・*The Legacy of Genghis Khan:Courtly Art and Culture in Western Asia,1256-1353,*The Metropolitan Museum of Art, 2002.

大学出版会　1986年
・山内昌之『イスラムとロシア――その後のスルタンガリエフ』東京大学出版会　1995年
・細谷千博『シベリア出兵の史的研究』岩波現代文庫　2005年
・西山克典『ロシア革命と東方辺境地域――「帝国」秩序からの自立を求めて』北海道大学図書刊行会　2002年
・J.フォーシス、森本和男訳『シベリア先住民の歴史――ロシアの北方アジア植民地1581-1990』彩流社　1998年
・横手慎二編『東アジアのロシア』慶應義塾大学出版会　2004年
・岩下明裕『国境・誰がこの線を引いたのか――日本とユーラシア』北海道大学出版会　2006年
・O.ロワ、斎藤かぐみ訳『現代中央アジア――イスラム、ナショナリズム、石油資源』白水社文庫クセジュ　2007年
・D.フロムキン、平野勇夫他訳『平和を破滅させた和平――中東問題の始まり［1914-1922］』上・下　紀伊國屋書店　2004年
・G.シュタットミュラー、丹後杏一訳『ハプスブルク帝国史――中世から1918年まで』刀水書房　1989年
・坂奈玲『知の虚構』三一書房　1997年

第1章

・布野修司編『アジア都市建築史』昭和堂　2003年
・Z.ブレジンスキー、山岡洋一訳『ブレジンスキーの世界はこう動く――21世紀の地政戦略ゲーム』日本経済新聞社　1998年（『地政学で世界を読む』に改題、日経ビジネス人文庫　2003年）
・曽村保信『地政学入門』中公新書　1984年
・伊藤憲一『国家と戦略』中央公論社　1985年
・ヘロドトス、松平千秋訳『歴史』上・中・下　岩波文庫　1971-72年
・『松田壽男著作集』全6巻　六興出版　1986-87年
・『榎一雄著作集』全12巻　汲古書院　1992-94年
・林俊雄『スキタイと匈奴　遊牧の文明』（興亡の世界史02）講談社　2007年
・R.グルセ、後藤十三雄訳『アジア遊牧民族史』山一書房　1944年（原書房・ユーラシア叢書　1979年）
・山田信夫『草原とオアシス』（ビジュアル版世界の歴史10）講談社　1985年
・間野英二『中央アジアの歴史』講談社現代新書　1977年

参考文献

本書にかかわるものを挙げれば、世界史の３分の１から半分くらいをおおってしまう。そこで、日本語で簡単に読める単行本を思いつくまま列挙する。外国語のものは、特別な意味をもつ図録など、よほどの場合以外は省く。

本書全体にわたるもの

・本田實信『モンゴル時代史研究』東京大学出版会　1991年
・榎一雄『東西文明の交流』（図説中国の歴史11）講談社　1977年
・佐口透『モンゴル帝国と西洋』（東西文明の交流４）平凡社　1970年
・C.ドーソン、佐口透訳『モンゴル帝国史』1-6　平凡社・東洋文庫　1968-79年
・D.モーガン、杉山正明・大島淳子訳『モンゴル帝国の歴史』角川書店　1993年
・小松久男編『中央ユーラシア史』（新版世界各国史４）山川出版社　2000年
・小松久男他編『中央ユーラシアを知る事典』平凡社　2005年
・杉山正明編『岩波講座世界歴史(新版)11　中央ユーラシアの統合』岩波書店　1997年
・杉山正明『大モンゴルの世界――陸と海の巨大帝国』角川書店　1992年
・杉山正明『モンゴル帝国の興亡』上・下　講談社現代新書　1996年
・杉山正明『遊牧民から見た世界史――民族も国境もこえて』日本経済新聞社　1997年（日経ビジネス人文庫　2003年）
・杉山正明・北川誠一『大モンゴルの時代』（世界の歴史９）中央公論社　1997年
・杉山正明『モンゴル帝国と大元ウルス』京都大学学術出版会　2004年
・杉山正明『モンゴルが世界史を覆す』日経ビジネス人文庫　2006年

序章

・金子民雄『中央アジアに入った日本人』新人物往来社　1973年
・小松久男『革命の中央アジア――あるジャディードの肖像』東京大学出版会　1996年
・山内昌之『スルタンガリエフの夢――イスラム世界とロシア革命』東京

西暦	世界史のおもなできごと
1755~58	ダイチン・グルンがジューン・ガルを倒し、最大版図を実現する
1783	ロシア、クリミアを併合
1798	ナポレオン軍、エジプト上陸
1853	ペリーが浦賀に来航
1853~56	クリミア戦争
1861~65	アメリカで南北戦争
1868	明治維新
	ブハラ・アミール国、ロシアの保護国となる
1873	ロシアがヒヴァを占領する
1894~95	日清戦争
1904~05	日露戦争
1911	辛亥革命始まる。モンゴルは独立を宣言し、ジェムツンダムバ・フトクトが帝となる
1912	中華民国成立
1914	第一次世界大戦始まる
1917	二月革命と十月革命でソヴィエト政権成立
1920	ヒヴァに革命、ブハラに赤軍入城
1924	モンゴル人民共和国成立
1931	満洲事変おこる
1939	徳王を主席とする蒙古連合自治政府が張家口に成立
1945	日本がポツダム宣言受諾
1979	ソ連軍、アフガニスタン侵攻
2001	ニューヨークで同時多発テロ事件がおこり、アメリカがアフガンへの軍事作戦を開始

西暦	世界史のおもなできごと
1388	大元ウルス皇帝トグス・テムル、明軍に急襲され他界
1392	ティムール、５年戦役に出る
1402	ティムール、アンカラの戦いでオスマン朝を撃破
1404	クラヴィホ、サマルカンドでティムールにまみえる
1405	ティムール、オトラルで他界
	鄭和の第１回航海
1420	ティムール帝国のシャー・ルフ、永楽帝のもとに使節団をおくる
1428	アブル・ハイルがウズベク集団の指導者となり、南下姿勢をとる
1449	オイラトのエセン、土木の変で明の英宗を捕虜とする
1453	オスマン帝国、コンスタンティノープルを攻略
1456	アブル・ハイル、オイラト軍に敗れる
1467	応仁の乱おこる
1487	ダヤン・カアン即位
1492	コロンブス、大西洋を横断。ポルトガル、イスパニアの海洋進出が本格化していく
1500	シャイバーニー、マー・ワラー・アンナフルを征服
1510	シャイバーニー、サファヴィー朝のシャー・イスマーイールに敗れ死す
1526	バーブル、パーニーパットでローディー朝を破る。ムガル帝国成立
1552	モスクワ大公イヴァン４世、カザンを攻略
1556	アストラハン、イヴァン４世にくだる
1576	織田信長、安土城に移る
1581	イェルマク、シビル・カン国を攻略。シベリア征服の始まり
1588	ヌルハチ、マンジュ・グルンをつくる
1603	徳川家康、征夷大将軍になる
1604	モンゴルのリグダン・カアン即位
1616	ヌルハチ、ジュシェン族を統合する
1636	ホンタイジ、大元ウルスをひきつぐカアンとして推戴され、ダイチン・グルンを国号とする
1643～44	ダイチン・グルン入関、北京入城、中華地域の多くを平定
1676	バートル・ホンタイジの子ガルダン、ジューン・ガルの指導者となる
1689	ダイチン・グルンとロシア、ネルチンスク条約をむすぶ
1747	アフガニスタン王国の出現

西暦	世界史のおもなできごと
1253	フレグ西征軍、出発する
1254	ルイ９世、フランスへ帰還
1256	イスマーイール教団主のフルシャー降伏する
1258	モンゴル軍、バグダードを開城させる。アッバース朝滅ぶ
1259	大カアンのモンケ、四川で急死。クビライ軍、鄂州攻撃
1260	フレグ軍、旋回する。クビライとアリク・ブケともに即位し、帝位継承戦争となる。マムルーク軍、アイン・ジャールートでケド・ブカ軍を破る
1268	北条時宗、執権となる
1269	タラス会盟
1271	クビライ、国号を「大元大モンゴル国」とする
1274	蒙古襲来（文永の役）
1276	南宋首都・臨安、無血開城
1279	南宋王室、厓山で滅ぶ
1281	マルク、ネストリウス教主ヤバラーハー３世となる
	蒙古襲来（弘安の役）
1284	アルグン、第４代フレグ・ウルス君主となる
1287	サウマー使節団の派遣。シャルル・ダンジューの没落を目撃する
	東方三王家、ナヤンのもとに挙兵、クビライ親征して破る
1294	成宗テムル、第６代の大カアンとなる
1295	ガザンのイスラーム改宗と奪権
1300	カイドゥ、大元ウルス軍に敗れ、翌年に死去
1303~04	モンゴル帝国の東西和合
1306~07	チャガタイ・ウルスの定立
1313~14	フレグ・ウルスのオルジェイトゥ、首都のスルターニーヤ建設
1333	鎌倉幕府が滅ぶ
1335	フレグ・ウルス第９代アブー・サーイード他界
1338	足利尊氏征夷大将軍になる
1361	トゥグルク・テムル、チャガタイ・ウルスを統合
1370	ティムール、西トルキスタンを統合、ティムール帝国の拡大始まる
1380	ロシア連合軍がクリコヴォの戦いでモンゴル軍を破る
1386	ティムール、３年戦役に出て、イラン以西を攻略

西暦	世界史のおもなできごと
999	カラハン朝がブハラを陥し、サーマーン朝を滅ぼす
1004	キタイ帝国と北宋が澶淵の盟をむすぶ
1016	藤原道長、摂政になる
1038	セルジュク家のトゥグリル・ベクがホラーサーンを握る
1055	セルジュク兵団がバグダードを握る
1115	ジュシェン族のワンヤン・アクダが大金国をたてる
1125	キタイ帝国滅亡
1126～27	靖康の変で北宋滅亡
1132	西走した耶律大石が中央アジアに第２次キタイ帝国を樹立
1185	壇ノ浦の合戦で平氏が滅ぶ
1206	テムジン、大モンゴル国を結成、チンギス・カンと称す
	北インドにデリー・サルタナトが成立
1211～15	モンゴル軍の対金国作戦
1215	ホラズム・シャー王国がゴール朝を破り、アフガニスタンを手中にする
1219	モンゴル軍、ホラズム・シャー王国へむかう
1220	ホラズム・シャー王国、解体する
1223	ジェベとスベエテイの部隊、カルカ河畔にてキプチャク・ルーシ連合軍を破る
1225	チンギス以下のモンゴル軍、帰還する
1227	チンギス、西夏降伏の３日前に他界
1229	オゴデイ、第２代のカアンとなる
1232	三峯山の戦いでトルイ軍が金国の主力を破る
1234	大金国滅ぶ
1235	首都カラ・コルム建設
1236	バトゥ西征軍ヴォルガ流域へむかう
1237	モンゴル西征軍、北東ルーシを席捲
1241	バトゥ軍、ベーラ４世のハンガリー軍を破る
1246	グユク、第３代のモンゴル皇帝となる
1248	フランス王ルイ９世、東征へ（第７回十字軍）
1249	ルイ軍、ダミエッタ上陸
1250	ルイ９世以下、エジプト軍の捕虜となる
1251	モンケ、第４代のカアンとなり、世界征服を構想する

西暦	世界史のおもなできごと
623~624	アヴァール族、コンスタンティノープルを包囲
627頃	玄奘、インドにむけて出発
629	ソンツェンガンポ、吐蕃王朝をたてる
642	アラブ軍がニハーヴァンドの戦いでサーサーン帝国軍を破る
651	サーサーン帝国滅ぶ
661	ウマイヤ朝が成立
672	壬申の乱おこる
7世紀半ば	黒海北岸にいたテュルク系のハザル族、西突厥から独立し、ヴォルガ河口の首都イティルを中心に繁栄、支配層はユダヤ教徒となる
690	則天武后、即位
705	アラブのクタイバ・イブン・ムスリムがホラーサーン総督となり、マー・ワラー・アンナフルへすすむ
710	平城京遷都
737	アラブ軍、ヴォルガ下流域へ侵攻
749	アブー・ムスリム軍がウマイヤ朝軍を破り、クーファでサッファーフがカリフとなる。アッバース朝革命
751	ズィヤード・イブン・サーリフのアラブ軍、タラス河畔で高仙芝の唐軍を破る
755	安史の乱おこる。アッバース朝革命との連動の可能性
763	吐蕃、長安を占領
794	平安京遷都
795	ウイグル遊牧帝国で、王統がヤグラカルよりエディズに代わる
800	カール大帝（シャルル・マーニュ）、ローマ皇帝の冠を授けられる
821~822	唐蕃会盟、さらにウイグルがくわわる
840	天災とキルギズの攻撃で、ウイグル遊牧帝国が解体
9世紀後半	中央アジアにサーマーン朝が形成される
907	唐が名実ともに滅亡
907~916	キタイ帝国の２段階による形成
909	北アフリカにファーティマ朝が出現
935	平将門の乱おこる
10世紀半ば	セルジュク集団、オグズから離れ、ジャンド方面に移る
990	李継遷、夏国王を称す（西夏国のもと）

西暦	世界史のおもなできごと
375~376	フン族が東ゴートを破り、西ゴートはドナウをこえてローマ帝国内に入る
378	ゴート軍がローマ軍を破り、東ローマ皇帝ウァレンス死す
386	鮮卑系の拓跋部が北魏をたてる
395	フン族がカフカースをこえてアルメニア・イラン・アナトリアへ侵攻
402	柔然の社崙、丘豆伐可汗と称し、北魏と南北対立
422	フン王ルガ、トラキアに侵入、東ローマに貢納を約束させる
439	北魏の太武帝、華北を統一
444~445	アッティラ、フン族の王となる
452	アッティラ軍、北イタリアへ侵攻、翌年アッティラ死す
5世紀半ば	中央アジアにてエフタルさかんとなる
476	西ローマ帝国滅ぶ
478	倭王武（雄略天皇？）、宋に遣使
481	フランク王国の成立
523	北魏をゆるがす六鎮の乱おこる
534	東魏と西魏に分裂
6世紀半ば	突厥、アルタイ地方から拡大
	ユスティニアヌス大帝、地中海の覇権をいったん回復
	突厥におされたアヴァール遊牧民がカフカースの北に出現、南ロシアからハンガリーまでを支配し、ビザンツやフランクと対抗する
556~557	西魏から北周に代わる
567	サーサーン・突厥連合がエフタルを倒す
568	突厥・西面カガンのイステミが、ビザンツとの通商をはかる
581	楊堅が北周に代わって隋を称す
583	突厥の東西分裂あきらかとなる
6~7世紀	テュルク系の遊牧民ブルガールが、アゾフ海周辺で勃興、のち681年にブルガリア帝国をたてる。13世紀までつづいたヴォルガ・ブルガールは、東進した後裔
604	隋の煬帝即位
612~614	隋の高句麗遠征、３度とも失敗
617	李淵、太原から長安に入り、翌年に唐を称す
622	ムハンマド、信徒とともにメディナに移住（ヒジュラ）

西暦	世界史のおもなできごと
前202	劉邦が漢をたてる
200	匈奴の冒頓、白登山にて漢の劉邦をおさえる
176～174	匈奴、東西に勢力圏をひろげ大版図となりゆく
154	呉楚七国の乱
149～146	第３次ポエニ戦争で、ローマの遠征軍がカルタゴを破壊し、西地中海を掌握
141	漢の武帝即位（前87年没）
136～129頃	大月氏、ソグディアナからバクトリアをおさえる
133	武帝、匈奴・軍臣単于の謀殺に失敗、以後ひたすら漢が仕掛けて、長期の匈奴―漢戦争が始まる
64	セレウコス朝、滅亡
58～50	カエサルのガリア遠征
51	匈奴―漢戦争おわる
31	アクティウムの海戦でオクタウィアヌスが勝利
紀元前後～1世紀頃	西北インド・アフガニスタンにクシャーン帝国の形成
後8	王莽の「新」王朝成立、ついで匈奴抑圧策をとり、次第に自滅にむかう
48	匈奴、南北に分裂
57	奴国王が後漢に遣使
1世紀後半	サルマタイの一部、アラン（のちのアス）遊牧民が活動
1世紀末	鮮卑が北匈奴の一部を収め、モンゴル高原を制圧
	ローマ帝国、五賢帝時代となる
97	班超、部下の甘英を大秦国に派遣
166	大秦王・安敦の使者、後漢にくる。このころ鮮卑の檀石槐が北アジアを統合
130～170頃	カニシカ王が中央アジア・北西インドを支配
220～280	魏・呉・蜀の三国時代
226	アルデシール１世、パルティアを倒し、サーサーン帝国をたてる
239	卑弥呼が魏に遣使
3世紀	クシャーン朝滅ぶ。３世紀末に北匈奴がシル河下流域に達する
304	南匈奴の劉淵が漢国をたてる。五胡十六国時代（～439）
4世紀前半	サーサーン王子がクシャーン王としてソグディアナとバクトリアを支配
350～360	フン族と呼ばれるものがヴォルガをこえてアラン族を攻撃

年　表

この年表作成にあたっては、日本史も世界史のなかのひとつとの考えから、「日本」を別枠にせず、本書に関連することがらを中心とする「世界史」年表とした。

西暦	世界史のおもなできごと
前2千年紀前半	古アッシリア時代
前9世紀頃	キンメリオイ（キンメリア人）が黒海・カフカース北方草原で抬頭
8世紀中頃	アッシリア帝国の最盛期。後半にイラン高原でメディア王国形成
8~7世紀	キンメリオイを追い、その故地にスキタイが展開する。のち、サカ、シャカ、塞といった表記のスキタイにかかわる集団が中央ユーラシア・北インドなどに確認され、スキタイ系の文化が東はシベリア・モンゴル・華北・雲南にまでひろがる
7世紀後半	スキタイがイラン高原方面をいったん支配する。前625～スキタイ北帰
612年	メディア王国と新バビロニアがアッシリアを滅ぼす
550年	ハカーマニシュ朝、メディアを併合して成立。その後、リュディア、新バビロニア、エジプトなどを征服して、史上最初の「世界帝国」へ
515~512頃	ダーラヤワウ１世、スキタイ遠征に失敗
490	ダーラヤワウ１世、艦隊をアテナイに派遣、マラトンの戦い
485頃	ヘロドトス誕生
480	ハカーマニシュ帝国軍、ギリシアへ遠征、サラミスの海戦で敗れる
403	春秋時代の強国・晋が分裂、この年から戦国時代とする
339	スキタイ王アタイアス、マケドニアのフィリッポス２世と戦い死去
336	マケドニアのアレクサンドロス即位
331	ダーラヤワウ３世、アルベラの戦いでアレクサンドロス軍に敗北
329~327	アレクサンドロス軍の中央アジア・インド遠征
323	アレクサンドロス大王、バビロンで病死
312?	セレウコス朝、成立
4世紀末	戦国・趙の武霊王、胡服騎射を採用し、強国となる
	スキタイ遊牧帝国を追い、サルマタイがその故地をおさえる
3世紀	アショーカ王碑文建立
272	ローマ、イタリア半島統一
247?	パルティア遊牧民国家の成立
221	秦の始皇帝が統一帝国を樹立
218~201	ローマとカルタゴの間でいわゆるハンニバル戦争
209	冒頓が匈奴の単于となり、東胡・月氏を討つ

る。いずれも歴史上の事実をこえて、19～20世紀の帝国主義ヨーロッパで過度に美化されたものであった。時代が、歴史の虚構を創作する典型のひとつである。

ヨーロッパという「かたまり」でなされた遠征としては、2世紀にわたる「十字軍」が目につく。8回を数えた一連の東征活動では、まず陸上ルートによる中東侵攻がなされたのち、次第に地中海を経由するかたちに変化した。だが、所詮は「野蛮人の襲来」としか、中東の人間には見えなかった。とはいえ、結果として、地中海航行の「現実化」がすすみ、真の意味での航海にかかわる技術・知識・精神が醸成され、15世紀末以降の海洋進出の祖型がここに見えることに注意したい。

ヨーロッパの遠征と呼ぶにふさわしいのは、西洋人のいう「地理上の発見」もしくは「大発見の時代」(日本でのいいかえは「大航海時代」)になされたさまざまな海上遠征だろう。ポルトガルによるインド洋ルートの進出は遠征そのものの規模としてはささやかではあったが、ヨーロッパのアジア東方への到来の先駆として、日本にとっても意味あるものとなった。またイスパニアの南北アメリカ大陸への遠征は、コルテスとピサロに代表される冒険的な軍事征服で、多分に幸運に恵まれたものではあったものの、ヨーロッパの拡大と「新世界」の出現をもたらした。以後、オランダ・イギリス・フランスなどがそのあとを追いかけ、さらにはその成果をかすめとるようにして、やはり海上に各種の遠征隊を送り、グローバル時代への扉を開いた。ただし、ヨーロッパ本国と隔絶した海外領において、西洋人たちが神のごとく振る舞い、尋常ならざる人種差別をつくりだしていったことは重大であった。そのいっぽう、海洋遠征においては、壊血病の克服が長らくひとつの壁であった。キャプテン・クックの航海までは、壊血病の恐怖はつづいた。ちなみに、アジアの船には古くから壊血病は存在しなかった。史料が多いモンゴル時代でいえば、大元ウルスは泉州や広州にレモンの官営農場を設け、レモネードを作って船乗りたちに供した。いわゆる西洋優位思想を鵜呑みにするのは、ときとして危険である。ヨーロッパの優位は、19世紀後半以後においてこそ、激しく世界展開した。工業化と軍事化を遂げたヨーロッパは、動力船と火砲の威力でもって世界の他地域を圧服せしめ、かつて侵略できなかった東アジアにも押し寄せた。なお、「シルクロード」の名で呼ばれるアジア内陸部への各種探検隊も、遠征のひとつではあるだろう。

ている。ヨーロッパ帝国主義が創作したレジェンド、ないしは「文明化の使命」という名の照り返しによる壮大な歴史の述作について、もうそろそろありのままに眺めることが必要ではないか。

鄭和の遠征

鄭和は明代はじめ、永楽帝に登用されたやや謎めいた人物で、前後7回の「南海遠征」をひきいたことで名高い。雲南の出身。その家系は、モンゴル時代の有名なムスリム武将・行政官で、サイイド・アジャッル（最高の聖裔）の尊称で呼ばれたシャムスッディーンに発する。ふつう鄭和は「宦官」であったとされるが、それは「太監」という役職にいたからである。そのいっぽう、鄭和がインド洋方面のイスラーム地域で歓迎されたひとつの背景として、彼が「サイイド」すなわちムハンマドの血を引く人間であったことがあり、「宦官」説は検討を要する。西洋取宝船と呼ばれる数十隻の艦隊については、近年ことに中国・台湾を中心に極端な評価というか、ほとんどことさらな誇大イメージがあおりたてられている。すなわち、その最大船は8000トンを超える巨艦であり、アメリカ大陸などもその艦隊が「発見」したといった類いの虚説である。だが、木造帆船として400トンがせいぜいであり、そんな巨大艦がそもそも帆船として動くのか、またインド洋の荒波に木造の大船がこわれずにいられるのかなど、ほとんど信じられない空想が語られる。まして、アメリカの「発見」云々も出鱈目である。こうした背景には、中国などの大国化や経済発展・外交戦略、および海上への意欲が潜む。国家・政権が政治目的のために壮大な歴史像を語って国民を鼓舞するのは常套手段だが、まま歴史学者や国際関係学者などが、それに追従したり便乗したりするのは残念である。なお、鄭和の航海そのものについての文献やデータは、その後の明政権によって滅却されて、実像がつかみがたいことが根底にある。

ヨーロッパの遠征

人類史上、「遠征」の名でくくられる運動・現象は数多い。その中身やあり方は、時代や地域によりさまざまであるが、ここではヨーロッパの遠征という大雑把な枠で、その特徴を簡述してみたい。

ヨーロッパの成立はいわゆる中世以降であるとしても、「遠征」の代表的な事例として、アレクサンドロスの東征を想起する人も少なくないだろう。それは、ギリシアをもってヨーロッパの起源と考え、アレクサンドロスの東方遠征をヨーロッパがアジアを圧服せしめた最初の事件とイメージするからである。いわゆる「ヘレニズム」なる現象も、その文脈で語られ

イブン・バットゥータ　Ibn Baṭṭūṭa（1304〜68/69）

モロッコのタンジールに生まれたアラブ人の旅行家。モンゴル世界帝国を中心とするアフロ・ユーラシア世界の大交流という時代状況を背景に、マルコ・ポーロ一家を上回る足跡をのこしたことで知られる。具体的には、1325年のメッカ巡礼を手始めに、西はイベリア半島から東はモンゴル治下の中国まで、ユーラシアとアフリカの各地を陸路と海路を利用して訪れたとされる。その記録は、モンゴル時代の各地の実像を伝えるものとして史料価値ははなはだ高いと見なされてきた。ただし、その旅行記が彼ひとりの見聞によるとすることがはたしてただしいか、疑問が多い。個々の事蹟・記述を分析すると、まことにさまざまな矛盾点や不自然な文脈が浮かび上がる。とりわけ、モンゴル帝国そのものにかかわる部分や、中国がらみの部分は奇妙な点が多い。おそらくは、マルコ・ポーロ旅行記が複数の人間たちの体験・見聞を合成してなったと考えられるのと同様に、イブン・バットゥータの口述によるとされる旅行記も、実は複数の人間の情報をよりあわせてつくられたものではなかったか。マルコ・ポーロも、イブン・バットゥータも、無条件の典拠として語ることについて、慎重さがもとめられるだろう。

アレクサンドロス東征

歴史上に名高い数々の遠征のうちでも、前4世紀アレクサンドロス大王による東方遠征は、ギリシア風の文明が大きく広まり、西方世界が東方世界を、ヨーロッパがアジアを圧服せしめた最初の際立った事例として、ややもすれば欧米本位の立場から声高に語られがちであった。しかし、実際においては、アレクサンドロスは、ハカーマニシュ帝国のもと、豊かな富と文明にあふれる東方に憧れて旅立ったのであった。また、彼の足跡も、広大なハカーマニシュ領をおおむねなぞったものであり、未知なる世界を切り開いたとするのは、ヨーロッパ側のまなざしによる「ロマン」といわざるをえない。実のところ、アレクサンドロス自身は、戦争と征服しか考えていなかったように見える。「野蛮」を「聖性」に置き換えるのは、いわゆる後知恵だろう。たとえば、イラン以東にはたしてどれほど「ヘレニズム」なる残滓があるのだろうか。彼が他界すると、瞬間的な大領域はたちまち数個に分裂した。1830年代に、ドロイゼンが夢想した「ヘレニズム」なるものが、もしあったとするならば、その多くは東方ではなく西方、つまりローマの抬頭にこそ求めるべきではないか。アレクサンドロスの東征とその生涯がいちじるしく美化されるのは、19〜20世紀のヨーロッパ、とりわけドイツにおいてであり、そこに時代状況が大いに投影され

重要項目解説――東西をこえた旅人と遠征

歴史家・歴史研究者といったたぐいの人間は、研究の対象とする時代・事象・ことがら・人物をあれこれ考えながら、そのいっぽうで自分自身も時空をこえた旅人となる。ここでは、東西をこえる動きを見せた人物と事象について、いささかのコメントを述べたい。

マルコ・ポーロ　Marco Polo（1254〜1324とされる）

13〜14世紀、イタリアはヴェネツィアの人間で、当時ユーラシアに形成されていた超域帝国モンゴルへ旅行したとされる人物。彼の名は、時代をこえ地域をこえ、まさに時空をこえて名高いが、その実像は140種にあまる写本が散在する旅行記とともに、なんとはなしの曖昧なイメージのなかに漂っている。ヴェネツィアに、1324年に他界した同名の人間がいたことは事実だが、だからといって、それがユーラシアの陸海を往来した人物であり、さらに一連の写本をつなぎあわせた旅行記の人物とはいいがたい。

モンゴル時代のまことに多言語にわたる、しかも完全同時代の原典史料から見ると、マルコ・ポーロなる人物の姿は常におぼろにかすみ、これはまぎれもないといえるようなかたちでは確認できない。にもかかわらず、その旅行記なるものにいう体験のはしばしは、たとえばごく最近にペルシア語と漢語の史料の照合によって判明した人物や事蹟もある。つまり、個々の記述については、事実といわざるをえない「断片」が、あちこちに見出せるのである。ただし、そうしたことがわかるには、二十数ヵ国語にわたる原典史料を見渡していないと浮かび上がってこない。そこに、マルコ・ポーロ研究の〝おもしろさ〟も〝つらさ〟もある。おそらくは、複数の人間たちの見聞・情報がよりあわされて「マルコ・ポーロ」という一個の人物像がつくりだされたと考えられる。そうしたことについて、率直にいうと、まことに長い研究の歴史のある欧米では、むしろきちんとした分析・追究はなしがたいように見える。ようするに、世界の誰もが知っているといってもいいマルコ・ポーロとその影は、なお多くがこれからの課題といっていい。ユーラシアの東西にわたる文献・分析能力がためされるエリアである。ちなみに、その旅行記も、根本的ないくつかの写本に依拠して検討し直すことが、当然のことながら求められる。

〈マ行〉

〈ヤ行〉

〈ナ行〉

〈ハ行〉

〈タ行〉

〈サ行〉

〈カ行〉

索 引

「モンゴル帝国」「チンギス・カン」など、本巻全体にわたって頻出する用語は省略するか、主要な記述のあるページのみを示した。
＊を付した語は巻末の「重要項目解説」に項目がある。

〈ア行〉

KODANSHA

本書の原本は、二〇〇八年二月、「興亡の世界史」第09巻として
小社より刊行されました。

杉山正明（すぎやま　まさあき）
1952年、静岡県生まれ。京都大学大学院文学研究科教授を経て、京都大学名誉教授。おもな著書に『モンゴル帝国の興亡』『中国の歴史08　疾駆する草原の征服者』『遊牧民から見た世界史』『大モンゴルの世界』ほか。1995年に『クビライの挑戦』でサントリー学芸賞、2003年に司馬遼太郎賞、2007年に『モンゴル帝国と大元ウルス』で日本学士院賞を受賞。2006年に紫綬褒章を受章。2020年没。

講談社学術文庫

定価はカバーに表示してあります。

興亡の世界史
モンゴル帝国《ていこく》と長《なが》いその後《ご》
杉山正明《すぎやままさあき》

2016年4月11日　第1刷発行
2024年5月17日　第11刷発行

発行者　森田浩章
発行所　株式会社講談社
東京都文京区音羽2-12-21　〒112-8001
電話　編集（03）5395-3512
販売（03）5395-5817
業務（03）5395-3615
装　幀　蟹江征治
印　刷　大日本印刷株式会社
製　本　株式会社国宝社

ISBN978-4-06-292352-1

「講談社学術文庫」の刊行に当たって

これは、学術をポケットに入れることをモットーとして生まれた文庫である。学術は少年の心を養い、成年の心を満たす。その学術がポケットにはいる形で、万人のものになることは、生涯教育をうたう現代の理想である。

こうした考え方は、学術を巨大な城のように見る世間の常識に反するかもしれない。また、一部の人たちからは、学術の権威をおとすものと非難されるかもしれない。しかし、それはいずれも学術の新しい在り方を解しないものといわざるをえない。

学術は、まず魔術への挑戦から始まった。やがて、いわゆる常識をつぎつぎに改めていった。学術の権威は、幾百年、幾千年にわたる、苦しい戦いの成果である。こうしてきずきあげられた城が、一見して近づきがたいものにうつるのは、そのためである。しかし、学術の権威を、その形の上だけで判断してはならない。その生成のあとをかえりみれば、その根は常に人々の生活の中にあった。学術が大きな力たりうるのはそのためであって、生活をはなれた学術は、どこにもない。

開かれた社会といわれる現代にとって、これはまったく自明である。生活と学術との間に、もし距離があるとすれば、何をおいてもこれを埋めねばならない。もしこの距離が形の上の迷信からきているとすれば、その迷信をうち破らねばならぬ。

学術文庫は、内外の迷信を打破し、学術のために新しい天地をひらく意図をもって生まれた。文庫という小さい形と、学術という壮大な城とが、完全に両立するためには、なおいくらかの時を必要とするであろう。しかし、学術をポケットにした社会が、人間の生活にとってより豊かな社会であることは、たしかである。そうした社会の実現のために、文庫の世界に新しいジャンルを加えることができれば幸いである。

一九七六年六月　　野間省一